Palabras de VIDA

Libro del maestro
de niños primarios
(9-11 años) de edad.

David Hayse
Gerente General

Mario Zani
Editor General

Ana M. Zani
Editora de Publicaciones para Niños

Joel Guerra
Traductor

Luis Manoukian
Redactor

Florencia Himitian
Redactora asociada

Corresponde al año 1 del ciclo de tres años de primarios.

Publicado por

Casa Nazarena de Publicaciones
Buenos Aires, Argentina

Primera edición - 2005
Segunda edición revisada - 2007

Estas lecciones se tradujeron y adaptaron del material publicado originalmente en inglés por WordAction Publication

CNP
Av. Pte. Perón 3251 - 1635 Derqui - Pilar
Prov. Buenos Aires - Argentina
www.cnplibros.com
cnp@cnplibros.com

Diseño de la portada: CN SAM

Impreso en USA
Printed in USA

CONTENIDO

CADA LECCIÓN CONTIENE

I. ASPECTOS GENERALES

Base bíblica

Señala el pasaje bíblico del que se ha extraído la lección. Puede referirse a un solo libro de la Biblia o usar otros más. Usted deberá leer el pasaje y familiarizarse con él.

Texto para memorizar

Se ha considerado utilizar un solo versículo bíblico para toda la unidad con el propósito de que este enfatice la verdad central.

Verdad bíblica central

Cada lección tiene una **verdad bíblica central** que desarrollará el propósito general de la unidad.

Objetivo de la lección

Aclara hacia dónde se dirigirá usted con sus alumnos y lo que debe lograr mediante el proceso de enseñanza-aprendizaje.

II. PREPARACIÓN PARA EL MAESTRO

Esta segunda sección presenta una ayuda para el pasaje de estudio bíblico, que ampliará su conocimiento sobre ese tema. También incluye una aplicación para la vida diaria. Para mayor eficacia, usted debe tomar en cuenta lo siguiente:

Orar pidiendo la dirección de Dios.

Leer el pasaje de la Biblia varias veces y anotar en un cuaderno las ideas centrales que encuentre.

Consultar otras versiones de la Biblia, comentarios bíblicos, diccionarios bíblicos, etc.

Comparar sus ideas con las que se presentan en este libro.

Meditar en cada una de ellas, reflexionando cómo se aplica el pasaje a su propia vida.

III. DESARROLLO DE LA LECCIÓN

Aquí se identifican los momentos del desarrollo de la lección para obtener mayor rendimiento en el aprendizaje.

Introducción

Es el momento clave para captar el interés del alumno, le da al niño las primeras ideas acerca de lo que tratará el tema de la lección. También encontrará diferentes actividades, como preguntas de repaso, de conocimiento básico o de reflexión, actividad en el cuaderno del niño, etc.

Desarrollo de la historia bíblica

La historia bíblica se desarrolla utilizando métodos en los que sus alumnos tendrán parte activa. Asegúrese que los puntos clave queden claros en la mente de ellos. Puede practicar en su casa la presentación del tema para tener mayor seguridad frente a los estudiantes. ¡Anímese, la obra es del Señor y usted es un instrumento en sus manos para llevarla a cabo!

Aplicación para la vida

Este es el momento para que el alumno reflexione en su vida diaria, el tiempo de guiarlo a preguntarse cómo está su vida frente a lo que la Biblia enseña. Por lo general, son actividades para respuestas personales. Dirija al niño hacia la reflexión y no manipule sus respuestas, ya que estas deben ser sinceras e individuales.

IV. ANEXOS

En esta sección encontrará otras actividades de refuerzo para la lección, memorización del texto, etc.

Sugerencias:

- En cada guía para la unidad, en la sección "sugerencias", hallará lo que necesitará hacer o llevar para el desarrollo de cada lección.
- Tenga presente que la lección no se limita al día de la clase, sino que es conveniente que se prepare durante toda la semana.
- Visite a sus alumnos por lo menos una vez cada semestre.
- Ore y comuníquese con los estudiantes a través de cartas, llamadas telefónicas, invitaciones o visítelos si dejan de concurrir a la clase.
- Envíe una nota o mencione hechos especiales en la vida del alumno, como su cumpleaños, si se gradúa en la escuela, etc.
- Incentive a los alumnos mediante concursos para motivarlos en su asistencia, aprendizaje, memorización de textos, que inviten a sus amigos, etc.
- Llegue temprano para dejar listo el salón.
- Al preparar las clases, tome en cuenta la edad, necesidades y problemática de los alumnos.

SUGERENCIAS PARA USAR EN LA MEMORIZACIÓN BÍBLICA

1. ¿QUÉ DICE EL VERSÍCULO?

Que sus alumnos lo perciban y lo expresen con sus sentidos.
La vista
En la Biblia.
En tarjetas, cartulinas, láminas, ayudas visuales, en el pizarrón.
El oído
Léalo en voz alta.
Grábelo en un casete.
La voz
Repítalo después de escucharlo.
Léalo acompañado e individualmente.
Lectura coral o en grupo.
Cántelo.
Las manos
Escriba el versículo.
Llene los espacios en blanco.
Resuelva crucigramas.

2. ¿QUÉ SIGNIFICA?

Explore las definiciones

Que los niños expresen lo que entienden acerca del versículo bíblico.
Explique las palabras que no son conocidas.

Comente el contexto

Usted puede ayudarse revisando comentarios bíblicos, diccionarios, entre otros.
Investigue los antecedentes del versículo bíblico.
¿Quién habla y a quién o a quiénes le/s habla?
Comente los hechos o factores en que se desarrollaron.

Ilustre

Muestre dibujos, caricaturas.
Elabore dibujos.
Utilice el lenguaje con señas o mímicas

3. ¿CÓMO LO APLICO A MI VIDA?

Comente lo siguiente:
La aplicación que tiene el versículo bíblico en la vida diaria.
En qué circunstancias lo ayudará y cuáles serán los efectos en su vida y en la de otros.

Recuerde un versículo

Cuando sea tentado.
Cuando esté en problemas.
Cuando anime a otros.

EL NIÑO, SU CONDUCTA Y EL MAESTRO

1. Entienda a sus alumnos y permítales una conducta normal.
   » Los niños son activos y curiosos.
   » No se trata de adultos en miniatura: siempre debemos diferenciar entre mal comportamiento e inmadurez.
2. Propicie una atmósfera en la clase que lleve a la buena conducta.
   » Deje que los niños sepan que usted los quiere y los aprecia. Demuestre interés en lo que les pasa a ellos fuera de la clase.
   » Sea organizado en lo que hace y en el modo de manejar a sus alumnos.
   » Provea una guía clara y consistente, que haga que los niños sepan lo que usted espera de ellos.
   » No demuestre favoritismos.
3. Reconozca su posición como maestro.
   » Esté a cargo de la clase.
   » Sea una figura de autoridad que sus alumnos puedan respetar.
   » Conviértase en un amigo para sus alumnos.
   » Mencione un buen ejemplo de lo que espera de ellos.
4. Use métodos que incluyan a los niños y capten su interés.
   » Esté preparado y llegue al salón antes de que cualquier niño.
   » Provea una variedad de actividades que sean apropiadas para la edad del pequeño.
   » Use actividades que capten el interés y habilidad del alumno.
   » Permita que los niños hagan algunas elecciones de las actividades.
5. Concéntrese en un comportamiento positivo.
   » Limite el número de reglas.
   » Cuando le corrija a un niño, coméntelo con sus padres, tutor o encargado..

¿QUÉ HACER CUANDO UN NIÑO SE PORTA MAL?

1. Busque la causa del problema.
   a. ¿Tiene el niño problemas de aprendizaje o médicos que impiden su participación en clase?
   b. ¿Trata de controlar él solo la clase?
   c. ¿Tiene talentos académicos y está aburrido de la clase?
   d. Cuando sepa la causa del problema, quizá pueda corregirlo tras conversar con los padres del muchacho.
2. Tome control de la situación.
   a. Ignore el comportamiento que no interrumpe la clase.
   b. Incluya al niño en las actividades de aprendizaje.
   c. Hágale ver que usted está observando su mala conducta.
   d. Acérquese al niño.
   e. Dígale, en silencio, lo que quiere que él haga.
   f. Enseñe al alumno las consecuencias de su continua mala conducta.
3. Hable con los padres o con las personas encargadas del niño.
   a. Si usted le anticipa que hablará con sus padres o encargados, llévelo a cabo.
   b. Empiece diciéndoles a los padres lo que aprecia del niño.
   c. Exponga el problema y pregunte por la respectiva solución.

RECURSOS DIDÁCTICOS

Estimado maestro:

Hemos preparado esta serie de recursos didácticos que le ayudarán a enriquecer la dinámica de su clase.

En algunas lecciones, en la sección de actividades, se recomienda el uso de estos materiales para estimular al niño a ejercitar sus habilidades motrices y encaminarlos hacia un aprendizaje más significativo.

Prepare actividades y manualidades extras para los niños que visiten su clase.

CONOZCAMOS AL PRIMARIO

Está en una edad de descubrimientos

» Expresa sus ideas
» Es lo suficiente ¨maduro¨física y mentalmente
» Le gusta realizar actividades nuevas
» Le agrada las discusiones que requieren respuestas completas
» Ya no le agradan respuestas con monosílabos
» Le agrada trabajar en equipo
» Le gusta escuchar historias, en especial la historia de Jesús

Como maestro anímelo a descubrir que la vida en Cristo es una actividad diaria. Desafíelo a hacer la voluntad de Dios.

RECETAS DE PLASTILINA O MASA PARA MODELAR

MASA DE HARINA Y SAL

Ingredientes:
2 ó 3 tazas de harina común
3/4 taza de sal fina
1/2 taza de agua tibia
Colorante vegetal
Instrucciones:
Mezcle la harina con la sal e incorpore poco a poco el agua tibia mientras revuelve. Si desea añadirle color, agregue unas gotas de colorante vegetal mientras amasa. La consistencia de la masa dependerá de la cantidad de agua que agregue. Guarde la masa terminada en un recipiente cerrado dentro del refrigerador.

MASA COCIDA

Ingredientes:
2 tazas de harina
1 taza de sal
1 cucharada de aceite vegetal
2 cucharaditas de crémor tártaro
Colorante vegetal
Instrucciones:
Mezcle los ingredientes secos; después agregue el agua y el aceite vegetal. Ponga la mezcla a fuego mínimo hasta que la preparación espese, revolviendo constantemente. Retírela del fuego y déjela enfriar. Para lograr el color deseado, agregue unas gotas de colorante vegetal mientras amasa la mezcla. Se conserva más de un mes si se guarda en un recipiente cerrado.

MASA DE BARRO

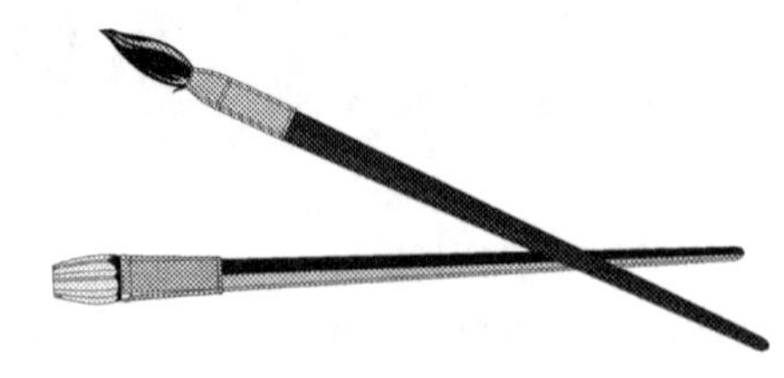

Ingredientes:
2 tazas de tierra
2 tazas de arena
1/2 taza de sal
Agua

Instrucciones:
Mezcle la tierra, la arena y la sal; después agregue el agua poco a poco hasta obtener la consistencia deseada para modelar.

PINTURAS DACTILARES (DACTILOGRÁFICAS O DACTÍLICAS)

Ingredientes:
11/4 de taza de almidón 1/2 taza de jabón en polvo
3 tazas de agua hirviendo
1 cucharada de glicerina
Colorantes vegetales o témpera

Instrucciones:
Disuelva el almidón en agua fría; después vacíelo lentamente en el agua hirviendo mientras revuelve en forma constante para evitar que se formen grumos. Agregue el jabón y por último añada la glicerina. Para darle color, agregue colorantes vegetales o témpera. Se obtiene una preparación gelatinosa que no es tóxica. Si envasa esta pintura en frascos de plástico, se conservará por varios días.

PEGAMENTO BLANCO

Ingredientes:
4 tazas de agua
1 taza de harina de trigo
1/2 taza de azúcar
1/2 taza de vinagre

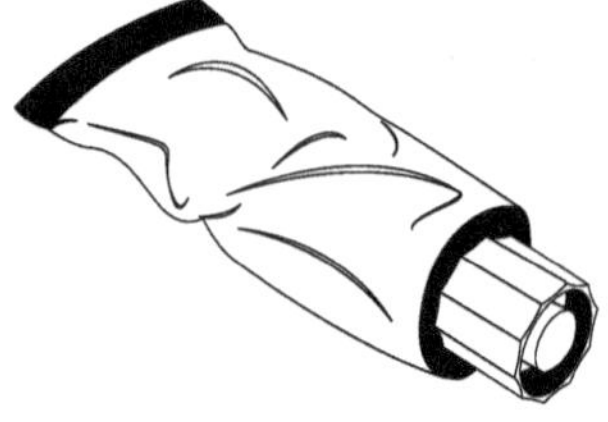

Instrucciones:
Hierva tres tazas de agua. Mientras tanto, en un recipiente mezcle una taza de agua, la harina, el azúcar y el vinagre. Cuando el agua esté hirviendo, agregue la mezcla y revuelva lentamente sobre el fuego hasta que suelte el primer hervor. Si quedan grumos, puede licuar la mezcla. Si está muy espeso, agréguele agua; si queda aguado, hiérvalo más tiempo. Guarde el pegamento en un frasco con tapa.

PAPEL PARA TARJETAS Y MANUALIDADES

1. Remoje en agua caliente 6 hojas de papel o de revistas cortadas en pedacitos.
2. Muela en la licuadora el papel con media taza de avena, o de flores, o bagazo de frutas o verduras como zanahoria, apio, etc.
3. Cuele la mezcla y agregue 4 cucharadas de glicerina y 6 cucharadas de pegamento blanco.
6. Con el papel puede hacer tarjetas, separadores de libros, cartas, etc.
4. Extienda la pasta sobre un plástico con un rodillo o palo de amasar hasta que quede delgada y pareja.
5. Déjela secar al sol durante dos días.

GUÍA PARA LA UNIDAD I

MUJERES DE FE

VERDAD BÍBLICA: que el alumno conozca la vida de estas tres mujeres (Marta, Priscila y Lidia); así como su ejemplo de fe y servicio en el esparcimiento del evangelio en los primeros años de la iglesia primitiva.

PROPÓSITOS DE LA UNIDAD

- El alumno comprenderá que Dios usa tanto a mujeres como a hombres que confían en él plenamente para que testifiquen de su fe a otras personas.
- También será motivado a servir a Jesús testificando de su fe a las personas que lo rodean.
- Aprenderá diferentes formas de dar testimonio de su fe a los demás.

LECCIONES DE LA UNIDAD:

» Lección 1- Marta reafirma su fe en Cristo.
» Lección 2- Priscila testifica de su fe.
» Lección 3- Lidia, una mujer de fe en acción.

VERSÍCULO DE LA UNIDAD: *Le dijo: Sí, Señor; yo he creído que tú eres el Cristo, el Hijo de Dios, que has venido al mundo* (San Juan 11:27).

Este texto se relaciona con todas las lecciones de la unidad, ya que son las palabras de Marta que reconocen a Jesús como el Cristo, el Salvador del mundo. Si no hay una convicción de quién es Cristo en nuestras vidas, no podremos testificar a la gente de su amor y de su salvación. Por lo cual, tener fe en Dios es la base para dar testimonio de esa fe.

Sugerencias:

1. Es importante que en esta unidad se asegure de que sus alumnos hayan recibido a Cristo como su Salvador. Si no es así, usted puede usar el método evangelístico que viene en la lección 3 y utilizarlo en la primera clase.
2. En la lección 2, los alumnos escribirán nombres de personas por las cuales pueden orar y presentarles el plan de salvación. Motívelos a anotarlos en una hoja.
3. Trabaje con anticipación el método de evangelismo para niños. Practique cómo usarlo, y en la lección 3 enséñelo a sus alumnos.
4. Durante esta unidad puede pedir a sus alumnos que elaboren juntos un periódico mural en el salón de clase. Cada día, los niños trabajarán dibujando y escribiendo para ilustrar las enseñanzas más importantes.
5. Club versículo de la unidad: tiene como finalidad motivar a los niños a que aprendan un versículo de memoria durante la unidad que dará el mensaje bíblico clave de esta. Escríbalo en una cartulina y póngalo en un lugar visible para los alumnos. Antes de memorizarlo, es importante que lo lean y después usted explique el significado del texto. Si es posible, utilice una versión más actualizada, como la Biblia *Dios Habla Hoy*; la *Reina Valera 1995* o la *Nueva Versión Internacional.* Para que memoricen el versículo puede usar algunos juegos didácticos, así será más divertido.
6. Para la lección 1 escriba con anticipación la palabra CONFIANZA en una cartulina.
7. Prepare lo siguiente y llévelo a la clase para la lección 3: un pedazo de tela color púrpura para el desarrollo de la historia bíblica. Y con objeto de explicar cómo formar el cuadernillo para evangelizar (de la actividad número 2), llévelo ya formado y dígales a sus alumnos cómo deben hacerlo.

LECCIÓN 1

MARTA REAFIRMA SU FE EN CRISTO

I. ASPECTOS GENERALES

Base bíblica: San Juan 11:1-44.
Texto para memorizar: *Le dijo: Sí Señor; yo he creído que tú eres el Cristo, el Hijo de Dios, que has venido al mundo* (San Juan 11:27).
Verdad bíblica central: las personas que confían en Dios se mantienen firmes a pesar de tener tiempos difíciles, y lo manifiestan testificando de su fe y seguridad en Dios a otras personas.
Objetivo de la lección: ayudar al alumno a que confíe en Dios a pesar de los problemas que sufre, y que esa confianza en el Señor le permita dar su testimonio a los demás.

II. PREPARACIÓN PARA EL MAESTRO

En el pasaje de San Juan 11:1-44 vemos a Jesús tomando el control en una situación de muerte, hecho que él permite para manifestar su poder y su gran gloria.

Sabemos que Jesús mantenía una estrecha relación de amistad con Lázaro y sus hermanas. Por eso, cuando este se enferma, ellas recurren a él, su gran amigo. Es sorprendente que Jesús no acude inmediatamente al llamado, sino que deja pasar cuatro días. Aunque la petición estaba hecha, había que esperar el tiempo de Dios para la respuesta.

Marta es la primera que sale a recibirlo; tal vez estaba triste y, al mismo tiempo, un poco enojada, ya que le reclama a Jesús el haber llegado demasiado tarde. *Señor, si hubieras estado aquí, mi hermano no habría muerto* (v. 21). Ella siente que Jesús las podría haber ayudado. Pero luego reflexiona y dice, llena de fe: *Pero también sé ahora que todo lo que pidas a Dios, Dios te lo dará* (v. 22). Jesús le responde con palabras de ánimo: *Tu hermano resucitará* (v. 23).

La frase anterior abre el diálogo para hablar del tema de la resurrección. Marta creía, como todos los judíos, que sería hacia el fin del mundo. Jesucristo le aclara que esta puede suceder ese mismo día, ya que *él es la resurrección y la vida y los que en él creen no morirán eternamente.* Aunque está hablando de una resurrección espiritual y no tanto física. Estas palabras animan y dan esperanza al corazón triste de Marta, y hace una valiosa declaración: *Si, Señor; yo he creído que tu eres el Cristo, el Hijo de Dios, que has venido al mundo* (v. 27).

Con estas palabras, Marta reafirma su fe en Cristo a pesar de su tristeza. No sabe que Jesús resucitaría a su hermano Lázaro en ese momento, sin embargo, sus palabras "yo he creído" significan que cree en él desde hace tiempo, pero sigue creyendo en Dios a pesar de la adversidad por la que atraviesa.

Hoy, muchas personas creen en Cristo y lo siguen, pero cuando tienen un problema difícil para probar su fe se enojan con Dios, se alejan de él y a veces hasta blasfeman su nombre.

Marta es un buen ejemplo de una mujer de fe. Amaba a Jesús como un buen amigo, pero no conocía realmente su poder como Hijo de Dios. En el momento difícil cree, con mucha fe, que solo Jesús puede ayudarla. No duda porque él no atiende a su llamado, por el contrario, esta prueba la ayuda a reafirmar su fe y a confiar en Cristo de manera más plena.

Su fe es recompensada cuando Jesús resucita a su hermano, esta crece más y más, y no solo eso, ese milagro le ayuda a comprender que debe decir a otros lo que Dios ha hecho en su vida y la de su familia. Se cree que Marta y María fueron fieles seguidoras de Jesús, aún después de su muerte y resurrección.

III. DESARROLLO DE LA LECCIÓN

Introducción

Actividad 1: **Confianza**

Empezaremos la clase estudiando la palabra **CONFIANZA** (escriba con anticipación esta palabra en una cartulina). Abra el diálogo preguntando a sus alumnos lo que ellos creen que significa dicho término. Que algunos participen, y al final que todos anoten la respuesta en su cuaderno (actividad 1, palabra "confianza"). Después, pregúnteles en quién confían (que respondan los que no hayan participado). Dígales que anoten las respuestas en sus cuadernos.

Que ordenen las palabras que les mostrarán tener confianza en otra persona (dibujo de caritas: cuando me "siento solo", "estoy triste" o "temeroso"). Diga: *Piensen cuando necesitan confiar en alguien y dibujen en los círculos en blanco la cara que exprese ese sentimiento..* Antes de terminar la actividad (círculos en blanco) pregunte: *Si alguien en quien ustedes confían los defrauda, ¿seguirían confiando en esa persona?* (Que participen varios alumnos). Dígales que hoy estudiarán una historia bíblica en la que a una mujer le sucedió esto. Pero que antes anoten en sus cuadernos: *¿Quién nunca nos falla y en quién siempre podemos confiar?* (En

Dios). Coménteles que las personas quizá nos fallen, pero siempre podemos confiar en el Señor.

Desarrollo de la historia bíblica

Pida a varios alumnos que representen los personajes de la historia y que lean el diálogo, mientras todos oirán:

Marta: (le pide a unos mensajeros): ¡Tienen que buscar a Jesús! Él es el único que puede ayudar a Lázaro. Cuando lo encuentren, díganle: *Señor, el que amas está enfermo.* Él sabrá que hacer.

Narrador: Los mensajeros le llevaron la noticia a Jesús y regresaron con la importante respuesta:

Mensajeros: Jesús dice que esta enfermedad no es de muerte, sino para la gloria de Dios, para que el Hijo de Dios sea glorificado por ella.

Narrador: Y *amaba Jesús a Marta, a su hermana y a Lázaro. Cuando oyó, pues, que estaba enfermo, se quedó dos días más en el lugar donde estaba.*

Marta: ¿Dónde está Jesús? ¿Por qué no ha venido? Él sabe que Lázaro está enfermo. Ojalá que llegue pronto. ¡Me duele ver sufrir a mi hermano!

Narrador: Pero Jesús no llegó. Las hermanas de Lázaro estaban confundidas y aturdidas; y cuando este murió, decían: *Si Jesús hubiese estado aquí, esto no habría sucedido.* Mientras tanto, Jesús decía a sus discípulos:

Jesús: *Nuestro amigo Lázaro duerme; mas voy para despertarlo.*

Narrador: Jesús decía esto de la muerte de Lázaro, pero ellos pensaron que hablaba del reposar del sueño. Entonces, Jesús les dijo claramente: *Lázaro ha muerto.* Cuatro días después de que sepultaron a Lázaro, llegó la noticia de que Jesús llegaría a la ciudad. Cuando Marta oyó esto, salió a su encuentro. Ella no entendía por qué no había llegado antes, tal como se lo habían pedido. ¿No sabía Jesús que necesitaban su ayuda?

Marta: (Jesús se acerca y Marta lo recibe exclamando): *¡Señor! Si hubieras estado aquí, mi hermano no habría muerto. Pero también* sé *ahora que todo lo que pidas a Dios, Dios te lo dará.*

Jesús: *Tu hermano resucitará.*

Marta: Yo sé *que resucitará en la resurrección, en el día final.*

Jesús: Yo *soy la resurrección y la vida; el que cree en mí, aunque esté muerto, vivirá.* Y *todo aquel que vive y cree en mí, no morirá eternamente. ¿Crees esto?*

Marta: *Sí, Señor; yo he creído que tú eres el Cristo, el Hijo de Dios que ha venido al mundo.*

Narrador: Ella regresó y llamó a su hermana María para ir con Jesús; y cuando él vio cómo lloraban y sufrían por la muerte de Lázaro, se estremeció en espíritu, se conmovió y dijo:

Jesús: *¿Dónde lo pusieron?*

Narrador: Cuando le mostraron la tumba, Jesús lloró, entonces los judíos dijeron:

Judíos: *¡Miren cuánto le amaba!*

Otros: *¿No podía este, que abrió los ojos al ciego, haber hecho que Lázaro no muriera?*

Narrador: Entonces Jesús fue a la tumba y dijo: *Quitad la piedra.* Pero Marta explicó:

Marta: *Señor, hiede ya, porque hace cuatro días que lo sepultamos.*

Jesús: *¿No te he dicho que si crees verás la gloria de Dios?*

Narrador: Cuando quitaron la piedra de la tumba, Jesús, alzando los ojos, oró:

Jesús: *Padre, gracias te doy por haber oído. Yo sabía que siempre me oyes; pero lo dije por causa de la multitud que está alrededor, para que crean que tú me has enviado. (Y habiendo dicho esto, clamó a gran voz): ¡Lázaro, ven fuera!*

Narrador: Y *este salió, con las manos y los pies atados con vendas, y el rostro envuelto en un sudario.*

Jesús: (se dirige a algunas personas y les dice): *Desátenlo y déjenlo ir.*

Aplicación para la vida

Actividad 2: ¿Confiar o desconfiar?

Trabajen la actividad número 2 (*¿Confiar o desconfiar?*). Diga: *Marta confiaba en Jesús porque podía verlo y hablar con él. Nosotros podemos aprender a confiar en Dios, aunque no lo veamos, a través de las experiencias que vivimos cada día. Y experimentamos de qué manera nos ayuda a salir adelante. Por ejemplo, cuando estás enfermo y oras para que Dios te sane; cuando vas a presentar un examen y le pides que te dé sabiduría para poder contestar bien, etc.*

Diga: *Contestemos a las preguntas que están escritas en la mano* (actividad 2). *¿Cuándo es fácil confiar en Dios?* (Deje que los niños expresen sus respuestas). *¿Cuándo es difícil confiar en Jesús?* (Cuando no nos contesta como deseamos; cuando tenemos miedo; cuando nos metemos en problemas por decir la verdad, etc.).

Pídales a sus alumnos que dibujen una estrella al lado de los puntos en los que a ellos se les hace más difícil confiar en Jesús. Ore con ellos y pídale a Dios que les ayude a confiar en él, a pesar de que estén pasando momentos difíciles. Pueden terminar cantando alguna canción que hable del tema de la fe o confianza en Dios. Y después, ore por las necesidades de cada alumno.

IV. ANEXOS

Juego de repaso:

Escriba el nombre de cada alumno en pedazos de papel y póngalos en un recipiente. Mientras usted aplaude, que se lo vayan pasando uno por uno. Cuando deje de aplaudir, el alumno que tenga el recipiente sacará un papel y usted le hará una pregunta acerca de la lección al alumno cuyo nombre se encuentre escrito allí. Si él no sabe la respuesta, dele la oportunidad a otro para que conteste. Siga pasando el recipiente hasta que haya hecho todas las preguntas.

Sugerencias de preguntas:

1. ¿Cómo expresó Marta su confianza en Jesús antes de la muerte de Lázaro?
2. Después de la muerte de Lázaro, ¿qué dudas o preguntas piensan que tuvo Marta acerca de Jesús?
3. A pesar de sus dudas y preguntas, ¿cómo manifestó Marta la confianza que tenía en Jesús?
4. ¿Qué fue lo que ayudó a Marta a mantener su confianza en Jesús, aunque parecía que él la había defraudado?

Usted puede hacer más preguntas, las que crea convenientes.

Texto para memorizar

Escriba el texto bíblico en una cartulina para que sus alumnos lo aprendan en el transcurso de la unidad. Enséñeles cómo encontrar el texto en su Biblia, y después de que lo hayan leído, explíqueles su significado y por qué es importante que lo recuerden.

Motive a los niños a aprenderlo de memoria. Pueden jugar al texto invisible: usted lo escribe en el pizarrón y luego va borrando palabras; los alumnos deben decir, en voz baja, por qué están invisibles las palabras. El juego termina cuando se borran todas las palabras y el niño ya lo puede recordar solo.

Notas

LECCIÓN 2

PRISCILA TESTIFICA DE SU FE

I. ASPECTOS GENERALES

Base bíblica: Hechos 18:10-28.
Texto para memorizar: *Le dijo: Sí, Señor; yo he creído que tú eres el Cristo, el Hijo de Dios, que has venido al mundo* (San Juan 11:27).
Verdad bíblica central: el cristiano debe testificar de su fe a otros, y ayudarlos a entender el mensaje del evangelio de Jesucristo en su proceso de discipulado.
Objetivo de la lección: ayudar al alumno a descubrir que los que somos cristianos tenemos la responsabilidad de ayudar a otros en su crecimiento espiritual.

II. PREPARACIÓN PARA EL MAESTRO

En Hechos 18:18-28 leemos que Priscila y su esposo, Aquila, eran inmigrantes. Alrededor de los años 49-50 d.C., el emperador Claudio expulsó a los judíos de Roma para terminar con los disturbios que allí sucedían. Algunos de los problemas surgieron quizá cuando los judíos cristianos anunciaron, en las sinagogas, su fe en Jesucristo.

Priscila y Aquila vivían en Corinto cuando conocieron al apóstol Pablo. Ellos hacían carpas y Pablo también. Por eso formaron una fuerte amistad que, asimismo, incluía el ministerio. Más tarde, cuando Pablo viajó a Éfeso, Aquila y Priscila se fueron a esa ciudad. Pablo comenzó una iglesia en la casa de ellos, y cuando se dirigió a otra ciudad para evangelizar, ellos se quedaron en Éfeso.

Un día, oyeron a una persona llamada Apolos que hablaba en la sinagoga, él conocía el Antiguo Testamento. Dice la Biblia que enseñó con verdad sobre el bautismo del apóstol Juan. También enseñaba el arrepentimiento y la anticipación de la llegada del Mesías; pero quizá no entendía que la muerte y resurrección de Jesús comprobaba que él era el Mesías. Además, no conocía sobre el bautismo en el nombre de Jesús ni comprendía el significado de ser lleno del Espíritu Santo.

Priscila y Aquila lo invitaron a su casa, dieron testimonio de su fe y le enseñaron todo lo que sabían de Jesús, dando por resultado que Apolos creció en su fe y se convirtió en un gran predicador del evangelio, llevando el mensaje de salvación a muchos lugares, junto con otros discípulos.

Tal vez Priscila estaba muy ocupada, ya que era esposa (no se sabe si tenía hijos) y, además, ayudaba a su marido a confeccionar tiendas. En ese tiempo no se permitía que las mujeres aprendieran mucho de Dios. Pero Priscila, a pesar de sus ocupaciones y de los prejuicios de su época, decidió servir a Dios, por ello se tomó el tiempo necesario para enseñarle a Apolos su fe en Cristo.

Testificarles a otros de nuestra fe no es solo una responsabilidad, sino un privilegio que trae bendición a nuestra vida, ya que a través de la enseñanza nosotros también crecemos.

III. DESARROLLO DE LA LECCIÓN

Introducción

Inicie la clase preguntando a sus alumnos cuál fue la palabra clave de la semana pasada (confianza); y si les resultó fácil confiar en Jesús durante la semana. Pregúnteles si hablaron con él cuando estuvieron preocupados o atravesando momentos difíciles (que varios niños cuenten sus experiencias).

Diga: *Hoy estudiaremos a otra mujer de la Biblia, pero antes pensemos en quién es un testigo.* (Que anoten en la pizarra sus opiniones). Luego, comente lo que significa ser testigos de Jesucristo y pregunte: *¿Qué es lo que testifica una persona cristiana?* (Dé oportunidad a que otros alumnos opinen).

Desarrollo de la historia bíblica

Que los alumnos abran sus cuadernos y escuchen mientras usted narra la historia bíblica:

Priscila y su esposo Aquila vivían en la ciudad de Éfeso, su oficio era hacer carpas. También resultaron ser muy buenos amigos de Pablo, y él también hacía carpas, aunque se ocupaba más del trabajo misionero.

Eran judíos que habían conocido y creído en Jesucristo como su Salvador y querían que otros lo conocieran. Un día, fueron a la sinagoga a escuchar a un hombre llamado Apolos, que había aprendido mucho de los discípulos de Juan el Bautista y contaba las historias del Antiguo Testamento con exactitud y claridad. Enseñaba que un Salvador llegaría algún día al mundo. Priscila se gozaba al escucharlo hablar. Sin embargo, Apolos no sabía mucho de Jesús.

Después de que Priscila y Aquila lo escucharon, lo invitaron a su hogar y le enseñaron todo lo que sabían de Jesús. Le dijeron que él había muerto en una cruz por los pecados de todo el mundo y que al tercer día había resucitado.

Apolos era un buen estudiante. Estaba ansioso de contarles a los otros discípulos de Juan el Bautista lo que había aprendido. Después viajó a muchos lugares para enseñar.

Priscila y Aquila seguían haciendo carpas, pero también abrieron su hogar para enseñar a otros de su fe en Cristo Jesús. Allí comenzó una de las primeras iglesias primitivas. Estaban contentos por haberlo instruido a Apolos acerca de Jesús.

Terminando la historia bíblica, juegue con sus alumnos a la "papa caliente". El juego consiste en pasar un objeto de mano en mano mientras suena una música de fondo. Cuando se corta la música, al que le haya quedado el objeto tiene que responder a la pregunta, y así sucesivamente, hasta contestarlas todas. Las preguntas son:

- ¿Cómo dieron testimonio de su fe Priscila y su esposo con Apolos?
- ¿Qué tan importante fue para Apolos escuchar el testimonio de estos hermanos?
- ¿Qué les pasará a las personas si nadie les testifica de Cristo?
- ¿Estarías dispuesto a testificar a tus compañeros, amigos o familiares de tu fe en Cristo?

Aplicación para la vida

Actividad 1: ¿Lo conocen?

En esta actividad, los alumnos pueden anotar los nombres de personas que viven alrededor de su casa y con quiénes se relacionan diariamente. Si no saben cómo se llaman, pueden escribir sus trabajos. Además, que marquen con una cruz los que sepan que son cristianos y así pueden orar por los que no lo son.

En la siguiente parte: ¿qué hacer para que Jesús no sea un secreto? Pueden pensar en la forma en que se les pudiera hacer llegar el evangelio de Cristo a quienes no lo conocen:

- Invita a un amigo a ver una película cristiana.
- Escucha música cristiana.
- Cuelga dibujos cristianos en tu cuarto.
- Léeles historias bíblicas a niños más pequeños.
- Da tu testimonio en la iglesia.
- Ora antes de comer.
- Lee libros y revistas cristianas.
- Usa camisetas con dibujos cristianos.
- Ama a Dios y a los otros como a ti mismo.

Recuérdeles que lo que hacemos es más importante que lo que decimos. Una forma importante de demostrar que somos cristianos es amar a Dios con todo el corazón, alma y mente, y al prójimo como a uno mismo.

IV. ANEXOS

En su cuaderno, los alumnos trabajarán en la actividad "Acepta el desafío". Si ya han identificado a personas que viven cerca de su hogar y que no son cristianas, ayúdelos a terminar el ejercicio haciendo un plan para presentarles el evangelio. Recuérdeles del firme testimonio que dieron Priscila y Aquila a otros creyentes. Pregunte: ¿Cómo podemos hacer lo mismo? (Hablarles de la forma en que Dios nos ayuda espiritualmente; animarnos unos a otros a permanecer fieles a Jesucristo; orar unos por otros; mencionar nuevas enseñanzas que Dios nos ha mostrado de la vida cristiana).

Texto para memorizar

Pídales a sus alumnos que muestren a sus compañeros el texto escrito que aprendieron la clase pasada y expliquen los dibujos que usó cada uno para ilustrarlo (devuélvalos para que cada niño lo pegue en un lugar visible en su casa y lo siga memorizando durante la semana). Después, repítanlo unas dos veces y concursen para saber quién lo sabe mejor, los niños o las niñas.

Ore por los alumnos para que Dios les de valor y palabras para testificar de Cristo a otras personas, así como lo hicieron Priscila y Aquila. Si algunos tienen vergüenza o no se sienten capaces de hacerlo, anímelos a intentarlo esta semana. Dígales que la próxima clase refieran sus experiencias de ser testigos de Cristo.

LECCIÓN 3

LIDIA, UNA MUJER DE FE EN ACCIÓN

I. ASPECTOS GENERALES

Base bíblica: Hechos 16:11-15.
Texto para memorizar: *Le dijo: Sí, Señor; yo he creído que tú eres el Cristo, el Hijo de Dios, que has venido al mundo* (San Juan 11:27).
Verdad bíblica central: el cristiano desea que también sus familiares y amigos conozcan y amen a Jesús.
Objetivo de la lección: ayudar al alumno a predicar el mensaje de salvación con sus familiares y amigos a través de un método de evangelismo.

II. PREPARACIÓN PARA EL MAESTRO

Hechos 6:11-15 habla de una mujer llamada Lidia que vivía en Filipos y fue la primera persona en Europa que se convirtió a Cristo. Tal vez se trató de una mujer de negocios muy influyente en esa próspera ciudad del norte de Grecia y que tenía una buena posición económica, pues se necesitaba un gran capital de dinero para establecer un negocio de tela de púrpura como el que ella tenía.

Lidia era una mujer gentil que adoraba al Dios de los judíos. Lo había conocido en su tierra natal, Tiatira; sin embargo, en Filipos no existía una sinagoga judía donde pudiera aprender más del Señor.

Cuando no había una sinagoga, los judíos se reunían a orillas de un río o del mar para llevar a cabo sus ceremonias de lavamiento. Así fue como Pablo, Silas, Timoteo y Lucas caminaron por la orilla para buscar un lugar en el que adorar a Dios en un día sábado, y encontraron orando a un grupo de mujeres.

Se sentaron junto a ellas y empezaron a predicarles el evangelio de Cristo. Lidia fue sensible a la voz de Dios y creyó. Y aunque la Biblia específicamente no lo dice, se cree que le predicó a su familia el mensaje de salvación, ya que después ella y toda su familia se bautizaron.

Tampoco se sabe quién era la familia de Lidia, ya que no se menciona si tenía esposo, hijos, etc. Tal vez era viuda o una mujer soltera; o quizá su familia incluía a sus hijos, padres, otros parientes, así como sus criados y esclavos. Pero como cabeza de familia, sin duda, ejercía una gran influencia sobre ellos, ya que con su testimonio y cambio de vida logró que toda su familia siguiera también a Jesús.

Después de bautizarse, Lidia rogó y casi obligó a Pablo y a los demás misioneros a quedarse en su casa. Se cree que allí se inició la iglesia de Filipos, que fue una congregación muy evangelizadora y dadivosa. Pablo pasó un buen tiempo con ellos, hasta que quedaron bien cimentados en su fe; de ahí se fue con Silas pero se quedó Lucas para seguirlos ministrando. Al leer la epístola a los Filipenses, vemos que Pablo sentía un gran aprecio por esta iglesia, a la que lo apoyó en su ministerio.

Lidia fue una mujer sensible al mensaje del evangelio. Desde la primera vez que oyó de Jesucristo, creyó y su vida cambió. Desde entonces, se convirtió en una fiel discípula. Creemos que no solo evangelizó a su familia, sino que dio su testimonio a todas las personas que llegaban a su negocio, a sus amigos y familiares

Debemos ser valientes como ella y testificar a otros de Jesucristo; preocupamos por nuestros familiares, amigos, compañeros de trabajo... No importa el nivel económico ni de estudios de la persona. Los que no conocen a Jesús necesitan un mensaje de esperanza y amor; y nosotros somos el medio que Dios usará para predicar el evangelio a toda criatura.

III. DESARROLLO DE LA LECCIÓN

Introducción

Inicie la clase preguntando a sus alumnos si dieron testimonio a sus vecinos o amigos. Que algunos cuenten sus experiencias.

Pídales que abran sus cuadernos de trabajo en la actividad número 1 (*Yo les diré*), y dentro del corazón escribirán los nombres de amigos y familiares más cercanos que ellos consideren, porque los quieren mucho, porque pasan momentos felices con ellos, etc. La mayoría de nosotros amamos a nuestros padres, hermanos, abuelitos, tíos, primos, amigos... Diga: *Hoy vamos a conocer la historia de una mujer que amaba mucho a su familia y a sus amigos, así como nosotros queremos a los nuestros.*

Desarrollo de la historia bíblica

La sabia decisión de Lidia

Esta mujer se llamaba Lidia y vivía en la ciudad de Filipos. Se dedicaba a vender una tela muy especial denominada "púrpura" (busque un pedazo de tela o alguna prenda color violeta). Explíqueles acerca de la importancia de este color en tiempos bíblicos: por qué su tinte resultaba tan costoso, puesto que se lo extraía de la glándula de un molusco marino muy difícil de encontrar, y solo las personas que tenían mucho dinero podían comprar telas de este color, como los reyes y la gente rica.

Uno de los amigos de Pablo dijo: *Aquí hay una sinagoga y hoy es día de descanso. ¿Dónde podremos adorar a Dios?* Pablo contestó: *En un pueblo donde no hay una sinagoga, las personas van a un río para adorarlo, quizá podremos encontrar uno cerca para orar.*

Salieron todos del pueblo y fueron a orillas de un río donde esperaban reunirse con otros judíos para adorar a Dios. Deseaban contarles las verdades de Jesús, el Mesías que los judíos esperaban con mucha ilusión.

"¡Allí hay un grupo, parece que hemos venido al lugar perfecto!", dijo uno de ellos.

Pablo y sus amigos se sentaron cerca de un grupo de mujeres, ellas querían escuchar lo que Pablo y los demás les decían. Una era Lidia, mujer de negocios de la ciudad de Tiatira (vendía una tela muy costosa color púrpura). Ella y sus amigos escucharon las palabras de Pablo, que les contó que Jesús vino al mundo y murió en una cruz. También cómo Dios lo había resucitado al tercer día.

Lidia pensó: "¡Es posible que el Mesías ya haya llegado! ¡Es lo que he esperado tanto tiempo! ¡Creo en Jesús! ¿Puedo ser bautizada? Además, quiero que mis amigos y familiares sepan de él". Cuando su familia escuchó el mensaje, creyó y se bautizó.

Lidia no quería que Pablo y los demás se fueran, porque deseaba aprender más de Jesucristo. Y ellos se quedaron unos días.

Aplicación para la vida

Esta lección enfatiza la responsabilidad del cristiano de testificar de Jesús a las personas a quienes ama, como su familia y amistades. A veces esto resulta difícil, especialmente para el alumno en esta edad.

En ocasiones, los padres que no son cristianos impiden que sus hijos asistan a la iglesia o tratan de cambiar sus convicciones.

Pero, aunque testificar de Jesús resulte difícil, Dios puede damos la valentía necesaria para hacerlo. Aquí encontramos un método de evangelismo a través de la vida de Jesús para anunciar el mensaje de salvación a familiares y amistades.

IV. ANEXOS

Los alumnos trabajarán en la actividad número 2 (*¿Conoces a mi amigo?).* En el cuaderno vienen los sucesos más importantes de la vida de Jesús. Deje que entre varios alumnos expliquen las ilustraciones. Después recortarán la página por las líneas gruesas, se dobla la hoja por la mitad y se forma un librito de ocho páginas (traiga un cuadernillo ya preparado para que los niños sigan su ejemplo). Fije las hojas con una grapa al centro. Luego que ellos anoten en cada hoja la cita bíblica que corresponda, explíqueles que este librito se llama: *¿Conoces a mi amigo? Se llama Jesús*, y que puede servirles para evangelizar a los familiares y amigos que ellos aman.

Enséñeles cómo usarlo haciendo las siguientes preguntas:

Portada: ¿Conoces a mi amigo? Se llama Jesús.

Página 1. ¿Celebras la Navidad? Si es así, estás celebrando el cumpleaños de mi amigo Jesús (Lucas 2:7).

Página 2. Dios se hizo hombre y para eso nació como un bebé. Creció y fue un niño que obedecía a Dios y a sus padres (Lucas 2:40).

Página 3. Mi amigo Jesús enseñaba a la gente del amor de Dios; sanaba a los enfermos, daba de comer a los hambrientos y resucitaba a los muertos (Mateo 5:1-2).

Página 4. Mi amigo Jesús murió en una cruz porque había personas que no lo querían. Él sabía que debía morir para pagar el precio por nuestros pecados. Lo hizo por amor a nosotros (Marcos 15:25-26).

Página 5. Pero mi amigo Jesús, al tercer día, resucitó y venció a la muerte y al pecado. ¡Él vive para siempre! (Lucas 24:6).

Página 6. Mi amigo Jesús quiere ser tu amigo también.

Él subió al cielo y desde allá está dispuesto a perdonarte todo lo malo que hayas hecho. Si crees en él y te arrepientes, puede perdonarte y hacerte una persona especial (Hechos 1:9-11).

Si la persona acepta, ora por ella para que Cristo le perdone y sea un hijo de Dios.

Permita que entre ellos ensayen el método de evangelismo para que sepan cómo usarlo.

Texto para memorizar

Escriba el texto en pedazos de cartulina y recórtelo por palabras. Después, coloque las palabras en desorden y que entre todos lo ordenen y lo repitan varias veces. Recuérdeles que este texto bíblico nos invita a estar seguros de nuestra fe en Cristo Jesús. (Dé un incentivo a los alumnos que aprendieron de memoria el texto).

Pida a los niños que recuerden los nombres que anotaron en su cuaderno; y pongan una estrella en los nombres de aquellas personas que pudieran hablarles de Cristo. Anímelos a usar su librito para evangelizar y dígales que en la próxima clase podrán contar sus experiencias a los demás .

GUÍA PARA LA UNIDAD II

CÓMO TOMAR BUENAS DECISIONES

VERDAD BÍBLICA: que el alumno comprenda que en su vida diaria necesita la ayuda de Dios para tomar buenas decisiones.

PROPÓSITOS DE LA UNIDAD

- El alumno comprenderá que Dios está muy interesado en que él aprenda a tomar buenas decisiones.
- A través de las historias bíblicas el alumno podrá analizar y preguntarse: de las decisiones que he hecho, ¿cuáles fueron correctas y cuáles incorrectas?
- También aprenderá a tomar decisiones que honren a Dios y a sus padres.

LECCIONES DE LA UNIDAD

» Lección 4- ¡Sé responsable de tus decisiones!
» Lección 5- ¡Usa tus talentos para Dios!
» Lección 6- ¡Alto!, cuidado con las malas decisiones.
» Lección 7- Haz lo correcto y serás diferente.
» Lección 8- ¡Decide seguir adelante!

VERSÍCULO DE LA UNIDAD: *Si, pues, coméis o bebéis o hacéis otra cosa, hacedlo todo para la gloria de Dios* (1 Corintios 10:31).

Las actividades a través de las lecciones ayudarán al alumno a que aprenda este versículo.

EXPLICACIÓN GENERAL DE LA UNIDAD

Cada día, el alumno tiene que tomar decisiones. La mayoría de ellos son cada vez más independientes de los adultos, y aprenden decidir solos: eligen amigos, actividades y cómo pasar el tiempo y gastar el dinero. También enfrentan importantes decisiones respecto de su cuerpo y cómo vivir en paz con sus familiares.

El niño necesita saber que si toma decisiones sabias, es más probable que su vida sea más feliz y productiva. Las malas decisiones originarán problemas e infelicidad. Esta unidad enfatiza que Dios puede ayudar al alumno a tomar decisiones positivas en cada aspecto de su vida.

Club versículo bíblico

Anime a los niños a seguir siendo parte del Club versículo bíblico. En cada unidad, el alumno tendrá el privilegio de aprender de memoria un versículo de la Biblia. Motívelos a que valoren este tiempo de aprendizaje. Podrán ser parte de este club hasta que se hayan aprendido de memoria el texto bíblico.

Sugerencias:

1. En la lección número 4 para el Desarrollo de la lección, deberá llevar a la clase dos cajas de cartón iguales y dos frutas: una en buen estado y la otra no (que esté podrida).
2. En esta misma lección, en las "Actividades de Aprendizaje", lleve por escrito tres o cuatro casos de niños que tuvieron que tomar decisiones.
3. Para la lección número 5, en el Club versículo del mes, lleve escrito el texto para memorizar en una cartulina y córtelo en la clase, palabra por palabra, para que los alumnos lo armen.
4. Al desarrollar la lección 7 necesitará llevar dos platos, en uno pondrá alguna fruta y verduras, en el otro, dulces, papas fritas y chocolates. Luego los presentará a los alumnos al terminar de leer la historia bíblica.
5. La lección 8 es la última de esta unidad. Premie con algún regalo pequeño a los alumnos que se hayan aprendido el texto para memorizar.

LECCIÓN 4

¡SÉ RESPONSABLE DE TUS DECISIONES!

I. ASPECTOS GENERALES

Base bíblica: Génesis 13:1-13; 19:12-26; 2 Pedro 2:4-9.
Texto para memorizar: *Si, pues, coméis o bebéis o hacéis otra cosa, hacedlo todo para la gloria de Dios* (1 Corintios 10:31).
Verdad bíblica central: es importante saber tomar buenas decisiones y que estas honren a Dios, ya que de eso dependerá lo que nos suceda en la vida diaria.
Objetivo de la Lección: ayudar al alumno a que comprenda que cada quien es responsable de las decisiones que toma. Y sobre la base de estas tendrán consecuencias para su vida, ya sean positivas o negativas.

II. PREPARACIÓN PARA EL MAESTRO

En Génesis 13:1-13 y 19:12-26 vemos a Abraham y a su sobrino Lot con un gran problema, porque había demasiada gente en un espacio muy pequeño. Los pastores de ambos se peleaban por el agua y el pasto con los que alimentaban al ganado. Había llegado el tiempo de la separación...

Abraham dejó que Lot eligiera primero dónde quería ir. Esto mostraba en él su generosidad como señal de su completa fe en Dios. Y Lot, como buen comerciante que era, vio al valle del Jordán y miró los beneficios de una tierra muy rica. Sin embargo, allí había dos ciudades muy famosas por su maldad. Pero cegado por la fertilidad de la tierra, Lot ignoró el peligro que existía en ellas y decidió poner a su familia cerca de la tentación.

La decisión que hizo de vivir cerca de una ciudad perversa y más tarde mudarse dentro de esta, produjo que Lot pagara un precio muy alto. Dios envió dos ángeles para advertirle que destruiría la ciudad. Lot trató de animar a sus yernos, pero estos no le hicieron caso. Ni aún él mismo se sentía con deseos de abandonar dicho lugar, a tal grado que los ángeles tuvieron que tomarlo de la mano, así como a su esposa y sus hijas, para llevarlos a un lugar seguro.

Desde pequeños, todos los seres humanos tomamos decisiones: algunas pequeñas y otras más importantes, como la libertad de elegir qué ropa ponernos, a qué hora nos levantamos, qué comer, qué programa de televisión deseamos ver, en qué trabajar, entre tantas otras...

Debemos aprender que cada decisión trae sus consecuencias. Claro que somos libres de elegir qué queremos hacer, pero también hay que ser responsables de las consecuencias que esto implica. Lot tomó una decisión a la ligera, sin pensarlo, sin tener en cuenta a Dios, y esto trajo fatales consecuencias para él y toda su familia.

III. DESARROLLO DE LA LECCIÓN

Introducción

La gente, por lo general, toma decisiones basadas en lo que le parece mejor. Prepare dos cajas iguales, ponga una fruta o una verdura buena dentro de una de ellas y en la otra una podrida. Luego, envuélvalas con el mismo papel. Diga: *¿Verdad que ambas cajas se ven iguales? Bien, las dos tienen lo mismo dentro, ¿qué piensan que es*? (Deje que varios participen).

Después de que dos alumnos destapen una caja, otros dos la otra, y que muestren al grupo lo que hay dentro, enfatice que muchas veces, aunque algo se vea igual por fuera, lo que en realidad importa es lo que está dentro. Que los alumnos trabajen en la actividad 1 de sus cuadernos que va relacionada con esto.

Desarrollo de la historia bíblica

Hábleles a sus alumnos sobre la decisión que hizo Abraham cuando Dios le pidió que dejara su patria y su familia y se fuera a un lugar mejor que él le iba a dar. Diga: *¿Qué creen que hizo Abraham? Cuando decidió ir Dios, prometió bendecirlo y hacer de su familia una gran nación. También su sobrino Lot decidió ir con su tío Abraham.*

Pregunte: *¿Quieren saber más de esta historia?* Entonces pídales a sus alumnos que se organicen en tres equipos; unos leerán la parte de Lot, otros la parte de Abraham y otros la de los ángeles. Usted será el narrador.

La decisión de Lot

Lot: ¡Tío Abraham! ¡Tío Abraham! ¡Nuestros pastores están peleando de nuevo! (Lot entró corriendo en la tienda donde estaba Abraham).

Abraham: ¿Pelean de nuevo por los pastos?

Lot: ¿No es lo que hacen todo el tiempo? (Replicó Lot).

Tus pastores dicen que no hay mucha hierba para tu ganado y el mío. No dejan que mis ovejas y mis vacas coman en este lugar. ¿Qué haremos para resolver este problema?

Abraham: (se quedó pensando por un momento,

él era el dueño de muchas ovejas y vacas pero su sobrino Lot también. Y no había mucho pasto y agua para los animales de ambos si querían estar juntos. Como amaba a Lot, no quería tener pleito con él, entonces le dijo): *No haya ahora altercado entre nosotros dos ni entre mis pastores y los tuyos, porque somos hermanos... ¿No está toda la tierra delante de ti? Yo te ruego que te apartes de mí. Si vas a la mano izquierda, yo iré a la derecha,* o *si a la derecha, yo iré a la izquierda.*

Lot: ¡Vaya! *Abraham me está dejando elegir el lugar que yo quiera. Él es el mayor y además mi tío, por lo tanto tiene el derecho de elegir, pero me cede ese derecho. ¡Esto es magnífico! Alzó Lot sus ojos y vio la llanura del Jordán, toda ella era de riego, como el huerto de Jehová.* Sin embargo existía un problema, la perversidad de la gente que vivía en las ciudades del valle. Pero había mucha agua y pasto. Entonces Lot escogió para sí toda la llanura del Jordán.

Narrador: Como él se tardaba, los varones los asieron de las manos a él, a su mujer y a sus dos hijas, según la misericordia de Jehová para con él; lo sacaron y lo pusieron fuera de la ciudad. Y cuando lo llevaron afuera, le dijeron:

Ángeles: *Escapa por tu vida; no mires atrás, ni te detengas en ningún lugar de la llanura.*

Narrador: Cuando Lot y su familia estuvieron a salvo, *entonces Jehová hizo llover desde los cielos azufre y fuego sobre Sodoma y sobre Gomorra... entonces la mujer de Lot miró atrás, a espaldas de él, y se volvió estatua de sal.*

(Las palabras en cursiva corresponden a Génesis 13:6-13; 19:14-17, 19, 24 y 26).

Actividad 1: ¿Cuál manzana parece la mejor?

Pídales a sus alumnos que dibujen una estrella debajo de la manzana que se vea mejor. Que abran la página, la doblen en la línea punteada y se darán cuenta de que ¡lo que se ve mejor, podría no serlo!

Pregunte: *¿Qué decisiones tomó Lot?* Deje que sus alumnos participen y luego indague: *¿Qué consecuencias tuvo Lot por las decisiones que hizo?* Anote las respuestas en el pizarrón y diga: *Si Lot hubiera sabido todo lo que iba a pasar por escoger ir al valle, ¿creen que habría tomado esa decisión?*

Abraham: *De acuerdo —dijo—, ocupa tú el valle, que yo me iré hacia las colinas.*

Narrador: Se apartaron el uno del otro. Abraham acampó en la tierra de Canaán, en tanto que Lot habitó en las ciudades de la llanura y fue poniendo sus tiendas hasta la ciudad de Sodoma. Años después, los rebaños de ovejas y el ganado vacuno de Lot crecieron mucho, se alimentaban bien con el pasto de las tierras bajas. Lot se hizo entonces muy rico y no quiso seguir viviendo en carpas, por lo que decidió mudarse a la ciudad de Sodoma. *Pero los habitantes de Sodoma eran malos y cometían horribles pecados contra Jehová.* Su maldad resultaba ser tanta, que Dios decidió destruir la ciudad. Pero como Lot era sobrino de Abraham, Dios envió a dos ángeles para que lo rescataran.

Ángeles: *Lot, vamos a destruir este lugar, por cuanto el clamor contra la gente de esta ciudad ha subido delante de Jehová. Por tanto, Jehová ha enviado a destruirla. Ve y avisa a tu familia lo que está a punto de suceder.*

Narrador: Lot habló con sus yernos y les dijo.

Lot: *Levantaos, salid de este lugar; porque Jehová va a destruir esta ciudad.*

Narrador: Pero sus yernos pensaban que bromeaba. Los ángeles apresuraban a Lot diciendo:

Aplicación para la vida

Trabaje con los niños la actividad 2 *(¡Decisiones! ¡Decisiones! ¡Decisiones!)*. Ayúdelos a hablar de algunas decisiones que ellos han tomado.

Dios nos ha dado a todos el privilegio y la responsabilidad de elegir. ¿Qué decisiones toman los alumnos?

Que pongan una X en las más difíciles.

___ *¿En qué piensan los estudiantes cuando toman decisiones?*

___ *¿Cómo pueden saber si la decisión que tomaron tendrá buenas o malas consecuencias?*

Explique a sus alumnos que no podemos saber por adelantado qué sucederá con nuestras decisiones, pero si pedimos la ayuda de Dios, él nos dará la sabiduría para saber optar por lo que más nos conviene.

IV. ANEXOS

Actividades de aprendizaje

Estudio de algunos casos:

Traiga por escrito unos tres o cuatro casos de niños que tuvieron que tomar decisiones. Organice a sus alumnos en equipos, que lean los casos y luego comenten si las decisiones por las que optaron estos niños fueron buenas o malas, y qué consecuencias les traerán.

Ángeles: *Levántate, toma a tu mujer y a tus dos hijas que se hallan aquí, para que no perezcan en el castigo de la ciudad.*

Texto para memorizar

Repasen una vez más el texto para memorizar; invite a sus alumnos a que lo escriban en su casa para recordarlo mejor y dígales que orar, leer la palabra de Dios y pedir consejo a nuestros padres nos ayudará a tomar buenas decisiones.

Ore por los alumnos para que Dios los ayude a tomar buenas decisiones en su vida.

LECCIÓN 5

¡USA TUS TALENTOS PARA DIOS!

I. ASPECTOS GENERALES

Base bíblica: Éxodo 25:1-9; 31:1-11; 1 Pedro 4:10.
Texto para memorizar: *Si, pues, coméis o bebéis o hacéis otra cosa, hacedlo todo para la gloria de Dios* (1 Corintios 10:31).
Verdad bíblica central: Dios le proporcionó a todo ser humano talentos y habilidades para que podamos usarlo en su obra.
Objetivo de la lección: ayudar al alumno a identificar algunos de sus talentos y motivarlo a usarlos en el servicio del Señor.

II. PREPARACIÓN PARA EL MAESTRO

En Éxodo 25 se mencionan todos los materiales que Dios quería para construir su tabernáculo de reunión; y después le describe a Moisés específicamente las medidas y diseños para todo lo que debía estar dentro del t abernáculo. Quizá Moisés se preguntó: "¿Quién podrá hacer todo esto?" Él era el líder político, religioso y militar, pero no tenía talento artístico como para hacer todo lo que Dios pedía.

"No era el propósito de Dios fabricar este lugar de adoración por un acto milagroso de su poder, sino mediante personas capacitadas para la obra. Dios también elige, capacita y dirige a sus siervos a cumplir tareas materiales. A Bezaleel y su ayudante Aholiab se los llamó para crear bellezas en las formas materiales del tabernáculo" (CBB, Tomo 1, pág. 288).

Dios llamó a estos hombres específicamente para hacer objetos artísticos con el oro, plata, piedras preciosas, telas, madera, pieles, etc. Y los dotó para desarrollar diferentes artes, como la ebanistería, carpintería, tallado de joyas, confección de ropa...

Además de sus talentos naturales, el Señor les da su Espíritu Santo para que trabajen con sabiduría, inteligencia y ciencia. ¡Qué privilegio para estos dos varones! Ellos no hicieron toda la obra, tuvieron la ayuda de muchos artesanos a quienes dirigieron hasta lograr crear un santuario muy bello para adorar a Dios.

Es interesante descubrir que para servir a Dios no resulta suficiente tener talentos o habilidades, sino ser escogidos por él y recibir capacitación directa del Espíritu Santo. Muchas veces, le estamos sirviendo porque nos escogieron o porque nos gusta hacerlo; pero no nos hemos asegurado si realmente fue Dios quien nos llamó para desarrollar ese ministerio específico y si su Santo Espíritu está con nosotros. Cuando es así, se cumple lo que dice 1 Pedro 4:10: *Cada uno según el don que ha recibido, minístrelo a los otros, como buenos administradores de la multiforme gracia de Dios.*

III. DESARROLLO DE LA LECCIÓN

Introducción

Actividad de repaso ¿Dime quién soy?

Para recordar la lección, divida la clase en dos equipos; lea cada una de las siguientes frases y pregunte *¿quién soy?* El equipo que participe primero deberá pensar y decir quién dijo la frase. Cada respuesta correcta gana 10 puntos, y el equipo que tenga más aciertos será el triunfador de la competencia.

1. No haya ahora altercado entre nosotros (Abraham).
2. Exigimos este pasto para el ganado y los rebaños de nuestro señor (los pastores).
3. Yo escojo la llanura del Jordán (Lot).
4. Dios nos ha enviado a destruir la ciudad de Sodoma (los ángeles).
5. Si vas a la mano izquierda, yo iré a la derecha; y si a la mano derecha, yo iré a la izquierda (Abraham).
6. Levantaos, salid de este lugar; porque Jehová va a destruir esta ciudad (Lot a sus yernos; o los ángeles). Vamos a mover nuestras tiendas hacia la ciudad de Sodoma (Lot).

Después del repaso, hable con sus alumnos respecto de los talentos o habilidades que Dios nos ha dado. Explique que él ha dotado a todo ser humano para ser útil en alguna área específica como la música, la matemática el comercio, las artes manuales, sembrar la tierra, cuidar el orden...

Pida a sus alumnos que abran su cuaderno en la actividad 1. *¿Qué talentos tienes?* Que lean lo escrito en los globos y anoten o peguen una estrella en las cotidianidades que ellos saben hacer bien o les gusta practicar. Después de que hayan terminado, solicite que algunos voluntarios mencionen sus preferencias a los demás.

Explíqueles que así como a ellos, Dios utilizó a personas con habilidades muy especiales para algo muy especial.

Desarrollo de la historia bíblica

Pregunte: *¿Alguna vez han ayudado a construir algo? ¿Cómo se sintieron cuando terminaron?* (Deje que algunos relaten sus experiencias). Pida que presten atención mientras lee la historia bíblica:

—¡Bezaleel! ¡Bezaleel! —llamó Aholiab—,, ¿dónde vas tan deprisa?

—Voy a la tienda de Moisés —respondió Bezaleel—. Él quiere hablar conmigo.

—También me pidió a mí que fuera —dijo Aholiab.

—¿Qué querrá decirnos? Ha de ser acerca de la construcción del tabernáculo —dijo Bezaleel mientras se apresuraban juntos para ir con Moisés.

Ellos sabían que Dios le había dado los planos a Moisés para la edificación del tabernáculo. Este sería un lugar donde el pueblo lo adoraría. Moisés les dijo a Aholiab y a Bezaleel que Dios los había escogido para dirigir la construcción. Esta sería una gran tienda o carpa móvil, porque los israelitas viajaban mucho. Aunque el tabernáculo luciría exteriormente como una tienda, resultaría muy hermoso por dentro.

Cuando Bezaleel y Aholiab llegaron a la tienda de Moisés, él los saludó:

—¡Bienvenidos! Les he pedido que vengan para decirles lo que Dios quiere que hagan. Cuando estaba en el Monte Sinaí —dijo Moisés—, el Señor me dijo: "Di a los hijos de Israel que recojan para mí una ofrenda. De todo hombre que la dé voluntariamente, de corazón, la recogeréis. Me construirán un santuario y habitaré en medio de ellos. Conforme a todo lo que yo te muestre, así haréis el diseño del tabernáculo y el de todos sus utensilios". Dios ha prometido que si hacemos todo exactamente como él nos ha dicho, su presencia descenderá al tabernáculo y morará allí", continuó Moisés.

—El pueblo ha traído muchas ofrendas —dijo Bezaleel.

—Así es —asintió Moisés—. Tenemos todos lo materiales que necesitamos.

El pueblo estaba muy feliz de dar lo que tenían para la construcción del tabernáculo.

—Han traído mucho oro, plata, madera y telas —dijo Aholiab—. Ahora estamos listos para construir el tabernáculo tal como Dios nos ha mostrado —prosiguió Moisés.

—¿Qué quieres que hagamos? —preguntó Bezaleel.

—Cuando yo estaba en el Monte Sinaí —respondió

Moisés—, el Señor también me dijo: *Mira, yo he llamado por su nombre a Bezaleel y lo he llenado del Espíritu de Dios, en sabiduría* e *inteligencia, en ciencia y en todo arte, para inventar diseños, para trabajar en oro, plata y bronce, para labrar piedras y engastarlas, tallar madera y trabajar en toda clase de labor. He puesto junto a él a Aholiab y he puesto sabiduría en el ánimo de todo sabio de corazón, para que hagan todo lo que te he mandado.*

Bezaleel y Aholiab estaban felices porque Dios los había elegido, pero tenían miedo. Al notar esto, Moisés les dijo:

—No tengan miedo, Dios los ha elegido para esta obra y les ha dado la habilidad para hacerla.

—Este es un gran trabajo —dijo Aholiab—-. ¿Lo podremos hacer?

—Sí —respondió Moisés—. Dios y el pueblo los ayudarán para que sepan lo que tienen qué hacer.

Algunos artesanos tallaron madera. Otros hicieron decoraciones de oro y plata para el interior del tabernáculo. Unos cosieron pieles para el exterior del santuario. Otros hicieron cortinas. Y otros ropas para los sacerdotes.

Al terminar la narración, pregunte:

¿Qué decisiones tomaron Bezaleel y Aholiab al llamado que Dios les hizo?

¿Qué habilidades o talentos usaron ellos para servir a Dios?

¿Quién ayudó a Bezaleel y Aholiab a construir el Tabernáculo?

¿Qué resultados hubo al decidir Moisés, Bezaleel y Aholiab obedecer a Dios?

Aplicación para la vida

Actividad 2: Lo haré para Dios

Dígales a sus alumnos que así como Bezaleel y Aholiab, nosotros también podemos servir a Dios. Que anoten en sus cuadernos las habilidades que tienen y que decidan usarlas para Dios.

IV. ANEXOS

Actividades de aprendizaje

Que los alumnos mencionen lo que escribieron en la actividad 2 de sus cuadernos, y ayúdelos a hacer los planes para usar sus habilidades en la iglesia local (enfatizar lo que dice 1 Pedro 4:10).

Texto para memorizar

Club versículo del mes

Pregunte quién recuerda el texto para formar parte del Club versículo del mes. Dé oportunidad a que lo digan. Tráigalo escrito en una cartulina y córtelo en palabras; después de que cada alumno tome una parte y se organicen para formar el texto y repetirlo de memoria. Que lo armen y lo repitan varias veces, relaciónelo con la lección de este día.

Pídales a los niños que den testimonios de gratitud por las habilidades o talentos que Dios les ha otorgado. Termine orando por ellos para que el Señor les permita usar esas habilidades para su honra y gloria.

LECCIÓN 6

¡ALTO!, CUIDADO CON LAS MALAS DECISIONES

I. ASPECTOS GENERALES

Base bíblica: 2 Samuel 15:1-37; 16:15; 18:33; Proverbios 8:10-11.

Texto para memorizar: *Si, pues, coméis o bebéis o hacéis otra cosa, hacedlo todo para la gloria de Dios* (1 Corintios 10:31).

Verdad bíblica central: las malas decisiones nos destruyen y hacen sufrir a quienes nos rodean.

Objetivo de la lección: ayudar al alumno a comprender que si toma decisiones que no le agradan a Dios, le traerá terribles consecuencias para su vida.

II. PREPARACIÓN. PARA EL MAESTRO

Los dos hijos mayores de David y posibles sucesores al trono de Israel, Amnón y Absalón, se vuelven enemigos irreconciliables cuando Amnón deshonra a su media hermana Tamar, hermana de Absalón. Este último toma venganza y mata a su hermano mayor. Tanto en la deshonra de Tamar como en la muerte de Amnón, se nota al rey David como un padre muy débil y falto de autoridad moral para corregir a sus hijos.

Después de tres años de destierro voluntario, Absalón regresa a Jerusalén, pero sus intenciones no son buenas, ya que sabe que es el sucesor al trono de Israel toma la decisión de conquistar a la gente y el ejército, y no esperar a que su padre muera para ser el nuevo rey.

Absalón se muestra ambicioso y calculador; además, muy vanidoso, porque sabe que es de buen parecer. En ninguna parte de la historia se dice que se trata de un hombre temeroso de Dios. Al contrario, se nota en él mucho orgullo, seguridad en sí mismo y despiadado, ya que no le importa matar para conseguir lo que quiere.

Con apoyo de Ahitofel, uno de los principales consejeros de su padre, Absalón se proclama rey de Israel en Hebrón, el lugar donde Samuel había ungido a su padre David por mandato de Dios. Con esta decisión, Absalón no solamente está actuando en contra de su padre, sino revelándose a la voluntad de Dios, ya que él no lo había escogido para ser rey, sino que Absalón mismo lo había decidido por su propia voluntad.

Con la rebelión de Absalón, David tiene que salir huyendo de Jerusalén para que su propio hijo no lo matara. Dios permite que Husai, consejero del rey David, le dé un plan a Absalón para salvar a David. Por fin, los dos ejércitos tienen que enfrentarse, y David, actuando como padre y no como un general, pide a su ejército que sean benignos con su hijo Absalón y que no lo maten.

La experiencia del ejército de David logra vencer a Absalón, aunque tuvieron que morir más de 20,000 hombres en la batalla. Absalón, en su huida, se quedó trabado de su largo cabello en una rama de encina y Joab, jefe del ejército de David, lo mató... mató al príncipe. La elección que hizo Absalón tuvo consecuencias trágicas para él y para Israel.

III. DESARROLLO DE LA LECCIÓN

Introducción

Inicie preguntando a los niños qué decisiones importantes tomaron durante la semana y qué habría pasado si estas hubieran sido diferentes. Diga: *¿Alguna vez tomaron una decisión que les parecía fantástica y tuvo resultados muy desalentadores?* (Que varios alumnos cuenten sus experiencias).

Organícelos en equipos de tres o cuatro participantes y dígales que abran sus cuadernos en la actividad número 1 (*¿Cuáles son las Consecuencias?*). Por equipos, pida que piensen en las consecuencias que traerá para sus vidas tomar una u otra decisión en cada dibujo. Después, que cada equipo cuente sus resultados.

Desarrollo de la historia bíblica

Diga: *Hoy estudiaremos la vida de un joven que tomó decisiones muy equivocadas que le trajeron consecuencias fatales.*

Leamos la historia bíblica y luego la analizaremos.

—*Si tan solo fuera el rey* —pensaba Absalón, hijo mayor del rey David (que estaba orgulloso de su larga cabellera).

Este se propuso tomar el lugar de su padre; se levantaba por la mañana y se ponía a un lado del camino, junto a la puerta del palacio, y a cualquiera que tenía pleito y venía ante el rey a juicio, lo llamaba y le decía: *¿de qué ciudad eres?* El otro respondía: *De una de las tribus de Israel.* Entonces, Absalón le decía: *Tus palabras son buenas y justas; pero no tienes quién te oiga de parte del rey.* Y añadía: *¡Quién me pusiera por juez* *en el país, para que vinieran ante mí todos los que tienen pleito o negocio, y yo les haría justicia!*

Un día, Absalón le pidió permiso a David para ir a Hebrón a adorar, y él se lo permitió. Pero, en realidad, no deseaba adorar sino levantar un palacio allí, porque quería ser el rey de Israel en lugar de su padre.

Tan pronto como se fue, envió mensajeros diciendo: *Cuando oigáis el sonido de la trompeta diréis: ¡Absalón reina en Hebrón!*

Absalón pidió a Ahitofel, uno de los consejeros de David, que se le uniera en la conspiración para quitar del trono a su padre. Un día llegó un mensajero donde estaba David, diciendo: *El corazón de todo Israel va tras Absalón. Entonces David dijo a sus siervos que estaban con él en Jerusalén: Levantaos y huyamos, porque no podremos escapar ante Absalón; daos prisa a partir, no sea que apresurándonos él nos alcance, nos cause una desgracia y hiera la ciudad a filo de espada. David subió llorando la cuesta del Monte de los Olivos y oró a Dios:*

¡Entorpece ahora, oh Jehová, el consejo de Ahitofel!

Husai era uno de los leales consejeros de David, y él le dijo que volviera a Jerusalén y simulara estar de parte de Absalón. Al principio, Absalón sospechaba de él. Entonces Husai le dijo: *¿A quién había yo de servir? ¿No es a su hijo? Como he servido delante de tu padre, así lo haré delante de ti.*

Absalón quería asegurarse de que su padre no pudiera reconquistar el reino y le pidió consejo a Ahitofel. Este le dijo: *Yo escogeré ahora doce mil hombres, me levantaré y seguiré a David esta noche. Caeré sobre él mientras está cansado y sin fuerzas.*

Absalón preguntó también a Husai qué debía hacerse. Husai sabía que el consejo de Ahitofel tendría resultados positivos, y que David y sus hombres necesitaban tiempo para descansar y planear lo que harían. De modo que le dijo que esperara hasta que pudiera reunir un ejército mayor.

Entonces, Absalón y todos los de Israel dijeron: *El consejo de Husai es mejor que el consejo de Ahitofel.*

Cuando el ejército de Absalón salió tras David y sus hombres, ya estos habían descansado y estaban listos. *No hagan daño a Absalón,* ordenó David a sus comandantes.

Salió, pues, el pueblo al campo, contra Israel. Allí cayó el pueblo de Israel ante los siervos de David.

Iba Absalón en un mulo y se encontró con los siervos de David. El mulo entró por debajo de las ramas espesas de una gran encina y se le enredó el cabello a Absalón, que quedó suspendido entre el cielo y la tierra; pero el mulo no se detuvo, siguió adelante.

Uno de los soldados lo vio y dijo a los capitanes de David: *Hemos visto a Absalón colgado de una encina.*

El general Joab, comandante de los hombres de David, luego de tomar tres dardos en su mano, los clavó en el corazón de Absalón y lo mató. Cuando David oyó la noticia de su muerte, exclamó: *¡Hijo mío, Absalón, hijo mío, hijo mío, Absalón! ¡Hijo mío!* David volvió muy entristecido a Jerusalén y a su trono.

(Las palabras en cursiva corresponden a 2 Samuel 15:1-37; 16:16; 18:33).

Preguntas de repaso:

1. ¿Qué decisiones tomó Absalón?
2. ¿Qué consecuencias trajeron a su vida estas decisiones?
3. ¿Qué secuelas trajeron estas decisiones para la vida de su familia y para el pueblo de Israel?

Aplicación para la vida

Hoy mucha gente toma decisiones sin advertir a Dios. El hombre se cree sabio en su propia opinión y sin importarle las consecuencias, realiza actos que después le traerán fatales resultados, como a Absalón. Los padres, muchas veces, quieren tomar decisiones por sus hijos, porque ellos no saben lo que les puede suceder si eligen mal; pero tampoco los enseñan a tomar buenas decisiones. En esta historia parece que David, como padre, no orientó ni aconsejó a sus hijos para tomar buenas decisiones, y por eso vivió tan trágicas consecuencias.

IV. ANEXOS

Actividades de aprendizaje

Actividad 2: ¿Cómo tomar buenas decisiones?

En esta actividad ayude a los alumnos a entender algunos principios bíblicos que les servirán para tomar decisiones que honren a Dios. Lea Proverbios 8:10-11 y que los niños hagan las anotaciones que ahí se piden.

Texto para memorizar

Que los alumnos repitan el texto en voz alta para memorizar la unidad (1 Corintios 10:31). Después, pida que cada uno escriba una palabra del texto en el pizarrón hasta que quede completo. Al final, explique la relación del versículo con la clase de hoy. Si Absalón hubiera sabido este versículo y hubiera sido obediente honrando a Dios, tal vez habría sido rey de Israel y habría contado con la aprobación de Dios.

Pida a uno de sus alumnos que ore por todos los demás para que Dios los ayude a tomar decisiones sabias, y que lo honren. Invítelos a tratar de tomar buenas decisiones esta semana y que vengan listos para contar sus experiencias en la próxima clase.

LECCIÓN 7

HAZ LO CORRECTO Y SERÁS DIFERENTE

I. ASPECTOS GENERALES

Base bíblica: Daniel 1:1-20.
Texto para memorizar: *Si, pues, coméis o bebéis o hacéis otra cosa, hacedlo todo para la gloria de Dios* (1 Corintios 10:31).
Verdad bíblica central: tener confianza en Dios nos ayuda a tomar decisiones sabias y que le honren a él; aunque estas nos hagan diferentes de los demás.
Objetivo de la lección: ayudar al alumno a mantenerse firme en las decisiones correctas delante de Dios, aunque estas nos hagan diferentes de los demás.

II. PREPARACIÓN PARA EL MAESTRO

Los babilonios eran genios en la administración. Gobernaban su gran Imperio con la ayuda de jóvenes de las naciones que habían derrotado, y los entrenaban en su cultura. A Daniel y sus amigos los escogieron para ser parte del programa de entrenamiento de líderes.

Como parte de su cambio a la vida en Babilonia, a Daniel y a sus compañeros se les puso nombres nuevos. Y tanto sus nombres antiguos como los nuevos tenían significado religioso. Sin embargo, la modificación de nombres no significó el cambio de su fe.

A ellos se les servía la comida y la bebida de la mesa real como signo de su futuro liderazgo. Pero Daniel y sus amigos rehusaron comer lo que se les ponía en la mesa, porque eso los contaminaría. La Biblia no menciona que el alimento del rey no era bueno, pero quizás había sido ofrecido a los dioses babilonios; y si Daniel y sus amigos lo comían, se hubieran contaminado y los habría hecho partícipes de la idolatría.

Esta comida representaba un reto a su fe, y Dios los honró por esto. El rey Nabucodonosor reconoció que estos jóvenes eran "diferentes" de los demás, y por eso les dio puestos de autoridad en su reino.

III. DESARROLLO DE LA LECCIÓN

Introducción

Decisiones que honran a Dios.

Pregunte a los niños cómo honraron a Dios con las decisiones que hicieron la semana pasada y qué consecuencias evitaron. Diga: *¿Quién conoce la historia de Daniel y sus amigos ante la comida del rey?* (Si alguien la sabe, que se la narre al grupo).

Desarrollo de la historia bíblica

¡Nosotros no comeremos eso!

Pida a algunos alumnos que participen leyendo del cuaderno el diálogo de Daniel y sus amigos (designe el nombre a cada uno de ellos):

Narrador 1: Nabucodonosor, rey de Babilonia, declaró la guerra contra Judá. Ella ganó y tomó prisioneros a muchos israelitas. Y dijo el rey a Aspenaz, jefe de sus eunucos, que trajese de los hijos de Israel, del linaje real de los príncipes, a muchachos de buen parecer, para estar en el palacio del rey.

Narrador 2: Nabucodonosor dispuso que se educara durante tres años a los jóvenes hebreos, y luego se presentaran delante de él. Entre los jóvenes prisioneros se hallaban Daniel y sus tres amigos, Ananías, Misael y Azarías.

Aspenaz: (dirigiéndose a Daniel y sus amigos): El rey Nabucodonosor ha ordenado que ustedes reciban educación en la lectura y en aprender el lenguaje babilónico. También les ha concedido el privilegio de comer y beber en su mesa.

Daniel: Nosotros somos israelitas. Nuestro Dios nos ha mandado a que no comamos este alimento. Por favor, sírvanos otra clase de comida.

Aspenaz: Quisiera hacer lo que me piden, pero tengo miedo a mi señor el rey, que asignó sus alimentos; porque cuando él vea que sus rostros se ven más pálidos que los de los muchachos que son iguales a ustedes, me condenará a muerte. Además, a los otros les encanta comer lo que se les sirve.

(Aspenaz sale y Daniel y sus amigos conversan).

Ananías: Daniel, ¿qué haremos? ¡No podemos comer el alimento ni la bebida del rey!

Misael: ¡No! Si lo hiciéramos desobedeceríamos a Dios. **Azarías:** Pero ¿qué sucederá si no aceptamos la comida ofrecida? Daniel: No sé, pero no importa lo que suceda, ¡yo nunca comeré ni beberé de la mesa del rey!

Ananías, Misael y Azarías: ¡Nosotros tampoco!

Guardia: Bien, es casi tiempo de cenar. ¡Qué dichosos son ustedes! Les van a servir comida y bebida de la mesa del rey.

Daniel: Por favor, señor, ¿no podrían servirnos vegetales y agua?

Guardia: Pero ¿por qué ustedes quieren legumbres y agua cuando pueden comer todo esto?

Daniel: Porque este alimento nos contaminará.

Guardia: Miren, yo sólo sigo órdenes. ¡Además, vean a los otros!, ellos están disfrutando su alimento. Si tan solo lo probaran.

Daniel: Te ruego que hagas la prueba con tus siervos, durante diez días que nos den legumbres para comer y agua para beber. Compara luego nuestros rostros con los rostros de los muchachos que comen de la porción de la comida del rey.

Guardia: Bueeeeno (susurrando), vamos a probar por solo diez días. Pero después de ese tiempo tendrán que comer el alimento del rey. Voy a buscarles algunas legumbres y agua.

Narrador 1: Ya han pasado diez días y Daniel y sus amigos solo han comido legumbres y han bebido agua.

Ananías: ¿Cómo te sientes, Misael?

Misael: ¡Fantástico!

Azarías: Yo digo lo mismo. Me estoy imaginando la cara que pondrá el guardia cuando nos vea.

(Entra el guardia).

Guardia: Los diez días de prueba han terminado. Vamos a ver cómo lucen ustedes. Acérquense a la ventana.

Daniel: ¿Qué le parece?

Guardia: ¡Increíble! ¡Si no lo viera con mis propios ojos, no lo creería!

Azarías: ¿Qué quiere decir?

Guardia: ¡Que ustedes lucen más saludables y fuertes que todos los otros jóvenes que han comido el alimento del rey!

Daniel: Entonces, ¿podemos seguir comiendo legumbres, señor?

Guardia: ¡Por supuesto! Ordenaré que de ahora en adelante les sirvan solo legumbres y agua.

Narrador 2: Dios bendijo a Daniel y a sus amigos porque ellos tuvieron valor para permanecer firmes en lo que sabían que era recto. A estos cuatro muchachos, Dios les dio conocimiento e inteligencia en todas las letras y las ciencias.

Narrador 1: Tres años más tarde, había llegado el tiempo en que Daniel y sus amigos fueran examinados ante el rey Nabucodonosor.

Rey Nabucodonosor: ¡Aspenaz! ¡Que vengan los cuatro jóvenes de los que me hablaste!

Aspenaz: ¡Sí, su majestad, ahora mismo!

Narrador 2: Aspenaz trajo a Daniel y a sus amigos ante el rey Nabucodonosor. El rey habló con ellos, y no se hallaron entre todos los demás a alguien como Daniel, Ananías, Misael y Azarías; así, pues, permanecieron al servicio del rey. En cualquier asunto de sabiduría e inteligencia que el rey los consultó, los halló diez veces mejores que todos los magos y astrólogos que había en su reino.

(Las palabras en cursivas son de Daniel 1).

(Los alumnos que no participaron en la lectura pueden responder a algunas preguntas relacionadas con la historia):

¿Por qué Daniel y sus amigos decidieron no comer la comida del rey?

¿Qué consecuencias trágicas podría traerles esta decisión?

¿Por qué la comida del rey estaba contaminada?

¿Quién ayudó a estos muchachos para que lograran ser diferentes y no se contaminaran con la comida del rey?

Si hubieras estado en su lugar, ¿te habrías atrevido a desobedecer la orden de un rey?

Actividad

Ponga frutas y verduras en un plato, y en otro papas fritas, refrescos, dulces y chocolates. Pregunte a sus alumnos: *¿Qué escogerían para comer?*

Aplicación para la vida

El ejemplo de estos jóvenes en Babilonia nos hace pensar en la situación que niños, adolescentes y jóvenes viven en el mundo actual. En su convivencia cotidiana con sus compañeros de clase, amigos y vecinos ellos buscan ser parte de un grupo, sentirse aceptados, y esto los presiona a hacer o admitir hechos o pensamientos en el grupo, que a veces no están de acuerdo con la voluntad de Dios.

La iglesia debe ser apoyo fuerte para que el alumno se mantenga firme en sus convicciones y decida conservarse limpio de pecado, a pesar de las presiones del grupo que lo rodea. Sus valores cristianos serán más valiosos que los que el grupo le ofrezca. El alumno debe tener la capacidad de decidir obedecer a Dios, aunque haciendo esto sea diferente de los demás.

IV, ANEXOS

Actividad 1: Sigue al líder

A partir de la letra "T" y siguiendo por todo el laberinto, el alumno encontrará la frase secreta: "Todos lo están haciendo". En las líneas que se hallan abajo tienen que escribir cada letra que encuentren en su camino, hasta conocer toda la frase. Dígales que pongan una letra X en el punto del laberinto en donde se detuvieron. Invítelos a mantenerse firmes en sus convicciones y creencias, y a no dejarse llevar por lo que hacen los demás.

Actividad 2: Atrévete a ser diferente

Este es un certificado de compromiso en el que el

alumno decidirá si quiere llenarlo con su nombre. El que lo haga, se compromete con Dios a mantenerse firme en su fe y a no participar con los demás realizando acciones que no le agraden a Dios. Pida a un voluntario que lo vaya leyendo con sus propios datos: "Yo (que diga su nombre) decido permanecer firme en lo que creo que es bueno, aun cuando otros no hagan lo mismo".

Texto para memorizar

Esta es la penúltima clase para terminar la unidad. Recuérdeles a los niños que tienen que aprender de memoria el texto bíblico y que la próxima clase premiará al que lo haya hecho (prepare, para la clase siguiente, algún regalo pequeño para los niños).

Ore por todos sus alumnos, para que Dios los capacite y puedan mantenerse firmes en la fe.

Notas

LECCIÓN 8

¡DECIDE SEGUIR ADELANTE!

I. ASPECTOS GENERALES

Base bíblica: Nehemías 2:17; 4:21.
Texto para memorizar: *Si, pues, coméis o bebéis o hacéis otra cosa, hacedlo todo para la gloria de Dios* (1 Corintios 10:31).
Verdad bíblica central: la decisión que hagamos de seguir y obedecer a Dios debe ser tan firme, que pueda sobrevivir a la oposición.
Objetivo de la lección: ayudar al alumno a entender que en la vida cotidiana tenemos que decidir seguir adelante con Dios, a pesar de que tengamos oposición.

II. PREPARACIÓN PARA EL MAESTRO

Nehemías es copero del rey Artajerjes. Un día escucha que su ciudad natal, Jerusalén, está en ruinas; se siente muy triste y toma la decisión de ayudar a su pueblo. Consigue el apoyo del rey para ir a la ciudad y la autorización para reconstruir los muros. Llegando a Jerusalén, primero ve las necesidades del pueblo, y después los reúne para motivarlos a que hagan juntos el trabajo.

La gente se anima y se organizan para empezar a trabajar. Para llevar a cabo esta gran tarea, participan hombres de todos los niveles socioeconómicos y de todas las edades. Los comentaristas dicen que los muros eran tan anchos que sobre ellos podía correr un carruaje estirado por caballos.

También deben reconstruir las puertas y el templo, lo que no es una tarea fácil. Pero la gente decide obedecer a Dios y seguir las instrucciones de Nehemías.

Ante esto, surgen tres enemigos: Sanbalat, gobernador de Samaria; Tobías, un judío miembro de una familia rica y que gobernaba la ciudad de Ammón, y Gesem, un jeque árabe. Ellos se unieron para no permitir la reconstrucción de la ciudad ya que tenían miedo de que los judíos la reconstruyeran porque podrían llegar a ser un reino muy poderoso.

Estos tres hombres retan y amenazan no solo a Nehemías y al pueblo, sino que se burlan de Dios. Presionan de tal manera a los trabajadores, que quieren hacerlos desistir de cumplir con la voluntad del Señor.

Pero el pueblo de Israel tiene éxito en la reconstrucción del muro de la ciudad de Jerusalén debido a que son obedientes a las órdenes de Dios y trabajan todos unidos, junto con Nehemías, su líder. Ahora ellos pueden vivir con seguridad, unidos para adorar a Dios, como pueblo escogido por él.

III. DESARROLLO DE LA LECCIÓN

Introducción

Pregunte a sus alumnos quién de ellos, durante la semana, tomó decisiones que honraron a Dios y pídales que cuenten sus experiencias.

Actividad 1: Cediendo a la presión

En esta actividad el alumno verá que debe aprender a tomar decisiones, aunque a nuestro alrededor nos sintamos presionados para no hacerlas. Diga: *¿Cederán a la presión de sus amigos cuando se rían de ustedes? ¿Cuando ya no quieran ser sus amigos?* (Que encierren en un círculo el número que consideren correcto). Motívelos a que refieran al grupo algunas experiencias personales que hayan tenido con alguien, cuando los presionaron los amigos a hacer lo que no era correcto.

Desarrollo de la historia bíblica

¡Reconstruyamos el muro!

Léales la historia bíblica a los niños y que ellos la sigan en sus cuadernos.

—Nehemías, ¿por qué estas triste? —preguntó el rey Artajerjes.

Nehemías le contestó: *¿Cómo no ha de estar triste mi rostro cuando la ciudad, casa de los sepulcros de mis padres, está desierta y sus puertas consumidas por el fuego?*

Esta ciudad era Jerusalén. Después de que el rey Nabucodonosor ganó la guerra contra Judá, quemó el templo de Dios, las puertas de la ciudad y derribó los muros.

El rey le contestó a Nehemías: *¿Qué cosa pides?*

Nehemías oró a Dios antes de contestar, sabía que tenía que ser cuidadoso en decir exactamente lo que quería. *Si le place al rey, y tu siervo ha hallado gracia delante de ti, envíame a Judá, a la ciudad de los sepulcros de mis padres, y la reedificaré.*

El rey no quería que Nehemías se fuera porque era su copero y le tenía mucha simpatía. Pero le dio permiso para que marche, y cuando este llegó a Jerusalén, a nadie le dijo a qué había ido. Y una noche en que la luna estaba muy brillante salió a inspeccionar el muro y vio que estaba derribado: no había puertas para que sus habitantes se defendieran de sus enemigos.

Al día siguiente, Nehemías reunió a todo el pueblo y les dijo: *Vosotros veis la difícil situación en que estamos. Jerusalén está en ruinas y sus puertas consumidas por el fuego. Venid y reconstruyamos el muro de Jerusalén.*

El pueblo contestó: *¡Levantémonos y edifiquemos!* Así comenzaron el trabajo de reconstrucción. Pronto, los líderes de las tribus vecinas oyeron lo que estaba sucediendo. No querían que Jerusalén fuera una ciudad fuerte y segura de nuevo, por eso vinieron a tratar de detener la construcción.

Le dijeron a Nehemías: ¿Qué es lo que estáis haciendo? ¿Os rebeláis contra el rey?

Nehemías contestó: *El Dios de los cielos, él nos prosperará.*

Cuando Sanbalat oyó que ellos estaban edificando, se enojó y se enfureció mucho. Se burló de Nehemías y de todos los trabajadores. Preguntó: *¿Qué hacen estos débiles judíos?*

Tobías, a su vez, dijo: *Lo que ellos edifican del muro de piedra, si sube una zorra lo derribará.*

Nehemías y el pueblo oraron y le pidieron a Dios que los ayudara. *Entonces, toda la muralla fue terminada hasta la mitad de su altura porque el pueblo tuvo ánimo para trabajar.*

Pero aconteció que oyeron Sanbalat y Tobías que los muros de Jerusalén eran reparados, pues ya las brechas comenzaban a ser cerradas y se enojaron mucho. Conspiraron luego todos a una para venir a atacar a Jerusalén y hacerle daño.

Cuando Nehemías y el pueblo oyeron acerca del complot, se pusieron en guardia contra ellos de día y de noche.

No temáis delante de ellos; acordaos del Señor, grande y temible, y pelead por vuestras casas.

Después de esto, algunos del pueblo permanecían en guardia mientras otros reconstruían el muro. *Los que edificaban, cada uno tenía su espada ceñida a la cintura, y así edificaban.* Ellos trabajaban desde la madrugada hasta que salían las estrellas.

Fue terminado, pues, el muro en cincuenta y dos días. Cuando lo oyeron todos nuestros enemigos, temieron todas las naciones que estaban alrededor de nosotros; se sintieron humillados y reconocieron que por nuestro Dios había sido hecha esta obra.

(Las palabras en cursiva son de Nehemías 2; 4 y 6).

Dramatización

Pregunte a sus alumnos qué fue lo que más les gustó de la historia. Pídales que la dramaticen, unos serán el pueblo, otro Nehemías, el rey Artajerjes, Tobías, Sanbalat y Gesem. Al terminar, comente con ellos la decisión que tomó el pueblo judío, la de reconstruir los muros de su ciudad para protegerse de sus enemigos.

Aplicación para la vida

En la actualidad, muchos cristianos quieren hacer lo bueno y honrar a Dios, pero a veces la presión del grupo al que pertenecen es muy fuerte para no hacerlo. Nuestro compromiso con Dios es probado cada día, ya que si lo amamos con todo el corazón y queremos agradarle con nuestras decisiones, encontraremos oposición: tal vez de la familia, en la escuela, en el trabajo, con los amigos.

Los niños están muy presionados en las escuelas por sus compañeros para hacer acciones que no le agradan a Dios. Este pasaje nos muestra cómo Nehemías y el pueblo judío, a pesar de la presión de sus enemigos, no dejaron de hacer la voluntad del Señor.

IV. ANEXOS

Actividades de aprendizaje

Actividad 2: Construyamos un muro de protección

Dígales a sus alumnos: *Así como el pueblo construyó un muro para protegerse de sus enemigos, ustedes pueden prepararse espiritualmente para protegerse de cualquier presión u oposición que tengan. ¿Quieren hacerse fuertes para permanecer firmes en lo que saben que es bueno, para cuando tengan alguna oposición? Entonces, ¡construyan ahora su muro de protección!*

Busquen los versículos bíblicos y júntenlos con las frases:

- Lean y estudien la Biblia (C) Santiago 1:22
- Oren diariamente (A) 1 Tesalonicenses 5:17
- Tengan comunión con otros cristianos (B) 1 Corintios 15:33.

Pida a un voluntario que lea Nehemías 6:15. Recuérdeles que Nehemías tuvo que orar y buscar la ayuda de Dios para poder enfrentar la oposición de sus enemigos. Ahora, dígales a sus alumnos que escriban en la pizarra qué oposiciones pueden ellos enfrentar por obedecer a Cristo. Enfatice que Dios no nos dejará solos si dependemos de él en todo momento. Claro que nosotros también debemos hacer nuestra parte.

Texto para memorizar

Es el último día para recordar el texto bíblico de la unidad y ya los alumnos deben saberlo. Pida que algunos de ellos lo digan. Después, recuérdeles que este texto les puede servir cuando vayan a tomar decisiones, por lo que no deben olvidarlo. Incentívelos con algún regalo pequeño por haber sido parte de este Club versículo bíblico.

Dé oportunidad a que varios niños brinden sus testimonios de cómo las clases de esta unidad les han ayudado a tomar buenas decisiones.

Motívelos a permanecer firmes en sus convicciones con respecto a Dios, y que nada los haga ceder a la tentación de hacer acciones que a Dios no le agradan.

En la oración final, mencione (por su nombre) a cada alumno y ore específicamente por las necesidades de cada uno. Pídale a Dios que los ayude a seguir haciendo lo bueno, aun cuando enfrenten oposición.

Prepare lo siguiente para dramatizar la próxima lección: túnicas, telas, mantos, cuadros, árboles de papel para pegar en la pared y bolsas para simular equipajes. Pregúnteles a sus alumnos quién de ellos puede traer algo de todo eso.

Notas

GUÍA PARA LA UNIDAD III

¿QUIÉN ES EL PUEBLO DE DIOS?

VERDAD BÍBLICA: Dios nos invita a ser parte de su pueblo y nos ayuda a conocer su significado.

PROPÓSITOS DE LA UNIDAD

- Que el alumno aprenda lo que significa un pacto.
- Que identifique alguna de sus responsabilidades como miembro del pacto de Dios.
- Que crea que Dios es fiel a su pacto.
- Que se regocije al aprender que Jesús hizo un nuevo pacto, un pacto de amor y perdón.

LECCIONES DE LA UNIDAD

- » Lección 9- La familia del pacto.
- » Lección 10- El pacto de Dios con su pueblo.
- » Lección 11- El nuevo pacto.

VERSÍCULO DE LA UNIDAD: *Porque los montes se moverán y los collados temblarán, pero no se apartará de ti mi misericordia, ni el pacto de mi paz se quebrantará, dijo Jehová, el que tiene misericordia de ti* (Isaías 54:10).

Hoy comenzamos una nueva unidad, y al igual que en las anteriores, anime a sus alumnos a que se aprendan el texto de memoria. Cada lección provee ideas sobre cómo ayudarlos a memorizarlo. Incentive a los niños a memorizar el versículo. Dígales que los primeros que lo sepan se ganarán otro premio al finalizar la unidad.

Al término de la unidad, usted puede tener un tiempo especial con sus alumnos celebrando un pacto entre ellos.

Sugerencias:

1. La lección 9 es el principio de la unidad, lleve el texto para memorizar anotado en una cartulina y póngalo en un lugar visible del salón, a la altura de la vista de los alumnos.
2. Lleve algunas telas o mantos, así como túnicas, cuadros, árboles de papel y bolsas para simular equipajes para el desarrollo de la historia bíblica.
3. Para la lección 10 prepare tarjetas de 8 x 13 cm de dos colores diferentes para el Desarrollo de la lección. También haga un dibujo grande del monte Sinaí en el momento del pacto, así como uno de las dos tablas de la Ley. Invite a un adulto con objeto de que represente a Moisés leyendo la historia bíblica. Además, escriba en un papel grande los Diez Mandamientos.
4. Para la lección 11 lleve una hierba, jugo de uva en una copa o vaso, pan o galletas, un pedazo de carne o un dibujo de estos, una sábana o túnica para Jesús y la figura de un cordero.

LECCIÓN 9

LA FAMILIA DEL PACTO

I. ASPECTOS GENERALES

Base bíblica: Génesis 12; 15; 17:1-21.
Texto para memorizar: *Porque los montes se moverán y los collados temblarán, pero no se apartará de ti mi misericordia, ni el pacto de mi paz se quebrará, dijo Jehová, el que tiene misericordia de ti* (Isaías 54:10).
Verdad bíblica central: las personas que hacen un pacto con Dios deben confiar en que él será fiel a sus promesas.
Objetivo de la lección: ayudar al alumno a comprender que Dios es fiel en cumplir con sus pactos; aunque no veamos cómo lo hace.

II. PREPARACIÓN PARA EL MAESTRO

Génesis 12 y 15 cubren un período de varios años en los cuáles Dios se le reveló a Abraham en varias oportunidades y prometió bendecirlo. Para ello estableció un pacto de paz con él y sus descendientes.

En el capítulo 12, Dios le dice a Abraham que deje su tierra y vaya a un lugar extraño, dónde sería un extranjero y su descendencia la heredaría para siempre.

En el capítulo 15, Dios formaliza su deseo de hacer un pacto con Abraham (este pacto es el primero que afectaría al pueblo de Israel). Le dice que no iban a poseer la tierra inmediatamente.

El pacto de Dios no fue solo con Abraham, sino con toda su descendencia, que tendría una identidad única. El Señor simbolizó su participación y selló el pacto manifestándose de una manera distinta. Pasó entre los animales sacrificados con una antorcha de fuego. Dicho fuego significaba la presencia de Dios.

Debemos recordar que en la sociedad del alto valle de Mesopotamia era muy común realizar un pacto entre hombres y también entre naciones. Dios empleó esta forma de relación personal para participar su revelación tanto a Abraham como a sus descendientes. Abraham se apoyó en la integridad de Dios.

III. DESARROLLO DE LA LECCIÓN

Introducción

Escriba el texto bíblico en la pizarra o llévelo en un cartel y péguelo en esta. Designe a dos niños para que lean Génesis 12:3 y 15:5 y forme grupos de tres o cuatro alumnos, para que cada equipo escriba en una hoja las promesas que Dios le hizo a Abraham. Pegue las respuestas en la pizarra. Enfatice que las promesas de Dios son seguras.

Actividad 1: ¿Qué pasaría si Dios te dijera...?

Que los alumnos busquen esta actividad en sus cuadernos. Lea Génesis 12:1 "... *vete de tu tierra, de tu parentela y de la casa de tu padre, a la tierra que te mostraré*". Diga: *¿Cómo se sentirían si les pidieran que se fueran de su casa?* (Con miedo, nerviosos, inseguros). *¿Qué preguntas se harían?* (¿Dónde iremos? ¿Qué me llevo?). Que escriban o dibujen las respuestas en la valija. *¿Qué tendrían que dejar?* (Escriban o dibujen en el bote de basura). *¿Qué creen que extrañarían más?* (Acepte todas las respuestas razonables).

Desarrollo de la historia bíblica

Pueden dramatizar esta lección. Lleve los diálogos escritos y designe los personajes. En la clase anterior se dieron instrucciones de lo que iban a necesitar.

Personajes: Narrador (de preferencia, usted, ya que se necesita darle la entonación adecuada a la narración para que los niños estén atentos). Además: Abram, siervo 1, siervo 2, Sarai, Lot y la esposa de Lot. Empiecen en una esquina del salón. Primero, los personajes se presentan ante los demás, luego empiezan los diálogos:

Abram: Sarai, Lot, es tiempo de irnos de aquí.

Siervo 1: ¿Dónde vamos? ¿Por qué? A nosotros nos gusta este lugar.

Abram: (con voz fuerte grita y se dirige a sus siervos): Junten todo el rebaño de ovejas y el ganado. Guarden todo lo nuestro. Lot y su familia también irán con nosotros. Vamos a la tierra que Dios nos mostrará.

Siervo 2: Esperemos que Dios le muestre una buena tierra, mi señor.

Narrador: Abram, Sarai, su mujer, y Lot tomaron consigo a sus familias y se dirigieron hacia la nueva tierra (todos caminan juntos hacia el otro extremo del salón, que sería Canaán).

Narrador: (Abram está caminando): Un día se le apareció Jehová a Abram y le dijo: *A tu descendencia daré esta tierra.*

Abram: (con cara de felicidad): ¡Te edificaré un altar Jehová! Porque tú no solo me has dado esta maravillosa tierra, sino que me darás un hijo.

Narrador: Pasaron muchos años. Abram esperaba pacientemente que Dios cumpliera la promesa de darle un hijo; pero él y su mujer se hacían cada vez más viejos y no tenían hijos.

Sarai: Abram, somos más viejitos cada día. Pienso que ya no podremos tener hijos.

Abram: (abraza a Sarai): No te preocupes, Sarai, ¡debemos confiar en Dios!

Narrador: (Abram se aparta de Sarai y Dios habla con Abram): Dijo Jehová a Abram: No temas, Abram, yo soy tu Creador y tu recompensa será muy grande.

Abram: Señor, ¿cómo cumplirás tu promesa si no me has dado hijos? Dijiste que esta tierra pertenecería a mis hijos, pero no los tengo.

Narrador: Dios le contestó a Abram: "Mira ahora los cielos y cuenta las estrellas, ¿las puedes contar? ¡Así de numerosos serán tus hijos!". Abram y Sarai esperaron por mucho tiempo y aún no tenían hijos. Un día, Abram caminaba solo y Dios le dijo: "Yo haré un pacto contigo y te multiplicaré en gran manera. No te llamarás más Abram, tu nombre será Abraham, porque te he puesto por padre de mucha gente. Y tu mujer, Sarai, ahora se llamará Sara. De ti saldrán muchas naciones y razas. Estableceré un pacto contigo para siempre y yo seré tu Dios".

Abraham: (se inclina sobre su rostro): Señor, yo tengo cien años. ¿Podré tener un hijo a esta edad? Además, mi esposa tiene noventa años, ¿podrá tener un niño?

(Agradezca la participación de los alumnos).

Aplicación para la vida

Si nos ponemos en el lugar de Abraham por un instante, quizá logremos comprenderlo. Si su pastor o líder de la iglesia le pide dejar su casa para ir a vivir a una ciudad donde no conocen el evangelio, sería una decisión difícil de tomar, porque no sabemos cómo nos tratarán ni cómo tratarlos nosotros.

La actitud de Abraham fue de obediencia; así nosotros debemos obedecer al mandato del Señor. No necesitamos ir muy lejos de la casa o a otra ciudad; todos tenemos a nuestro alrededor a personas que no conocen a Cristo, y es ahí donde está nuestra tarea (vecinos, compañeros de escuela, de trabajo, amigos, parientes, etc.).

IV. ANEXOS

Actividad 2: ¿Qué es un pacto?

Pídales a sus alumnos que localicen este ejercicio en sus cuadernos y que ordenen las palabras para conocer lo que es un pacto:

Un pacto es un **veniocon** (convenio). Dios **ceofre** (ofrece) el pacto.

Los pactos de Dios hacen posible una **nabue** (buena) **ciónrela** (relación) con él.

Los pactos de Dios **tanafec** (afectan) a **chamu** (mucha) gente.

Los pactos de Dios muestran **mora** (amor) y **dadfideli** (fidelidad).

Aclare cada término clave y que sus alumnos expliquen con sus palabras las frases completas. Pregúnteles sobre algún pacto o convenio que hayan realizado con alguien. (Se sugiere el siguiente ejercicio para continuar la clase):

La formación de una gran nación.

Escriba las siguientes frases en la pizarra, pero antes divida la clase en varios grupos pequeños y nombre un representante por cada grupo; pida que lean bien las frases y comenten entre ellos cuál es verdadera y cuál la falsa, y que anoten las respuestas en una hoja: una V si es verdadera, una F si es falsa. Que los representantes de los grupos las comparen entre ellos. Comente las frases correctas:

- Dios inició el pacto con Abraham: (V).
- Dios escogió a Abraham para hacer el pacto porque era un hombre bueno: (V).
- Dios le dijo a Abraham: "No te vayas de tu tierra para que pueda bendecirte": (F).
- Dios no le prometió nada a Abraham en el pacto que hicieron: (F).
- Abraham siempre permaneció tranquilo, esperando que Dios le diera un hijo: (F).

Actividad 3: Dios cumple sus promesas

Ayude a los niños en esta actividad: que busquen en sus Biblias las citas que se mencionan y que contesten a las preguntas.

Texto para memorizar

Puede dividir la clase en tres o cuatro grupos para reforzar el texto. Escríbalo en una cartulina grande para que después pueda ir recortándolo (palabra por palabra). Luego, que lo ordenen y lo pongan en la pizarra o en algún lugar del salón de clase.

Solicite que algún voluntario lo explique; es necesario que los niños de esta edad aprendan a reflexionar y a dar su punto de vista.

1. Es bueno que todos los niños participen en la clase, para que puedan desenvolverse y estar activos.
2. Canten un coro de gratitud a Dios.

Al finalizar, ore con los niños: pídales que cada uno, en secreto, haga un pacto con Dios (no decir mentiras, ser obedientes, no pelear...).

LECCIÓN 10

EL PACTO DE DIOS CON SU PUEBLO

I. ASPECTOS GENERALES

Base bíblica: Éxodo 19; 20; 23:20-33 y 24.

Texto para memorizar: *Porque los montes se moverán y los collados temblarán, pero no se apartará de ti mi misericordia, ni el pacto de mi paz se quebrará, dijo Jehová, el que tiene misericordia de ti* (Isaías 54:10).

Verdad bíblica central: ser parte del pueblo del pacto de Dios trae sus responsabilidades.

Objetivo de la lección: ayudar al aumno a identificar algunas responsabilidades establecidas en el pacto de Dios.

II. PREPARACIÓN PARA EL MAESTRO

Después de tres meses de haber salido de Egipto, el pueblo de Israel llegó al monte Sinaí, en donde Dios llamó a Moisés para ser el libertador de su pueblo (Éxodo 3:12).

Israel conocía a Dios a través de sus obras milagrosas, pero no tenía normas que rigieran su vida como un pueblo. Y todo pueblo, para poder conducirse como tal y progresar en la vida, necesita de leyes que normen su comportamiento.

Para ellos, Moisés era como un profeta y sacerdote; Dios le hablaba y él hacía conocer al pueblo la voluntad divina. Pero el pueblo en sí no tenía experiencia personal de la presencia de Dios.

El encuentro entre Dios y Moisés estuvo matizado de acontecimientos portentosos, como tempestades eléctricas y truenos. Además, el pueblo debía purificarse porque iba a estar ante la presencia de un Dios santo.

Hasta aquí, Israel practicaba una vida igual a todos los pueblos paganos con quienes había vivido; pero luego Dios los preparó para que sean un pueblo escogido, pueblo de sacerdotes. Este es el punto de partida para la diferencia entre el pueblo de Dios y el pueblo gentil.

Israel necesitaba de normas de relación con Dios, así como normas de relación con el prójimo. Este pacto que Dios hizo con su pueblo completó estas dos grandes necesidades.

La iglesia formada por los cristianos es el pueblo de Dios, y tiene como misión demostrar a la sociedad la clase de vida de un pueblo que vive en relación con él.

Las normas de comportamiento que se dieron en el Sinaí siguen vigentes y deben ser obedecidas.

III. DESARROLLO DE LA LECCIÓN

Introducción

Recuérdeles a sus alumnos que estamos estudiando los pactos que Dios hace con los hombres con la finalidad de involucrarnos en una santa relación con él.

Prepare tarjetas de 8 por 13 cm en dos colores diferentes. En las de un color, los alumnos completarán la frase "Si ustedes..." (Ejemplo: "Si ustedes limpian el salón..."). En las otras tarjetas, completarán la frase "Yo haré" (ejemplo: "Yo los invitaré con refrescos..."). Luego, recoja las tarjetas y distribúyalas en forma desigual. Será muy divertido cuando lea cada quien lo que está anotado en su tarjeta.

Al terminar esta actividad, guíe a los niños para que entiendan que en todo pacto existe una condición y una promesa, y que para poder cumplirlo deben ser responsables.

Actividad 1: ¿Responsabilidad?

¿Qué es una responsabilidad? (Una obligación o deber que tenemos que cumplir).

¿Cuáles son las responsabilidades que tienen que cumplir? (Estudiar, ayudar en casa, leer la Biblia, ser buen compañero).

Desarrollo de la historia bíblica

Prepare láminas con dibujos del monte Sinaí en el momento del pacto, así como de las dos tablas de la Ley. Pregunte a sus alumnos si han visto truenos y relámpagos. También haga referencia acerca de los acuerdos que se realizan cuando se celebra un acontecimiento importante, como una boda, un cumpleaños, una fiesta de graduación, etc. (cuánto cuesta la renta del local, la comida, los refrescos...).

"Moisés y todos los israelitas levantaron sus carpas frente al monte Sinaí. Y Moisés subió a encontrarse con Dios. Jehová lo llamó desde el monte y le dijo: *"Así dirás a los hijos de Israel: Vosotros visteis lo que hice con los egipcios, y cómo os tomé sobre alas de águilas y os he traído a mí. Ahora, pues, si dais oído a mi voz y guardáis mi pacto, vosotros seréis mi especial tesoro sobre todos los pueblos, porque mía es toda la tierra. Vosotros me seréis un reino de sacerdotes, y gente santa. Estas son las palabras que dirás a los hijos de Israel".*

Entonces, Moisés descendió de la montaña, reunió a los líderes del pueblo y les dijo lo que Dios le había dicho. Y ellos, a su vez, hablaron con el pueblo y le recordaron lo que Dios había hecho por ellos. *Todo el pueblo respondió a una voz, diciendo: Haremos todo lo que Jehová ha dicho.*

Aconteció que al tercer día, cuando vino la mañana, hubo truenos y relámpagos, una espesa nube cubrió el monte y se oyó un sonido de trompeta muy fuerte. Todo el pueblo que estaba en el campamento se estremeció. Y Moisés sacó del campamento al pueblo para recibir a Dios.

Habló Dios todas estas palabras: Yo soy Jehová, tu Dios, que te saqué de la tierra de Egipto, de servidumbre. No tendrás dioses ajenos delante de mí.

El pueblo oía cuando Dios les hablaba desde la montaña. Él les dio los Mandamientos y les advirtió acerca de lo que no debían hacer. También les dio Diez Mandamientos que debían cumplir como su pueblo santo.

Para narrar la historia, invite a un adulto a que se disfrace de Moisés; preséntelo a la clase y luego que este salga del salón (diga que fue al monte Sinaí para hablar con Dios). Luego, que regrese y les diga: *Dios quiere que ustedes recuerden todo lo que hice en Egipto para librarlos de ese lugar; ahora quiero hacer un pacto con ustedes, para que sean mi pueblo entre todos los pueblos de la tierra. Serán un pueblo consagrado y tendrán muchas bendiciones si cumplen el pacto.*

Los niños contestan: *Haremos lo que Dios manda.* Escriba en un papel grande los Diez Mandamientos, señalando los que norman la relación del hombre con Dios y los que norman la relación con el prójimo.

Mandamientos que norman la relación del hombre con Dios:

1. No tendrás dioses ajenos delante de mí.
2. No te harás imagen ni ninguna semejanza. No te inclinarás a ellas ni las honrarás.
3. No tomarás el nombre de Jehová, tu Dios, en vano (significa referirse a Dios en forma irreverente).
4. Acuérdate del día de reposo para santificado, seis días trabajarás y el séptimo descansarás para dedicarlo a la adoración a Dios.

Mandamientos que norman la relación con el prójimo:

5. Honra a tu padre y a tu madre para que te vaya bien y seas feliz en la tierra (explique que este mandamiento tiene una promesa).
6. No matarás.
7. No cometerás adulterio.
8. No robarás.
9. No dirás contra tu prójimo falso testimonio (mentira).
10. No codiciarás la casa de tu prójimo.

Este fue el pacto de Dios con su pueblo.

Actividad 2: Un pacto formal

Ayude a sus alumnos a encontrar en sus Biblias Éxodo 19:4-8 y completen el significado del siguiente párrafo, escribiendo en cada espacio en blanco la palabra que falta.

Vosotros (visteis) lo que hice con los egipcios y cómo os (tomé) sobre alas de (águila) y os he traído a (mí). Ahora, pues, si dais (oído) a mi voz y guardáis mi (pacto), vosotros seréis mi (especial tesoro) sobre todos los pueblos, porque (mía) es toda la tierra. Vosotros me seréis un (reino) de (sacerdotes) y gente (santa). Todo el pueblo respondió a una diciendo: (haremos) todo lo que (Jehová) ha dicho.

El pastor da a las ovejas un lugar de honor a la derecha. Diga que este pacto indica responsabilidad de ambos, de Dios y de los israelitas.

Aplicación para la vida

En un compromiso entre dos personas hay responsabilidades para ambas partes. De parte de Dios, él cumplió con su pueblo en todas sus promesas; pero cuando Israel no cumplía con el pacto, Dios les decía que lo habían invalidado y por lo tanto sus bendiciones se suspendían y el pueblo tenía que afrontar muchos problemas; sus enemigos los derrotaban porque Dios no los ayudaba en sus guerras.

A veces, por desobedecer a los padres, los niños sufren accidentes, se encuentran con dificultades. Si dejamos de asistir los domingos al templo, dejamos de adorar a Dios.

No decir la verdad también trae graves consecuencias. De igual forma, cuando se toma lo ajeno y se habla mal de otra persona.

Actividad 3: Responsabilidad del pueblo de Dios

Pídales a sus alumnos que hagan una lista de responsabilidades derivadas de algunos Mandamientos:

a. Segundo Mandamiento: La responsabilidad es no adorar imágenes.
b. Cuarto Mandamiento: La responsabilidad de asistir el domingo al templo.
c. Quinto Mandamiento: La responsabilidad es obedecer a los padres.
d. Octavo Mandamiento: La responsabilidad es no tomar lo ajeno.
e. Noveno Mandamiento: La responsabilidad es no hablar mal de las personas (el chisme).

IV. ANEXOS

Como actividad de aprendizaje para reforzar lo aprendido en esta lección, haga un pacto con sus alumnos para que ellos refuercen el concepto de pacto o alianza. Puede ser:

Pacto para mejorar la clase:

- Llegar a tiempo al salón de clases.
- Llevar siempre su Biblia.
- Ir bien aseados.
- Cumplir con las tareas.
- Respetarse unos a otros.

Texto para memorizar

Escríbalo en una cartulina y recorte cada palabra para formar un rompecabezas. Revuelva todos los pedazos y luego repártalos entre sus alumnos. Luego, que pasen al pizarrón para que lo vayan ordenando (puede poner algún pegamento por detrás de cada pedazo).

Al terminar la clase, ore con sus alumnos en voz alta y tomados de la mano. Que escuchen que usted le pide a Dios por ellos, para que los ayude a obedecer el pacto que han hecho.

Notas

LECCIÓN 11

EL NUEVO PACTO

I. ASPECTOS GENERALES

Base bíblica: Lucas 22:14-20.

Texto para memorizar: *Porque los montes se moverán y los collados temblarán, pero no se apartará de ti mi misericordia, ni el pacto de mi paz se quebrará, dijo Jehová, el que tiene misericordia de ti* (Isaías 54:10).

Verdad bíblica central: Cristo hizo un nuevo pacto, un convenio de amor y perdón.

Objetivo de la lección: ayudar al alumno a comprender la bendición del nuevo pacto de gracia, amor y perdón hecho por Cristo, y que sea parte de ese pacto (conversión).

II. PREPARACIÓN DEL MAESTRO

En este pasaje, Jesús y sus discípulos iban a celebrar la pascua. Esta fiesta era la más importante para los judíos, pues recordaban la salida del pueblo de Israel de Egipto después de cuatrocientos años de esclavitud. Ese día, el ángel de la muerte mató a los primogénitos de Egipto. Los israelitas sacrificaron un cordero sin defecto y con la sangre de este marcaron el umbral de su puerta para que el ángel no los destruyera.

El alimento consistía en hierbas amargas, pan sin levadura y la carne asada de un cordero macho y sin defecto (Éxodo 12:8).

Esta fiesta se celebraba el día 14 del primer mes y debía celebrarse todos los años, por todas las generaciones, para enseñar a sus descendientes cómo fue la liberación del pueblo de Israel. (Se recomienda leer Éxodo 12:1-36).

Esta es la última lección de la unidad, los alumnos han desarrollado el concepto de lo que es un "pacto" a través de las lecciones de Abraham y Moisés. Pero esta lección se trata de un pacto diferente, ya no con el pueblo de Israel, sino con nosotros mismos; no importa la condición en la que nos encontremos, resulta ser un pacto de perdón y amor que nos da la libertad de acercarnos a Dios el Padre sin obstáculos; y es para todos, sin distinción de personas.

Cristo representa al Cordero inmolado, estableciendo un nuevo pacto con su sangre derramada en la cruz por nosotros. Este le costó el quebrantar su cuerpo y derramar su sangre. Todo aquel que necesita perdón, ya no tiene que hacer nada, solo aceptar a Jesús como Salvador y Señor de su vida. Cuando sucede esto, el pecador recibe perdón y comienza una nueva relación con Dios, un nuevo pacto.

III. DESARROLLO DE LA LECCIÓN

Introducción

Haga un repaso de las lecciones anteriores con las siguientes preguntas: *¿Con quiénes hizo Dios un pacto?*

(Con Abraham y Moisés). *¿Qué es un pacto?* (Escuche las respuestas de sus alumnos).

También puede hacer las siguientes preguntas: *¿Qué acontecimiento recordamos el 25 de diciembre? ¿Cómo celebran en su casa esta fecha? ¿Cómo festejan su cumpleaños?* Diga: *Hoy aprenderemos cómo celebraban los judíos la fiesta más especial para ellos y de qué forma Jesús hizo esa fiesta especial para nosotros.*

Desarrollo de la historia bíblica

Para esta lección, como ya se anticipó, utilizará lo siguiente: una hierba, jugo de uva en una copa o vaso, pan o galletas, un pedazo de carne o un dibujo de estos, la figura de un cordero, una sábana o túnica para Jesús (se recomienda prepararlo durante la semana).

Empiece la lección mostrando los objetos, uno por uno, y que digan el nombre de estos. Enseguida, relate lo siguiente:

Cuando el pueblo de Israel estaba esclavo en Egipto, Dios prometió liberarlos y para ello mandó las diez plagas (pregúnteles cuáles recuerdan: el río convertido en sangre, moscas, piojos, langostas, etc.). *La última de las plagas fue la muerte de los primogénitos, es decir, del primer hijo.* (Pídales que levanten la mano los que son primeros hijos y dígales que ellos se convirtieron en los primogénitos de su familia).

Para que no murieran los primogénitos de los israelitas, ellos debían matar en sus casas un cordero sin defecto, el mejor del rebaño, y con la sangre de este animal pintar el umbral (la orilla) de la puerta (mostrar la figura del cordero). También tenían que comer hierbas amargas (mostrarlas) y pan sin levadura (asimismo, mostrarlo) y celebrar la pascua cada año, para recordar su liberación.

Cuando Jesús vino a la tierra, también celebró la pascua con sus discípulos, pero de una forma diferente. Vamos a leer Lucas 22:7-23 (dramatice esta escena, usted representará a Jesús colocándose la sábana o túnica, y los niños serán los discípulos).

Jesús dice:

¡Cuánto he deseado comer con vosotros esta pascua antes que padezca! (Tome la copa, levántela y ore, diga):

Tomad esto y repartirlo entre vosotros (tome el pan y ore, diciendo):

Esto es mi cuerpo que por vosotros es *dado, haced esto en memoria de mí* (reparta un pedazo del pan o galleta a cada niño. Para terminar, diga lo siguiente):

Esta copa es *el nuevo pacto en mi sangre que por vosotros* se *derrama.*

Explique que los discípulos no entendían lo que Jesús había dicho, pensaban que era una forma distinta de celebrar la pascua; pero Jesús, en ese momento, hacía un nuevo pacto —ya no con Moisés ni con Abraham, sino con sus discípulos— y el costo de este era su sangre derramada en la cruz por nosotros.

Actividad 1: Señalice

Los alumnos deberán unir con una flecha los elementos de la Santa Cena relacionándolas con Jesús:

a. El cordero sin defecto * El cuerpo de Cristo

b. El pan * La sangre de Cristo

c. El vino * Jesús

El Cordero perfecto es Jesús

El pan es el cuerpo de Cristo

El vino es la sangre de Cristo

Actividad 2: Completar los textos.

Previamente deberán leer Lucas 22:14-20.

Cuando era la ________ (hora), se sentó a la ________ (mesa) y con él los __________ (discípulos), y les dijo:

Cuánto he deseado _________ (comer) con vosotros esta _______ (pascua) antes que padezca. Tomando el _____ (pan) dio gracias, lo partió y dijo: Este es mi ________ (cuerpo) que por vosotros es dado, luego tomó la _______ (copa) diciendo: Esta copa es el nuevo _____ (pacto) en mi ______ (sangre).

Actividad 3: Buscar y completar

En el cuaderno del alumno repasen la definición básica de "pacto". Pida a un voluntario que busque Hebreos 8:13 para completar el versículo en blanco.

a. *¿Qué es un pacto?*

Un pacto es un acuerdo con Dios. Una relación con él.

b. *¿Cuáles fueron los antiguos pactos?*

Los que Dios hizo con Abraham y Moisés eran para el pueblo de Israel. Contenían muchas leyes y reglas para que ellos vivieran mejor.

c. Busquen Hebreos 8:13 y llenen con este versículo las palabras que faltan.

Al decir Cristo (nuevo) pacto, ha dado por (viejo) al (primero); y lo que es dado por (viejo) y se envejece, está próximo a (desaparecer).

A los niños de esta edad les agrada conocer acerca de otros países; explique que no importa el país de donde seamos, podemos ser parte del pueblo de Dios.

Actividad 4: Agrega una rama

En Romanos 11:11-24 dice que el pueblo que no era parte del pueblo de Israel ha sido injertado en el árbol de la familia elegida. Pida a un alumno que lea Mateo 28:19 y Hechos 1:8, y que respondan para quién también es el nuevo pacto (para todo el mundo). Indique que ellos pueden ser parte de ese pueblo. Que recorten la rama, pongan su nombre y la peguen en el árbol.

Aplicación para la vida

Es propicia esta lección para decirles que Jesús derramó su sangre en la cruz por cada hecho malo que nosotros hemos realizado (mentiras, robos, pleitos, desobediencia, etc.). Enseñe una aguja y pregúnteles si les duele cuando atraviesa su piel; luego muestre un clavo y dígales que se imaginen que les están clavando a ellos las manos y los pies. Recuérdeles que eso soportó Jesús por amor a nosotros. Ese era el pacto al que se refería, pero no lo hizo solamente por sus discípulos, sino que deseaba que todos tengamos un pacto con él (señale a cada uno y dígales contigo), y los está esperando con los brazos abiertos, porque ustedes son muy importantes para Dios, él los necesita.

Pídales que levanten la mano los que deseen hacer un pacto con Jesús. Que él entrará en sus corazones y perdonará todo lo malo que hayan hecho; que siempre estará a su lado para llevarlos por el camino del bien y que les reservará un lugar en el cielo a cada uno de ellos.

Reúna a todos los niños que levantaron la mano y ore con ellos, llévelos a los pies de Cristo.

IV. ANEXOS

Texto para memorizar

Como el texto ya ha sido repasado en las lecciones anteriores, se puede escribir esta vez en la pizarra y que lo lean dos veces; luego borren una palabra (la que sea) y que lo sigan leyendo completo, a pesar de que no está la palabra escrita: así ir borrando más palabras (una por una) y seguir leyéndolo completo, hasta que al final quede todo el texto borrado y el alumno lo pueda decir sin ver ninguna palabra.

En caso de no tener pizarra, se puede escribir cada palabra en un pedazo de papel y pegarlo en orden, para que los alumnos lo puedan leer, despegar papel por papel, hasta que se hayan quitado todos.

GUÍA PARA LA UNIDAD IV

JESÚS, NUESTRO REY

VERDAD BÍBLICA: Jesús es nuestro Rey viviente.

PROPÓSITOS DE LA UNIDAD:

Las lecciones de esta unidad ayudarán a los alumnos a:

- Entender de qué forma los hechos de los últimos días de Jesús en la tierra lo muestran como nuestro Rey viviente.
- Permitir que Jesús sea Rey de sus vidas.
- Entender que Jesús ofrece perdón cuando nosotros caemos en pecado.
- Entender que algún día Jesús regresará a la tierra.

LECCIONES DE LA UNIDAD

» Lección 12- Jesús, un Rey diferente.
» Lección 13- Jesús, el Rey resucitado.
» Lección 14- Jesús, un Rey que perdona.
» Lección 15- Jesús, el Rey viviente.
» Lección 16- Jesús es el Rey.
» Lección 17- Jesús, un Rey que regresa.

VERSÍCULO DE LA UNIDAD: *Para que en el nombre de Jesús se doble toda rodilla de los que están en los cielos, en la tierra y debajo de la tierra* (Filipenses 2:10).

Al final de la unidad, pídales a sus alumnos que hagan un dibujo alusivo al texto. Deles premios pequeños, como incentivo a los primeros niños que lo memoricen.

Sugerencias:

1. Mientras estudian esta unidad, anime a los niños a preparar artículos y a hacer un periódico mural al finalizar. Luego, preséntelo a la iglesia.
2. Corte seis coronas en papel amarillo o dorado, y en cada una de ellas escriba el título de cada lección.
3. Deje que el Espíritu Santo le guíe e invite a sus alumnos a aceptar a Cristo como su Salvador personal.
4. Al finalizar cada una de las lecciones, ore con sus alumnos. Y en algunas ocasiones, pídale a uno de sus alumnos que haga la oración.

LECCIÓN 12

JESÚS, UN REY DIFERENTE

I. ASPECTOS GENERALES

Base bíblica: San Juan 12:12-19; Zacarías 9:9.
Texto para memorizar: *Para que en el nombre de Jesús se doble toda rodilla de los que están en los cielos, en la tierra y debajo de la tierra* (Filipenses 2:10).
Verdad bíblica central: Cristo vino para ser Rey en nuestra vida.
Objetivo de la lección: ayudar al alumno a comprender que el pueblo judío no entendió la clase de rey que vino a ser Cristo ni la razón de su llegada.

II. PREPARACIÓN PARA EL MAESTRO

La idea del reino tiene parte importante de la fe judío cristiana. Y Cristo es el cumplimiento del pacto que Dios hizo con David.

La multitud que recibió a Jesús en su "entrada triunfal" a Jerusalén, no entendió la clase de rey que vino a ser él ni comprendió su misión de salvar al mundo del pecado.

En este contexto, la noticia sobre el ministerio de Jesús aumentó el odio y resentimiento de los fariseos y líderes judíos. La multitud lo siguió desde Betania para ir a su encuentro. No había manera de que Jesús les dirigiera la palabra, pues cada vez la multitud era más grande. Sin embargo, les dio una señal sobre la clase de rey que había venido a ser. Entró por la puerta de Jerusalén montado en un pollino, hijo de asna.

En el tiempo de Jesús, el pollino era un animal usado por la nobleza. Un rey que entraba en una ciudad cabalgando en uno de ellos, lo hacía como señal de que venía en paz.

El pueblo clamaba sin cesar: "¡Hosanna! ¡Hosanna!", que significa "¡Sálvame ahora!". Con este clamor de júbilo, la multitud reconocía a Jesús como el Mesías esperado. Pero ellos tenían una idea equivocada de la promesa y la profecía. En vez de esperar que Cristo los salvara del pecado, esperaban la liberación del dominio y poder del Imperio romano, que los dominaban desde hacía años.

Mientras el pueblo se regocijaba aclamando a su Mesías conquistador, algunos judíos no estaban tan contentos. Los líderes judíos debían su poder y prosperidad a la tolerancia de Roma; ellos sabían que los romanos no soportarían una rebelión, y Jesús, aclamado por la multitud que surgió como la esperanza de libertad, podría arruinarlo todo. Por eso, el sanedrín ordenó su arresto y tramó matarlo.

También hoy Dios nos ha prometido liberarnos de la esclavitud del pecado; él es el Rey de los cielos y está preparando su reino, donde iremos a morar si le somos fieles. Jesús, el Hijo de Dios, quiere ser el rey de nuestra vida; quizás el hombre no entienda el mensaje de salvación o el regalo de la vida eterna a causa de la condición pecaminosa en que se encuentra, y está clamando, al igual que el pueblo judío: "¡Hosanna! ¡Hosanna!"; pero no quiere aceptarlo debido al temor de perder los privilegios y las comodidades que tiene; no se atreve a aceptarlo como el rey y libertador de su vida. Él es un rey poderoso que reinará por toda la eternidad y nos invita a formar parte de su reino.

III. DESARROLLO DE LA LECCIÓN

Introducción

Inicie la lección dialogando con sus alumnos de una manera amena y que transmita alegría. Pregunte a los niños si alguna vez han recibido la noticia que alguien muy importante llegaría al lugar en el que viven. *¿Qué hace la gente?* (Arreglan las calles, limpian, adornan, para ofrecer un buen recibimiento y ser reconocidos). Oriente a los niños para que traten de imaginarse cuál sería su comportamiento o qué harían ellos en estos casos. (Que cada uno mencione a los demás sus ideas).

En la portada de esta lección encontrará un diálogo entre un niño y un fariseo. Invite a dos alumnos a que lo lean antes de entrar a la historia bíblica.

Desarrollo de la historia bíblica

El Rey ya viene

—¿Ya viene? —preguntó un hombre.

—¡Sí! —dijo otro—. Ya no está lejos de la ciudad. Se veía mucha gente en Jerusalén. *Grandes multitudes que habían ido a la fiesta, al oír que Jesús llegaba a Jerusalén, tomaron ramas de palmera y salieron a recibirlo.*

—¡Miren! Jesús está montado en un burrito. Es exactamente cómo el profeta Zacarías dijo que sucedería: *No temas, hija de Sión; tu Rey viene, montado sobre un pollino de asna.* ¡Jesús es el Mesías!

—*¡Hosanna!*

—*¡Bendito el que viene en el nombre del Señor, el Rey de Israel!* —gritaba la multitud.

La gente cortó ramas de palmera y las agitaban. Algunos las ponían en el suelo y formaban un camino para Jesús.

—¿Es este el hombre que resucitó a Lázaro? —preguntó una mujer a su amiga.

—¡Sí! —contestó ella—. Yo estaba visitando a Marta, la hermana de Lázaro, ¡y lo vi! Jesús ordenó a Lázaro que saliera de la tumba, ¡y este tenía ya cuatro días de muerto!

—Cualquiera que resucite a alguien es más grande que los romanos y sus ejércitos —comentó otra mujer—, seguro de que Jesús se convertirá en rey. Él derrotará a los romanos.

—Yo oí que su padre, José, es de la casa de David. Quizá sea esta la forma en que Dios cumplirá su promesa a David. Si Jesús viene a ser Rey, ¡uno de los descendientes de David tendrá el trono! ¿No es exactamente eso lo que Dios prometió a David hace ya tantos años?

—Jesús debe de ser el rey que Dios nos prometió.

La multitud gritaba una y otra vez: *¡Hosanna! ¡Hosanna!*

Los fariseos y otros líderes religiosos estaban enojados.

—*Ya veis que no conseguís nada. Mirad, el mundo se va tras él.*

—*Sí, todo esto está fuera de control. Si Herodes o los romanos* se *enteran, nos castigarán a todos.*

De modo que los fariseos tramaron matar a Jesús.

Aplicación para la vida

Relacione las opiniones de los niños acerca de lo que ocurrió cuando Jesús entró a Jerusalén, mucha gente recibió la noticia que él venía. Entonces, avisaron a los demás y se prepararon para recibirlo como rey del pueblo judío.

Pida a sus alumnos que lean Juan 12:12-13 y comenten el pasaje respondiendo a las siguientes preguntas: *¿Quiénes fueron a la fiesta?* (Grandes multitudes). *¿Qué tenían en sus manos?* (Ramas de palmera). *¿Qué decían?* (¡Hosanna! ¡Bendito el que viene en el nombre del Señor!). Si conoce alguna canción con esa letra, puede cantarla junto con sus alumnos.

Continúen con la lectura de Juan 12:14-16 y pregunte: *¿Cómo entró Jesús?* (Sentado sobre un pollino). *¿Conocen un pollino?* (Espere respuestas). En la época de Jesús, los reyes siempre entraban sentados encima de sus caballos porque representaba poder en la guerra. Pero Jesús entró sobre un pollino debido a que representaba la paz.

Sin embargo, a la gente no le importó. Lean Juan 12:17-19 y respondan por qué no les interesó (porque recordaban que había resucitado a Lázaro).

A la gente le interesaba ver las obras que Jesús hacía. No obstante, había personas que no estaban contentas. *¿Quiénes eran?* (Los fariseos).

¿Qué clase de rey era Jesús? Pida a sus alumnos que desarrollen la primera actividad. Que lean las oraciones que aparecen en la hoja dibujada en su cuaderno y que dibujen un corazón en las obras que muestren lo que Jesús hizo. Luego, que escriban una X en las obras que no vino a realizar.

IV. ANEXOS

Actividad 1:El Rey de reyes

Cuando Jesús entró en Jerusalén, los judíos pensaban que él sería su rey. Pero la cruz les reveló las ideas equivocadas que tenían de Jesús.

Los alumnos dibujarán símbolos que muestren lo que realmente sufrió Jesús. Si necesitan pistas, pueden leer Juan 19:2. Por ejemplo, que coloquen una X sobre la "corona de oro", y que dibujen una corona de espinas. En lugar del "trono real", que hagan una cruz, y sobre la "túnica real" pueden dibujar un látigo o ropa rota.

Guíe a los niños a pensar en la clase de rey que es Jesús en su vida. Pregunte: *¿Cómo demuestran en la vida diaria que Cristo Jesús es su Rey y Señor? ¿Qué hacen cuando los hechos no suceden de la forma en que desean?*

Actividad 2: ¿Qué debe hacer un rey?

Dirija a sus alumnos a realizar esta actividad 2 en sus cuadernos.

Descripción del trabajo del Mesías:

- Dirigir a los ejércitos de Israel.
- Salvar a su pueblo de los romanos.
- Expulsar al ejército romano de Israel.
- Cuidar de los pobres.
- Salvar a su pueblo del pecado.
- Restaurar la gloria del rey David.
- Ser para siempre Rey del pueblo de Dios.
- Velar para que se cumpla la justicia.
- Castigar a los malos.
- Ser el Sumo Sacerdote para traer a su pueblo a Dios.
- Sanar a todos los enfermos.

Cuando terminen su trabajo, motívelos a responder a las siguientes preguntas, que los llevará a descubrir por qué el pueblo judío no entendió el mensaje del Hijo de Dios y la clase de rey que había venido a ser Jesús en el mundo.

¿Qué clase de rey esperaba la multitud que fuera Jesús? (Explique a los niños que los judíos, en vez de esperar que Cristo los salvara del pecado, querían que un rey los liberara del poder y dominio de Roma).

¿Por qué la multitud deseaba un rey guerrero? (Ellos querían a alguien que derrotara a los romanos y que hiciera de Israel una nación libre e independiente).

¿Por qué los líderes religiosos temían de Jesús? (Porque tenían miedo que una guerra lo destruyera todo y no creían que Jesús pudiera ganar la guerra).

¿Por qué la multitud quería un rey que fuera descendiente de David? (Explique que ellos creían que Dios cumpliría la promesa que hizo a David: *Que sus descendientes reinarían).*

Ellos querían a su país sin romanos, y por eso se sintieron frustrados cuando descubrieron que estaban equivocados con respecto a su rey, y por eso le pusieron una corona de espinas y lo crucificaron.

En esta parte, llame la atención de los niños a reflexionar en la verdad central y el objetivo de la lección.

Diga: *Muchos años atrás, el profeta Zacarías hizo una profecía* (Zacarías 9:9), *y Jesús estaba seguro de esto. Cuando entró a Jerusalén montado en un asno, fue una manera de mostrarle al pueblo que él era el Mesías prometido. Pero ellos no lo reconocieron como tal. Cuando se dieron cuenta de que estaban equivocados, se sintieron frustrados. Habían despreciado al Rey de reyes y Señor de señores.*

Notas

LECCIÓN 13

JESÚS, EL REY RESUCITADO

I. ASPECTOS GENERALES

Base bíblica: Juan 20: 1-18.
Texto para memorizar: *Para que en el nombre de Jesús se doble toda rodilla de los que están en los cielos, en la tierra y debajo de la tierra* (Filipenses2:10).
Verdad bíblica central: Cristo es nuestro Rey resucitado.
Objetivo de la lección: ayudar al alumno a regocijarse porque Cristo es nuestro Rey que resucitó.

II. PREPARACIÓN PARA EL MAESTRO

En San Juan 10:1-18 encontramos el precioso relato de la noticia de la resurrección de Jesucristo. La Ley de los judíos indicaba que el día sábado, todos ellos deberían permanecer en sus casas recordando la ley de Moisés. Los seguidores de Jesús habían estado muy tristes mientras recordaban lo sucedido con él (su crucifixión).

En ese tiempo era muy común que las tumbas tuvieran en la entrada una enorme piedra redonda, que podía moverse sobre una especie de rondana puesta en el suelo. Las autoridades querían asegurarse de que nadie se llevaría el cuerpo de Jesús, por eso sellaron la tumba con una piedra, para considerar como un crimen el hecho de abrirla. La sorpresa de María Magdalena fue muy grande al ver la tumba abierta, pensó que habían robado el cuerpo de Jesús, por ello corrió a avisar a los discípulos.

Tan pronto como le dio la noticia a Pedro y "al otro discípulo" (se cree que era Juan), ellos corrieron a la tumba para ver lo que pasaba: no podían entender la resurrección de Cristo.

La resurrección de Cristo no se trata de un cuento de hadas ni tampoco posee un "final feliz" después de la crucifixión. Porque Cristo resucitó tenemos la esperanza de vida eterna. Los niños deben aprender esto. Él está vivo y activo en nuestro mundo; se encuentra con nosotros.

III. DESARROLLO DE LA LECCIÓN

Introducción

Inicie con preguntas de repaso de la clase anterior. Recuerde que la idea central de la unidad de aprendizaje es presentar a Jesús como Rey resucitado.

Diga: *¿Qué estudiamos la semana pasada acerca de Jesús?* (La entrada triunfal). *¿Qué clase de rey esperaban los judíos?* (Un rey guerrero). *¿Qué clase de Rey era Jesús?* (Un Rey de paz).

Continúe el diálogo de lo que sucedió en Jerusalén esos últimos días.

Pregunte: *¿Qué había sucedido?* (Crucificaron a Jesús).

¿Qué tenía de especial el día sábado? (Era el día de reposo y ellos no podían hacer nada).

Los discípulos estaban muy afligidos y querían ir al sepulcro.

¿Cómo se sentirían al ir al sepulcro? (Tristes).

Actividad 1: El camino hacia la tumba

Guíe a sus alumnos a la primera actividad en sus cuadernos. Pídales que dibujen la expresión de sus rostros; y en el globo escriban lo que pensarían al dirigirse hacia el sepulcro.

Desarrollo de la historia bíblica

Esta lección la pueden narrar los alumnos, que lean por partes, dando el correcto énfasis a la lectura. En el transcurso de la lección, usted deberá ir explicando poco a poco lo que sucedía.

¡Él vive!

Los discípulos de Cristo y sus amigos estaban muy tristes porque lo habían visto morir en la cruz. Veamos ahora cómo se sentían el domingo por la mañana, cuando hicieron un descubrimiento que cambió la historia.

—*¡Ellos* se *han robado el cuerpo de Jesús, ya no está en la tumba!* —gritó María Magdalena saliendo precipitadamente de ahí. Fue al encuentro de Simón Pedro y el otro discípulo y les dijo—: Se *han llevado del sepulcro al Señor y no sabemos dónde lo han puesto.*

—*Cálmate, María* —le dijo Pedro—. *Dinos, ¿qué ha sucedido?*

—*Muy temprano fui a la tumba, cuando llegué vi removida la enorme piedra con que la sellaron. Di un vistazo dentro y el cuerpo del Maestro no estaba, alguien debió haberlo tomado.*

Pregunte: *¿Cómo creen que se sintió María Magdalena?* (Asustada).

Salieron Pedro y el otro discípulo y fueron al sepulcro. Corrían los dos juntos, pero el otro discípulo corrió más deprisa que Pedro y alcanzó el sepulcro primero. Luego, llegó Simón Pedro detrás de él, entró en el sepulcro y vio los lienzos puestos allí, y el sudario que había estado sobre la cabeza de Jesús.

Estos dos hombres estaban aturdidos, ¿qué había pasado con el cuerpo de Cristo? Tenían que decidir lo que iban a hacer.

Y *volvieron los discípulos a los suyos.*

Pregunte: *¿Cómo creen que se sentían los discípulos?* (Asustados y enojados). Lea los vv. 5 al 8 y pregunte: *¿Piensan que ellos entendían lo que estaba pasando?* (No).

Pida a un alumno que lea los vv. 11-14 y pregunte: *¿Qué pensaba María?* (Que habían robado el cuerpo de Jesús).

Antes de explicar los vv. 15-18, pida a sus alumnos que muestren las expresiones que dibujaron en sus cuadernos y que mencionen ideas de cómo hubieran reaccionado. Pregunte:

¿Qué habrían pensado si al ir al sepulcro no hubiesen encontrado el cuerpo de Jesús? (Acepte todas las respuestas).

Continúe con la historia bíblica:

Pero María estaba fuera llorando junto al sepulcro; mientras lloraba, se inclinó para mirar dentro del sepulcro y vio a dos ángeles con vestiduras blancas que estaban sentados el uno a la cabecera y el otro a los pies, donde el cuerpo de Jesús había sido puesto, y le dijeron:

—Mujer, ¿por qué lloras?

Ella les dijo:

—Porque se han llevado a mi Señor y no sé dónde lo han puesto.

Dicho esto, se volvió y vio a Jesús que estaba allí; pero no sabía que era Jesús.

Entonces, Jesús le habló: *Mujer, ¿por qué lloras? ¿A quién buscas?*

María no reconocía aún a Jesús, pensaba que era el hortelano, y le dijo: *Señor, si tú lo has llevado, dime dónde l o has puesto.*

Jesús le dijo: *¡María!*

—¿Será cierto? —se preguntaba María cuando escuchó su nombre.

—*¡Sí, es él! ¡Él vive!*

—*¡Maestro!* —exclamó María

Jesús le dijo: Ve a mis discípulos y diles que yo vivo.

Diles: "Subo a mi Padre y a vuestro Padre, a mi Dios y a vuestro Dios".

De nuevo María corrió para ir a buscar a los discípulos.

—¡Jesús vive! —se decía a sí misma—, estarán todos felices cuando oigan la noticia. ¡Jesús realmente vive!

Fue entonces María Magdalena para dar a los discípulos la noticia de que había visto al Señor.

Pida que un voluntario lea los vv. 15-16 y pregunte: *¿Cómo creen que se sintió María Magdalena cuando reconoció a Jesús y comprendió que él estaba vivo?* (Muy contenta y feliz).

(Las palabras en cursiva pertenecen a Juan 20).

Aplicación para la vida

Muchas personas conocían a Jesús. Algunos quedaron muy tristes por su muerte, otros más tranquilos porque no creían en él. Pregunte:

¿Quiénes se pusieron tristes cuando murió Jesús? (Su madre, los discípulos, sus amigos).

¿Quiénes se alegraron cuando falleció? (Los soldados, los romanos, los fariseos).

Forme cuatro grupos de trabajo y asigne a cada uno de ellos un personaje bíblico para que representen lo que se supone que sintió esa persona al saber que Jesús había resucitado. Cada grupo dibujará un rostro con la expresión de la persona que represente. Deles algunas citas para ayudarlos:

María, la madre de Jesús (Juan 19:25-26). Los discípulos (Juan 20:20). Soldado romano (Mateo 27:54). Los fariseos (Lucas 19:47).

Actividad 2: Una razón para regocijarse

Pídales a sus alumnos que dibujen su propia reacción a la buena noticia de la resurrección de Jesús, y escriban en el globo lo que hubieran pensado. Pregunte:

¿Si hubieran estado en ese lugar y se enteraran que Jesús estaba vivo, como se sentirían? (Anime a los niños a regocijarse por la resurrección de Jesucristo). Canten alguna canción referente al tema.

¿Recuerdan a otro personaje de la Biblia que haya resucitado? (Lázaro, el hijo de la viuda de Naín).

Pero ¿qué pasó con ellos años después? (Murieron de nuevo).

¿Cuál es la diferencia con la resurrección de Jesús? (Que él resucitó al tercer día y vive hasta ahora).

Aunque mucha gente trató de ocultar que Cristo había resucitado, nosotros creemos que él vive y su resurrección cambió el destino, incluso hasta el de muchas personas.

Actividad 3: Nuestro Rey resucitado

Guíe a los niños, mediante preguntas, a escribir una lista de hechos que sucedían antes de la resurrección y las que sucedieron después de esta.

Antes de la resurrección, ¿cómo se sentían los discípulos?

- *Estaban tristes.*
- *Se sentían solos.*
- *Creían que Jesús era como cualquier hombre.*

Después de la resurrección, ¿cómo se sentían los discípulos y las demás personas?

- *Los discípulos se sintieron alegres.*
- *Ellos y las demás personas creyeron que Jesús es*

el Hijo de Dios.

Explique que lo más importante es que la resurrección de Jesús es la prueba de nuestra salvación; y que tendremos vida eterna con él.

Lean Juan 14:19 y encuentren la promesa que Jesús dio a quienes creen en él: *Todavía un poco, y el mundo no me verá más, pero vosotros me veréis; porque yo vivo, vosotros también viviréis.*

Texto para memorizar

Realice alguna actividad con los alumnos para que no olviden memorizar el texto bíblico.

Antes de terminar la clase, pida a un alumno voluntario que mencione las razones por las que la resurrección de Jesús nos causa alegría.

1. Nos da salvación.
2. Nos ofrece vida eterna.
3. Promete que resucitaremos.

Explique que esas promesas son para todo el que acepta que Jesús murió en su lugar y le recibe como su Salvador personal.

Pregunte si algún niño desea aceptar a Jesús como su Salvador y guíelo en oración.

Dé por terminada la clase orando por cada uno de sus alumnos.

Notas

LECCIÓN 14

JESÚS, UN REY QUE PERDONA

I. ASPECTOS GENERALES

Base bíblica: Juan 13:36-38; 18:15-18, 25-27; 21:15-17.
Texto para memorizar: *Para que en el nombre de Jesús se doble toda rodilla de los que están en los cielos, en la tierra y debajo de la tierra* (Filipenses 2:10).
Verdad bíblica central: Cristo ofrece perdón a quienes le fallan.
Objetivo de la lección: ayudar al alumno a entender que Cristo siempre ofrece perdón a aquellos que se desvían y los invita a que lo sigan nuevamente.

II. PREPARACIÓN PARA EL MAESTRO

Pedro siempre fue un discípulo impulsivo y violento. Parecía que estaba dispuesto a obedecer y seguir a Jesús. Antes de ser arrestado, Jesús conversó con él. Pedro estaba tan seguro de su amor y entrega por su Maestro, que quería seguirlo, y pensaba que era capaz hasta de dar su vida.

Jesús, frente a esa seguridad, le anuncia que lo negará tres veces. ¿Qué significaba eso en la vida de Pedro? ¿No era él siempre el discípulo tenaz y valiente al lado de Jesús? ¿No había estado en el momento de la transfiguración de él? Los otros Evangelios nos dicen que Pedro se ofendió con esta pregunta, y que inmediatamente respondió que sería capaz de morir por Jesús, pero nunca lo negaría. ¡Qué tan seguro estaba Pedro de su fe en Jesús! Pero el Señor conoce más allá de nuestros pensamientos.

Lucas nos da un poco más de luz al respecto (Lucas 22:31-34). Jesús dice que la fe de Pedro será probada, pero que él mismo le ayudará para que su fe se fortalezca más y pueda ayudar a los otros discípulos. ¡Cuán grande se muestra el amor de Dios por nuestra débil humanidad!

Pero ahora, cuando Jesús había sido tomado preso y el valor de Pedro no era suficiente, permanecía lejos de su Maestro. Al ser enfrentado por una criada junto a la puerta de la residencia del sumo sacerdote, flaqueó y mintió diciendo: "No conozco a Jesús". Por segunda y tercera vez fue interrogado sobre lo mismo: "¿Conoces a Jesús?", y nuevamente mintió. Al dar la misma respuesta por tercera vez, cantó el gallo y Pedro recordó las palabras de su Maestro. ¡Qué difícil situación para él! Cuando su propia vida se vio amenazada, el temor se apoderó de él y su fe disminuyó.

Al resucitar Jesús, nuevamente los discípulos recobraron la calma. Pero poco antes de su ascensión, Jesús tuvo una conversación personal con Pedro. Ahí le mostró su perdón, le pidió que continúe siendo su discípulo.

En la conversación entre Jesús y Pedro, encontramos la emoción de la reconciliación con Jesús.

Algunos de sus alumnos ya aceptaron a Jesús como su Salvador y aprendieron a seguirlo. Pero cuando fracasaron, se sintieron culpables y quizá tentados de no seguir adelante. Esta lección nos ayuda a comprender que Dios es generoso y ofrece perdón, aún a aquellos que regresan.

III. DESARROLLO DE LA LECCIÓN

Introducción

Comience la clase preguntando a los niños si tienen amigos que vivan cerca de sus casas (amigos en la escuela y en la iglesia), y que mencionen el nombre de alguno de ellos.

Pregúnteles si alguna vez sus amigos los han ofendido y por qué razón. Puede indagar directamente a los niños sobre el nombre de los que han mencionado.

Guíelos hacia la primera actividad de sus cuadernos (*¿Cómo podrías?*). Pregunte: *¿Qué piensan que le sucedió a esta niña para que se sintiera rechazada por su amiga? ¿Qué otras hechos han sucedido entre buenos amigos que han perjudicado su amistad? ¿Cómo se sienten ustedes cuando un amigo les hace algo que los ofende?* Anime a sus alumnos a contestar honestamente y acepte todas las respuestas.

Desarrollo de la historia bíblica

Desarrolle la historia bíblica. Puede pedirle a un joven que se disfrace de Pedro y la cuente a manera de monólogo. Usted puede ser el narrador. Utilice el tono de voz que se indica y haga las mímicas necesarias para captar mejor la atención de los niños.

Narrador: Pedro tomó una piedra, la lanzó con fuerza hacia arriba y la vio caer en el mar.

Pedro: ¡Ah, el mar de Tiberias! (Utilice un papel arrugado en forma de piedra y haga las mímicas indicadas). ¡Qué bonitos recuerdos tengo de las veces que venía a pescar en sus playas! ¡Tantos hechos han sucedido últimamente!, el arresto de Jesús, su crucifixión, en fin, sucesos terribles.

Nunca olvidaré lo que ocurrió. Jesús se nos apareció por tercera vez en este mismo lugar. Hasta nos sirvió el desayuno.

Luego me dijo: *Simón, hijo de Jonás, ¿me amas más que estos?* (Utilice un tono suave de voz). Yo me sorprendí por la pregunta, pero le respondí: *¡Sí Señor, tu sabes que te quiero!* (Utilice un tono de voz que represente seguridad).

Jesús me dijo: *Apacienta mis corderos.*

Yo extraño mucho la compañía de Jesús. Pero ¿saben? Nuevamente él me preguntó, *¿me amas?* No podía entender por qué me lo preguntaba de nuevo, pero le respondí con firmeza: *¡Sí Señor, tú sabes que te quiero!* Jesús me repitió, *pastorea mis* ovejas.

Sin embargo, después de la segunda pregunta comencé a recordar otros acontecimientos, cuando de pronto, Jesús fijó sus ojos en mí y volvió a preguntarme: *Simón, hijo de Jonás, ¿me quieres?* Yo no pude más, recordé que no había sido un leal amigo de él, ¡lo había negado! (Ahora, el tono de voz indicará desesperación). No lo negué una vez, sino que fueron tres veces. En los momentos más difíciles no estuve con él. Me levanté rápidamente y le extendí mis brazos pidiéndole perdón y le dije: *Señor, tú lo sabes todo, tú sabes que te quiero.* Pero esta vez, lo dije con mucha humildad, reconociendo que el amor de Jesús hacia mí era mucho más grande que el que yo sentía por él. Jesús me repitió: *pastorea mis ovejas.*

Narrador: Pedro siempre recordaba esta escena, pero ya no con tristeza, sino con profunda gratitud al Señor por su misericordia. Llegó a ser uno de los discípulos que trabajó duro en extender el evangelio.

Actividad 2: Exprese cuál es la correcta

Guíe a sus alumnos a desarrollar esta actividad. Ellos responderán las preguntas subrayando la respuesta correcta.

¿Cuándo sostuvieron esa conversación Jesús y Pedro?

a. Antes de la crucifixión de Jesús.
b. Después de su resurrección. (Correcta).

Qué le quiso decir Jesús a Pedro al preguntarle: "¿Me amas más que estos?".

a. Que el amor de Pedro hacia Jesús debía ser mayor que el amor hacia otras personas. (Correcta).
b. Que Pedro era el discípulo más importante.

¿Qué le estaba pidiendo Jesús a Pedro cuando le dijo: "pastorea mis ovejas"?

a. Que guiara a sus seguidores. (Correcta).
b. Que representara a Cristo en la tierra.

¿Cuántas veces Jesús le hizo la misma pregunta a Pedro?

a. Seis.
b. Tres. (Correcta).

Aplicación para la vida

En este momento, solicite la atención de sus alumnos y reflexionen juntos acerca de las siguientes preguntas:

¿Por qué creen que Pedro negó a Jesús? (Por miedo, vergüenza).

¿Creen que Jesús perdonó a Pedro? ¿Por qué? (Sí, lo perdonó porque lo amaba).

¿Piensan que actualmente los cristianos también le fallamos a Jesús? (Acepte todas las respuestas).

IV. ANEXOS

Actividad 3: Hablemos con Dios

En esta actividad, dígales a sus alumnos que recuerden alguna ocasión en la que hayan hecho algo malo (tomar algo que no era de ellos, haber dicho alguna mentira, haber desobedecido a sus padres, etc.). Luego, que escriban en la parte de abajo, donde dice "Querido Dios", la oración que le harían al Señor para pedirle perdón por ese pecado cometido.

Enséñeles que, como cristianos, no le debemos fallar a Cristo; pero que si lo hacemos, inmediatamente tendremos que pedirle perdón y confiar en que él nos perdonará.

Hable con los alumnos acerca de cómo experimentar el perdón de Dios a través de Cristo, el Rey perdonador. Explique que ellos deben reconocer que han desobedecido a Dios (pecado) y que necesitan ser perdonados.

Que deben acercarse a Dios en oración con un corazón sincero y pedirle que lo ayude a no seguir siendo desobedientes.

Guíe a sus alumnos hacia un momento de oración; tal vez algunos deseen aceptar a Jesús como su Salvador; o quizá los que ya lo habían aceptado necesiten ser perdonados.

Anímelos a pedirle perdón a Jesús y a solicitarle ayuda para no volver a pecar. Cierre la clase agradeciéndole a Dios su amor y su perdón, aún cuando nos hayamos descarriado de su camino.

Texto para memorizar

Es muy importante que los alumnos estén memorizando el texto. Antes de salir de clase, pida que lo repitan varias veces.

LECCIÓN 15

JESÚS, EL REY VIVIENTE

I. ASPECTOS GENERALES

Base bíblica: Lucas 24:36-49.
Texto para memorizar: *Para que en el nombre de Jesús se doble toda rodilla de los que están en los cielos, en la tierra y debajo de la tierra* (Filipenses 2:10).
Verdad bíblica central: Jesús es nuestro Rey.
Objetivo de la lección: ayudar al alumno a conocer que Jesús es nuestro Rey y el Hijo de Dios.

II. PREPARACIÓN PARA EL MAESTRO

Después de la muerte de Jesús, los discípulos estaban muy asustados. La esperanza que tenían en él desapareció; ellos esperaban la salvación de Israel, y lo que obtuvieron, en cambio, fue la muerte de su Maestro.

Sin embargo, había comentarios de que Jesús estaba vivo y se había aparecido a María Magdalena y dos discípulos camino a Emaús decían lo mismo.

Jesús se les apareció a sus discípulos en forma repentina, en medio de ellos, sobrepasando a las leyes naturales expresó su saludo: "¡Paz a vosotros!", dando así un mensaje de consuelo, valor y esperanza.

En ese momento, Jesús confrontó a los discípulos a que miraran las cicatrices de las heridas en sus manos, en sus pies y aquella dulce voz les decía: "¡Soy yo mismo!, toquen y vean". Esto quitó el temor que por algunos instantes ocupó un lugar en el corazón de los discípulos. Por eso, Jesús tomó alimento para demostrarles que no era un espíritu, sino que había resucitado tras vencer a la muerte y al sepulcro; demostrando así su poder infinito.

También les recordó lo que les había enseñado y los discípulos comprendieron las Escrituras.

Los niños a esta edad no entienden muy bien lo que significa la muerte. Entonces resulta importante que sepan que esta no es el fin de la persona, sino un paso que todos tomaremos.

En el plan de salvación, Dios estaba en Cristo reconciliando al mundo, que se encontraba separado por el pecado. Pero, para lograr este fin, Jesús, el Hijo de Dios, tuvo que sufrir la cruz del calvario, el desprecio, el cruel sufrimiento y su enfrentamiento a la muerte misma. Las fuerzas del mal y las actitudes inhumanas pensaron que acabarían con Jesús; pero estaba escrito que Cristo padeciera y resucitara de los muertos al tercer día.

Dios Padre resucitó a Jesús, su Hijo, para que nunca más muriera. Él vive hoy y vivirá triunfante por la eternidad.

III. DESARROLLO DE LA LECCIÓN

Introducción

Dialogue con los alumnos, recuerde algunos hechos importantes que Jesús vivió con sus discípulos en su ministerio en la tierra. Por ejemplo, la alimentación a los cinco mil, cuando calmó la tempestad, etc., resaltando el poder de Dios a través de su Hijo Jesús (si es posible, consiga o haga dibujos de estos milagros).

Explique que Jesús también anunció su muerte y resurrección; escoja a un niño y colóquele una venda oscura sobre sus ojos para que no vea; luego, que sus compañeros traten de explicarle algunos objetos del salón de clase describiendo sus características y que le pregunten si entiende lo que le dicen; seguramente, la respuesta será que no, que no puede entender porque sus ojos están vendados.

Aproveche este momento para mostrarles que así estaba el entendimiento de los discípulos. No se hallaban preparados para entender ni comprender totalmente la misión del Hijo de Dios.

Desarrollo de la historia bíblica

Solicite voluntarios para que representen a Jesús, Santiago, Andrés, Pedro y Juan. Usted será el narrador.

¡Es un espíritu!

Narrador: Es el tercer día desde la crucifixión de Jesús. Diez de sus discípulos están hablando en un cuarto. Las puertas están cerradas y trabadas porque tienen miedo de las autoridades.

Santiago: Todo esto es tan confuso. Nosotros vimos morir a Jesús. Vimos cuando lo sepultaron.

Andrés: Sí, y una gran piedra cubrió la entrada de la tumba. La sellaron y pusieron soldados ahí para vigilar.

Santiago: Pero María Magdalena dice que vio a Jesús, que habló con él temprano, por la mañana.

Andrés: Pedro y Juan fueron a la tumba. Ellos vieron que la piedra de la entrada estaba a un lado y que la tumba estaba vacía.

Pedro: ¡Sí! ¡La tumba estaba vacía y las ropas se hallaban puestas ahí!

Juan: (pensativo): El sudario que cubría el rostro de Jesús estaba perfectamente envuelto y separado del resto de los lienzos.

Pedro: ¡Exactamente!

Andrés: Y ahora Cleofas y su amigo, que se dirigían hacia Emaús, dicen que vieron a Jesús en el camino.

Santiago: ¡Y no solo eso! ¡Lo invitaron a cenar con ellos! Y cuando bendijo el pan, lo reconocieron.

Andrés: ¿Qué significaría todo esto?

Narrador: En ese mismo momento, Jesús se aparece entre ellos y les dirige la palabra.

Jesús: ¡Paz a vosotros!

Santiago: ¡Es un espíritu!

Andrés: ¡Sí, es un fantasma!

Jesús: ¿Por qué están turbados y vienen a vuestro corazón estos pensamientos? Miren mis manos y mis pies, soy yo mismo. Palpen y vean, porque un espíritu no tiene carne ni huesos, como ustedes ven que yo tengo.

Andrés: ¡Miren! ¡Ahí están las cicatrices de los clavos con los cuales lo crucificaron!

Pedro: ¡Se ve tan real! Quizá todos estamos soñando. **Santiago:** ¡Es demasiado bueno para ser verdad!

Jesús: ¿Tienen algo para comer?

Juan: Sí, aquí tienes un poco de pescado que quedó de la cena.

Pedro: ¡Miren, está comiendo! ¡Un espíritu no puede comer!

Santiago: ¡Realmente, Jesús está vivo!

Juan: ¡Sí, ha resucitado!

Jesús: Estas son las palabras que os hablé estando aún con vosotros: Que era necesario que se cumpliera todo lo que está escrito de mí en la Ley de Moisés, en los profetas y en los Salmos.

Andrés: ¡Es Jesús, no cabe dudas!

Narrador: Entonces, les abrió el entendimiento para que comprendieran las Escrituras.

Jesús: Así está escrito, y así fue necesario que el Cristo padeciera y resucitara de los muertos al tercer día; y que se predicara en su nombre el arrepentimiento y el perdón de pecados en todas las naciones, comenzando desde Jerusalén.

Todos juntos: ¡Haremos todo lo que tú digas, Señor! Siga platicando con sus alumnos acerca de la dramatización. Pregúnteles:

¿Qué sucedió después de que Jesús murió?

Escuche las respuestas y anime a todos los alumnos a participar (Jesús fue sepultado en una tumba por José de Arimatea).

¿A quiénes se les apareció Jesús?

Primero a María Magdalena; luego a los discípulos en el camino a Emaús y, finalmente, a los once discípulos que cenaban.

¿Qué les mostró Jesús a sus discípulos y por qué razón?

Les mostró las cicatrices de sus manos y pies para que ellos se convencieran de que no era un espíritu.

¿Qué les ordenó Jesús a sus discípulos?

La misión de ser sus testigos y que se quedaran en la ciudad de Jerusalén hasta que fueran investidos del poder del Espíritu Santo.

Aplicación para la vida

En este momento de la lección, reflexionen sobre lo que significa para nosotros que Jesús haya resucitado. Recalque que esa es la base de nuestra fe, y que por ello debemos mantenernos gozosos y anunciarlo a los demás.

Actividad 1: ¡Ellos lo vieron!

Los discípulos tuvieron problemas para creer que Jesús vivía.. Pero, después de que todos lo vieron, querían anunciar la buena noticia. Pídales a los niños que seleccionen un personaje de las páginas de su cuaderno, que lean los versículos bíblicos señalados para cada uno y que escriban lo que supuestamente esa persona contó a otros al respecto.

Los personajes son:

1. Un soldado romano junto a la tumba de Jesús. "Hubo un gran terremoto" en la tierra, la tumba se abrió y se apareció un ángel (véanse Mateo; 28:2-4 y 27:65).
2. María Magdalena (Juan 20:11-16). "El cuerpo de Jesús había desaparecido. Le pregunté, a quien me pareció que era el jardinero, dónde lo habían puesto, ¡pero ese hombre era Jesús! ¡Él vive!".
3. Cleofas de Emaús (Lucas 24:13-16, 28:31). "Este hombre se nos unió en el camino cuando regresábamos a casa. Lo invitamos a cenar con nosotros y cuando él oró por los alimentos, nos dimos cuenta de que era Jesús".
4. Simón Pedro (Juan 20:1-7). "Fui a la tumba y vi que el cuerpo de Jesús había desaparecido. Más tarde, él mismo se nos apareció mientras comíamos. Jesús se sintió triste porque no creíamos que él estaba vivo".

IV. ANEXOS

Actividad 2: ¡Jesús vive hoy!

Guíe a sus alumnos en esta actividad: que tres de ellos lean cada uno un versículo, y que luego escriban en la postal lo que crean que Jesús está haciendo hoy por toda la humanidad.

Texto para memorizar

Después de esta actividad, divida la clase en dos grupos; que los niños se tomen de las manos y formen dos círculos . Diga: *El grupo número uno va a empezar a decir el texto bíblico, y lo van a hacer de la siguiente manera:*

- *Grupo uno: va a empezar: Para*
- *Grupo dos: Que*
- *Grupo uno: En*
- *Grupo dos: El*

Y así sucesivamente hasta que hayan dicho todo el texto. No bien lo terminen, pueden empezar a decirlo de nuevo, pero ahora que empiece el grupo número dos.

En la posición en que se encuentran los alumnos, termine la lección orando en voz alta, dándole gracias a Dios por la resurrección de nuestro Señor Jesucristo.

Notas

LECCIÓN 16

JESÚS ES EL REY

I. ASPECTOS GENERALES

Base bíblica: Juan 14:1-4; Hechos 1:1-11.
Texto para memorizar: *Para que en el nombre de Jesús se doble toda rodilla de los que están en los cielos, en la tierra y debajo de la tierra* (Filipenses 2:10).
Verdad bíblica central: Jesús es Rey.
Objetivo de la lección: ayudar al alumno a aceptar a Jesús como el rey de su vida.

II. PREPARACIÓN PARA EL MAESTRO

Después de su resurrección, Jesús se apareció a sus discípulos por cuarenta días. Les recordó sus enseñanzas acerca del reino de Dios. Sin embargo, ellos aún no comprendían la naturaleza espiritual de este reino. Esperaban que Jesús restaurara el reino a los judíos y destruyera el poder romano. Con estas ideas en mente, le preguntaron: "¿Hasta cuándo restaurarás el reino?".

Esta interpelación demostraba la idea que ellos tenían acerca del rey Jesús. No entendían que el ministerio terrenal de Jesús había terminado y ahora se iniciaba un nuevo período, no solo para ellos, sino para toda la humanidad.

Jesús dejó el cielo y vino al mundo a sacrificarse por nuestros pecados. Ahora es el único digno de interceder por nosotros ante el Padre. Su obra, como la segunda persona de la Trinidad, continúa hasta hoy. Jesús prometió regresar un día a la tierra, para llevar a los que lo conocen y estar con él eternamente.

Jesús también prometió a los discípulos que después de que regresara al cielo pediría al Padre que enviara al Consolador con el objetivo que estuviera con ellos para siempre (Juan 14:16-18). Los discípulos obedecieron a Jesús y regresaron a Jerusalén a esperar a este Consolador. Les había demostrado a sus discípulos que él era el Mesías esperado; el Rey de reyes que había vencido la muerte y se iba al trono de Dios con poder y gloria.

La decisión más importante en la vida de los seres humanos es reconocer que Jesús también resulta ser el rey de sus vidas. Los alumnos ya se encuentran en una edad apropiada para entender lo que significa la salvación que Cristo ofrece, y aceptarla o rechazarla.

III. DESARROLLO DE LA LECCIÓN

Introducción

Recuérdeles a sus alumnos algunos aspectos de la resurrección de Jesús. *¿Qué día resucitó?* (El primer día de la semana, el domingo). *¿Cómo estaba la tumba?* (Sellada). *¿Quiénes anunciaron su resurrección?* (Los ángeles). Enfatice sobre lo maravilloso y asombroso de la resurrección de Jesús.

Pregunte: *¿Qué significa para ustedes la resurrección de Jesús?* (Acepte todas las respuestas).

Recalque la idea que Jesús demostró su poder y gloria al resucitar, y esa es la prueba para los cristianos, de que él es el Rey de reyes.

Desarrollo de la historia bíblica

Relate la historia bíblica; que los alumnos la busquen en sus cuadernos y sigan con su vista.

Ya era tarde, Pedro y Andrés no podían dormir.

—Estos cuarenta días que han pasado han sido increíbles —dijo Pedro—. ¡Cuántos hechos han sucedido! No puedo más que preguntarme qué nos podría esperar a nosotros.

—Sé lo que quieres decir, Pedro —dijo Andrés—. Cuando creíamos que Jesús sería coronado rey, empezaron grandes problemas. Nunca olvidaré el miedo que sentí cuando los soldados se llevaron a Jesús. Tampoco puedo dejar de pensar en lo que él sufrió.

-¡También le teníamos mucho miedo a los romanos! —dijo Pedro.

—Sí, y ahora les tenemos más miedo. La noticia de la resurrección de Jesús se está extendiendo por toda Jerusalén. Los funcionarios se encuentran cada día más enojados, tratando de esconder la verdad de la resurrección, para decir que uno de nosotros se robó su cuerpo. Pero que digan lo que quieran. ¡Jesús vive! Nosotros lo hemos visto y también mucha gente en diferentes lugares. ¿Cómo negar que él sea el Mesías?

—Sigo teniendo mucho miedo de lo que nos han hagan los romanos si no nos callamos —comentó Andrés.

Pedro preguntó:

—¿Te acuerdas de las palabras de Jesús antes de ser crucificado? Él dijo: *No se turbe vuestro corazón, creéis en Dios, creed también en mí.*

Andrés se reclinó, suspiró y dijo: "Recuerdo algo más que Jesús nos habló, que iba a la casa de su Padre. ¿Pedro, recuerdas sus palabras? *Voy, pues, a preparar lugar para vosotros... y vendré otra vez y os tomaré a mí mismo, para que donde yo esté, vosotros también estéis".*

—He pensado mucho en eso —dijo Pedro—. Y recuerdo también lo que nos dijo cuando comía con nosotros: *No salgan de Jerusalén, esperen la promesa del Padre... vosotros seréis bautizados con el Espíritu Santo dentro de no muchos días.*

Andrés parecía confundido:.

—Sí, yo sé —dijo—. No estoy seguro de lo que quiso decir, pero ¿han escuchado cómo ha estado hablando de su reino últimamente?

Entonces, los que se habían reunido le preguntaron: *Señor, ¿restaurarás el reino a Israel en este tiempo?*

Les dijo: *No os toca a vosotros saber los tiempos o las ocasiones que el Padre puso en su sola potestad; pero recibiréis poder cuando haya venido sobre vosotros el Espíritu Santo, y me seréis testigos en Jerusalén, en toda Judea, en Samaria y hasta lo último de la tierra. Y habiendo dicho estas cosas, viéndolo ellos, fue alzado y lo recibió una nube que lo ocultó de sus ojos. Y estando ellos con los ojos puestos en el cielo, entre tanto que él se iba, se pusieron junto a ellos dos varones con vestiduras blancas, los cuales les dijeron: Galileos, ¿por qué estáis mirando al cielo? Este mismo Jesús, que ha sido tomado de vosotros al cielo, así vendrá como lo habéis visto ir al cielo.*

Aplicación para la vida

Actividad 1: Los reyes que la gente sigue

Un rey es una persona o algo a lo que la gente le da el primer lugar. Guíe a sus alumnos a sus cuadernos y dígales que vean las banderas que los niños tienen en sus manos, ¿quién es el rey de cada niño?

Figura 1- El dinero.

Figura 2- Los amigos.

Figura 3- Un cantante de música popular.

Que dibujen en la bandera que está en blanco alguna persona u objeto muy importante en la vida de los niños de su edad y que tratan de seguir como rey. Recuérdeles de la entrada triunfal a Jerusalén.

Pregunte: *¿Qué clase de rey pensaba la gente que era Jesús?* (Un rey guerrero).

¿Qué hizo la gente cuando entró Jesús en la ciudad? (Lo aclamaban, dejaban sus túnicas para que él pasara por ahí).

¿Qué gritaba la gente? (¡Hosanna al hijo de David!) Sin embargo, después de su arresto, se decepcionaron de Jesús y pidieron que lo crucificaran.

Hasta sus discípulos se asustaron. *¿Recuerdan qué hizo Pedro?* (Lo negó tres veces). Solo Juan estuvo al pie de la cruz.

Pero después de tres días, Jesús resucitó de entre los muertos y se apareció a sus discípulos. ¡Ellos recobraron la confianza en él!

IV. ANEXOS

Actividad 2: Jesús el Rey

Dirija la atención de los alumnos en sus cuadernos. Lea las frases, y si entienden que una es correcta, que dibujen un rostro alegre en el círculo en blanco que se encuentra a un lado. Si la frase resulta incorrecta, que dibujen el rostro enojado:

- Cristo vino a la tierra para ser un rey. (Incorrecto).
- Cristo regresó al cielo como nuestro Rey. (Correcto).
- El reino de Cristo fue un reino de amor. (Correcto).
- Cristo prometió enviar al Espíritu Santo para que ayudara a los discípulos a decirles a otros que él es el Rey. (Correcto).
- Los discípulos entendieron todo lo que Jesús dijo. (Incorrecto).
- Nuestro Rey vendrá un día a la tierra. (Correcto).

Ahora guíe a los alumnos a reflexionar en su relación con Jesús como Rey.

Pregunte: *¿Cómo puede Jesús llegar a ser nuestro Rey?* (Si lo aceptamos en nuestro corazón).

¿Cómo sabremos lo que Cristo quiere de nosotros? (Por la lectura de la Biblia, su Palabra).

¿Seremos diferentes de las demás personas? (Aparentemente no, pero en nuestro comportamiento y actitudes sí).

¿Desean que Jesús sea el Rey en su vida?

Este es un momento especial, deje que el Espíritu Santo lo guíe. Invite a los niños a aceptar a Cristo como Rey de su vida, él los está invitando.

Pregunte: *¿Ya han invitado a Jesús a ser su Rey? ¿Desean hacerlo en este momento?* (Si algunos niños dicen que sí, dígales que se acerquen hacia delante). Puede pedirle a otra persona adulta que se quede con el resto de la clase para mantener el orden.

Haga las siguientes preguntas a los niños que pasaron al frente:

¿Reconocen que han desobedecido a Dios y han hecho lo malo?

¿Se sienten arrepentidos de lo malo que han hecho? ¿Le han pedido a Dios que los perdone?

¿Confían en que Dios los puede perdonar?

¿Le han pedido a Jesús que se haga cargo de sus vidas y que sea su Rey?

Actividad 3: Sección de Preguntas

Forme cuatro grupos de trabajo y que busquen en sus cuadernos esta actividad. Que entre ellos respondan a las preguntas. Pueden leer Hechos 1:1-11.

¿Cuántos días estuvo Jesús con sus discípulos después de su resurrección? (Cuarenta).

¿Cómo creen que se sentían los discípulos con Jesús? (Contentos).

¿Había demostrado Jesús gran poder con su resurrección? (Sí).

¿Qué les prometió Jesús? (Que recibirían poder para ser testigos de él).

¿Qué le preguntaron los discípulos a Jesús? (v. 6). (¿Restaurarás el reino de Israel?).

¿En qué reino pensaban los discípulos? (En un reino terrenal).

¿A qué clase de reino se refiere Jesús? (A un reino en nuestro corazón).

¿Qué sucedió luego? (Jesús ascendió al cielo).

¿Qué dijeron los ángeles? (Que regresaría de la misma forma en que se fue).

Luego, compare las respuestas entre los grupos y determine una sola respuesta para todos.

Deje que los niños oren con sus propias palabras. Después, pídales que repitan la oración que usted dirige. Mencione el nombre de cada uno al terminar la oración. Si alguno de los que pasaron, aceptaron a Cristo, dígaselo al pastor de la iglesia y a sus padres para que puedan darle seguimiento.

Texto para memorizar

Esta es la penúltima lección de la unidad y los alumnos ya deben tener bien memorizado el texto. Anime a los que no lo saben aún, para que la próxima semana lo tengan bien aprendido.

Notas

LECCIÓN 17

JESÚS, UN REY QUE REGRESA

I. ASPECTOS GENERALES

Base bíblica: Mateo 25:31-45; 1 Tesalonicenses 4:13-18.
Texto para memorizar: *Para que en el nombre de Jesús se doble toda rodilla de los que están en los cielos, en la tierra y debajo de la tierra* (Filipenses 2:10).
Verdad bíblica central: los que siguen fielmente a Jesús, siempre estarán gozosos esperando su regreso a este mundo.
Objetivo de la lección: ayudar al alumno para que siempre esté esperando con gozo el regreso de Cristo.

II. PREPARACIÓN PARA EL MAESTRO

La segunda venida de Cristo se describe en un lenguaje que revela la grandeza del acontecimiento. Jesús vendrá en gran gloria, rodeado por ángeles, actuando como nuestro Juez justo y se enfrentará a todas las gentes; las separará y *apartará los unos de los otros, como aparta el pastor las ovejas de los cabritos* (Mateo 25:32).

El pastor da a las ovejas un lugar de honor a la derecha. Mientras que los cabritos son puestos a la izquierda, y no recibirán la recompensa de los justos. La Biblia nos señala la gloriosa invitación de Cristo: *Venid, benditos de mi Padre, heredad el reino preparado para vosotros desde la fundación del mundo* (Mateo 25:34).

Después de esta invitación de Jesús, señala las razones por las que los hombres se hacen acreedores de la recompensa: *De cierto os digo que en cuanto lo hicisteis a uno de estos mis hermanos más pequeños, a mí lo hicisteis* (Mateo 25:40).

Al respecto, el profesor Ralph Eade dice lo siguiente:

"Parece mejor sostener que, en la encarnación y en su amor compasivo por todos los hombres, Cristo se está refiriendo a la sufrida humanidad como mis hermanos. Las obras de misericordia no son la única base de la recompensa y castigo eternos. Pero ¿puede cualquier hombre leer estas palabras de Jesús y creer que un cristiano se atrevería a ser indiferente e inactivo cuando su prójimo está en necesidad?".

Es claro ver que las buenas obras proceden del corazón de una persona que tiene una buena relación con Dios.

Como hemos visto en lecciones anteriores, la resurrección de Cristo es la base para nuestra resurrección. Pablo, en 1 Tesalonicenses 4:13-18 anima a los hermanos de la iglesia de Tesalónica. Ellos estaban esperando el anunciado regreso de Cristo y deseaban estar vivos para el momento de su segunda venida. Sin embargo, cuando algunos de sus miembros morían, ellos lamentaban que no pudieran ver la gloria del regreso de Cristo. Por eso Pablo les recuerda a los creyentes que quienes ya habían muerto en Cristo, también resucitarían. Nosotros, asimismo, tenemos la misma esperanza de una resurrección final a través de Jesucristo.

III. DESARROLLO DE LA LECCIÓN

Introducción

Tómese un tiempo para recordar los temas principales de esta unidad. Invite a voluntarios a decir de qué se trataron las diferentes lecciones. Puede llevar algún objeto alusivo para memorizar.

Enfatice la idea de que Jesús es Rey de reyes ahora, que no solo fue un rey en la época en que se escribió la Biblia, sino que también lo es hoy.

Pregunte si tienen algún familiar que haya viajado a otro país o ciudad, y diga: *¿Cómo se comunican con él?* (Por teléfono, cartas, postales, etc.). *¿Ha regresado alguna vez de su viaje? ¿Qué sintieron cuando les avisó que regresaría?* (Comente por unos momentos con sus alumnos. Luego, explique que de igual manera, Jesús prometió regresar y que nos dará un regalo especial).

Desarrollo de la historia bíblica

Llame al frente a cinco voluntarios, asígnele un número a cada uno. Ellos, mediante mímicas, representarán lo que usted está relatando. Al terminar la representación, felicítenlos con aplausos.

Alumno 1. Los discípulos amaron a Jesús como un íntimo amigo. Lo reconocían como el Mesías y se llenaron de miedo y confusión cuando lo arrestaron. (El alumno deberá representar esto con mímicas).

Alumno 2. Después de ser arrestado fue sometido a un interrogatorio, a diferentes castigos, y finalmente lo crucificaron. (También el alumno representará esto con mímicas y así cada uno de ellos).

Alumno 3. El viernes por la tarde Jesús expiró en la cruz y fue sepultado. Los discípulos estaban muy tristes y asustados porque no sabían qué pasaría.

Alumno 4. Al tercer día después de que Jesús murió, descubrieron que la tumba estaba vacía. Y ellos se llenaron de emoción y gozo.

Alumno 5. Luego, Jesús se apareció a los discípulos en varias ocasiones; les habló de muchos temas para ayudarlos a entender quién era él y de lo que pasaría en el futuro.

Actividad 1: Cortar y pegar

Que los alumnos busquen esta actividad en sus cuadernos. Que corten los símbolos que representan los sucesos importantes en la vida de Jesús y sus discípulos, y que los peguen en orden, de acuerdo con lo acontecido hasta antes de la resurrección:

1. Un período de tres años: el ministerio de Jesús.
2. Una noche triste: el arresto de Jesús.
3. Un día negro: la crucifixión de Jesús.

Continúe la historia bíblica. La resurrección de Cristo da inicio a una nueva etapa. (Que busquen Hechos 1:3 en sus Biblias. Forme grupos y usted realice las siguientes preguntas, las mismas que vienen en el cuaderno del alumno actividad 2. Ganará el grupo que más respuestas correctas obtenga):

¿Cuántos días estuvo Jesús con sus discípulos después de resucitar? (cuarenta días).

¿Qué hizo Jesús durante los cuarenta días? (Les habló acerca del Reino).

¿Qué les dijo Jesús antes de partir? (Que esperaran la promesa del Padre).

¿Cuál era esa promesa? (Enviar al Espíritu Santo: Hechos 1:8).

¿Qué daría el Espíritu Santo? (Poder para ser testigos).

¿Dónde serían testigos? (En Jerusalén, en Judea, en Samaria y hasta lo último de la tierra).

Cuando Jesús ascendió al cielo, ¿qué dijeron los ángeles? (¿Por qué están mirando al cielo? Este mismo Jesús, que ha sido tomado de vosotros al cielo, así vendrá como lo habéis visto ir al cielo, v. 11).

¿Cómo creen que se sintieron los discípulos? (Alegres al saber que Jesús regresaría).

Continúe con esta actividad. Que corten los símbolos que faltan sobre los hechos más importantes en la vida de Jesús y sus discípulos. Luego, que los peguen en orden, de acuerdo con lo sucedido después de la resurrección.

Deberán adherirlos en el siguiente orden:

Después de cuarenta días de pascua: la ascensión de Jesús. Un regalo prometido: la llegada del Espíritu Santo. Un evento futuro: el regreso de Cristo.

Tal vez hayan surgido muchas preguntas acerca del regreso de Jesucristo a la tierra. Recordemos qué enseñó él acerca de su regreso.

Busque en su Biblia Mateo 25:31-35. Explique que el Hijo del hombre es Jesús. Continúe haciendo preguntas a los grupos formados:

¿Qué hará el Hijo del Hombre? (Apartará a las ovejas de los cabritos).

¿Dónde pondrá a cada uno? (A las ovejas a la derecha y a los cabritos a la izquierda).

¿Por qué premiará a los de la derecha? (Porque hicieron acciones buenas, dieron de comer al hambriento, agua al sediento, etc.).

Pregunte: *¿En qué grupo les gustaría estar?* (Espere las respuestas de los niños y comprobará si entendieron el significado). En este pasaje, Jesús nos muestra que haciendo el bien a quienes lo necesitan, reflejamos nuestro amor hacia él. Aunque no es el único requisito para obtener la recompensa que ha ofrecido.

Aplicación para la vida

Reflexione con sus alumnos acerca de la importancia del regreso de Cristo a la tierra.

¿Por qué creen que es importante que Cristo regrese? (Para vivir con él en un hermoso lugar).

Diga a los alumnos que nadie, excepto el Padre, sabe el día y la hora que Jesús volverá al mundo. Por eso debemos estar preparados todo el tiempo, portándonos correctamente de manera que Dios se agrade de nosotros.

Distribuya papel y lápices de colores entre los alumnos para que hagan un dibujo de cómo se imaginan que será la segunda venida de Cristo. Dígales que usted exhibirá sus dibujos en un lugar importante del salón de clases o en el templo, para animar a todos con las buenas noticias del regreso de Cristo.

IV. ANEXOS

Actividad 2: Una inspección de cerca

Llame la atención de los alumnos a sus cuadernos. Pida que, por un momento, examinen la escena de la ciudad.

Hágales las siguientes preguntas:

¿Les gustaría vivir en este mundo para siempre? (Anote todas las respuestas en la pizarra, afirmativas y negativas).

Lean en voz alta Hechos 1:4-8 y pregunte: *¿Qué prometió Jesús a sus discípulos? ¿Cómo este Consolador los ayudaría después de que Cristo regresara al Padre en el cielo?* En Hechos 1:9-11: *¿Qué promesa dieron los ángeles a los discípulos mientras estos miraban a Jesús ascender al cielo? ¿Cómo creen que se sintieron los discípulos por las palabras de los ángeles?*

Para concluir, tenga un tiempo de oración con sus alumnos, pidiéndole ayuda al Señor para poder vivir correctamente esperando su regreso.

Texto para memorizar

Con esta lección termina la unidad, pregunte a los alumnos quién sabe lo que dice Filipenses 2:10 que es el texto bíblico. Puede motivar con un pequeño regalo a los alumnos que contesten correctamente.

GUÍA PARA LA UNIDAD V

NACIMIENTO DE LA IGLESIA

VERDAD BÍBLICA: el crecimiento de la iglesia es obra del Espíritu Santo.

PROPÓSITOS DE LA UNIDAD

- Conocer que la fuente del poder de un cristiano proviene del Espíritu Santo, dándole el deseo de testificarles a los demás de Cristo.
- Comprender que la iglesia primitiva nos da un ejemplo del amor y compañerismo cristianos.
- Entender que es necesario obedecer a Dios antes que a los hombres.
- Comprender que una iglesia llena del Espíritu Santo es una influencia poderosa en el mundo.

LECCIONES DE LA UNIDAD:

- » Lección 18- El nacimiento de la iglesia.
- » Lección 19- El amor de Dios y la iglesia.
- » Lección 20- Obedecemos a Dios.
- » Lección 21- ¡Nada detiene a la iglesia!

VERSÍCULO DE LA UNIDAD: *Vosotros, pues, sois el cuerpo de Cristo y miembros cada uno en particular* (1 Corintios 12:27).

Para los alumnos de esta edad, el concepto que tienen de lo que significa "poder" es diferente de lo que la Biblia nos enseña. Para muchos de ellos, se trata de ejercer la fuerza para hacer algo y alcanzar por este medio la victoria. Piensan que el que tiene más fuerza es el que con mayor poder cuenta.

A través de estas lecciones aprenderemos que el cristiano puede adquirir poder, pero solo a través del Espíritu Santo, y este no se adquiere a través de la fuerza física, sino mediante un corazón rendido a Dios.

El poder del Espíritu Santo hará que amemos a Dios y le obedezcamos, así como a nuestro prójimo y cuidar de ellos, así como Cristo cuida de su pueblo.

Ayudemos a los alumnos a entender cómo surge la iglesia cristiana y su importancia. Y la obra del Espíritu Santo en nuestras vidas.

Sugerencias:

1. Para la lección 19 necesitará llevar hojas de papel periódico para repartirlas entre los alumnos,y que estos hagan algo con ellas (barcos, forro para un libro, como toalla, etc.).
2. Al finalizar la lección 19, invite a dos adultos para la próxima clase (lección 20), para que se disfracen de Pedro y de Juan y que participen de la historia bíblica, y también invite a algunos jóvenes con objeto de que representen a otros personajes.
3. Para la lección 21 prepare una caja pequeña y ponga algo dentro para hacerla más pesada.

Envuélvala como regalo, con un lazo bonito.

LECCIÓN 18

EL NACIMIENTO DE LA IGLESIA

I. ASPECTOS GENERALES

Base bíblica: Hechos 1.
Texto para memorizar: *Vosotros, pues, sois el cuerpo de Cristo y miembros cada uno en particular* (1 Corintios 12:27).
Verdad bíblica central: el Espíritu Santo ayudó en la formación y crecimiento de la iglesia primitiva, permitiendo que muchas naciones escucharan el mensaje de Cristo. Así es hoy, con su ayuda, el cristiano resulta ser testigo de Jesús hablando a otros de la salvación que él quiere hacer en la humanidad.
Objetivo de la lección: ayudar al alumno a que comprenda la función que tuvo el Espíritu Santo con relación al nacimiento y desarrollo de la iglesia.

II. PREPARACIÓN PARA EL MAESTRO

Lucas, el "médico amado" escribió el libro de Hechos y es una continuación de su relato en el libro que lleva su nombre. Después de su resurrección, Jesús se apareció a sus discípulos, y hablándoles les abrió el entendimiento para que comprendieran la Escritura y el cumplimiento de estas, pues era necesario que él muriera y resucitara al tercer día, y que se predicara el arrepentimiento y perdón de pecados en todas las naciones, comenzando desde Jerusalén (Lucas 24:46-47).

Los discípulos fueron testigos de estos sucesos, pues caminaron con Jesús, recibieron su enseñanza, observaron los prodigios y las maravillas que hizo; lo vieron resucitar a los muertos y cuando se les apareció, y también presenciaron su ascensión. El mandato de que *no se fueran de Jerusalén,* sugiere que los discípulos estaban planeando su retorno a Galilea.

Los líderes religiosos de Jerusalén habían llevado a la muerte a Jesús, y era de esperarse que persiguieran a sus seguidores. Pero Jesús tenía otros planes. Él les ordenó que esperasen en dicha ciudad la promesa del Espíritu Santo.

Pero recibiréis poder, cuando haya venido sobre vosotros el Espíritu Santo, y me seréis testigos en Jerusalén, en toda Judea, en Samaria y hasta lo último de la tierra (Hechos 1:8). Esto describe el poder y el trabajo que tiene que hacer la iglesia de Jesucristo, la evangelización del mundo. El poder viene con el Espíritu Santo.

Toda persona llena del poder y la presencia del Espíritu Santo, sentirá el impulso de llevar adelante el mandato de Dios. La gran comisión no se puede cumplir sin este poder.

Y mientras esto acontecía, los discípulos perseveraron unánimes en oración y ruego. Ellos se aferraron a la oración hasta que vino la respuesta (Hechos 1:14; Lucas 11:13).

¿Cuál fue el resultado? Cuando llegó el día de Pentecostés, estando todos juntos, vino del cielo un sonido como de un fuerte viento, el cual llenó toda la casa. Y los que estaban presentes vieron que se les aparecieron lenguas como de fuego que se asentaban sobre cada uno de ellos. Y todos fueron llenos del Espíritu Santo y comenzaron a hablar en diferentes lenguas, las cuales resultaron reconocidas por los que se encontraban ahí.

El fuego, al igual que el viento, simbolizaba la presencia divina del Espíritu Santo que purifica y santifica (Éxodo 3:2; Malaquías 3:2-3). Cuando el Espíritu Santo llena el corazón del creyente, este le otorga poder y pureza. Ninguna persona puede tener una sin poseer la otra.

¿Qué significa esto? Que el poder sobrenatural estaba disponible para transformar vidas y equipar la iglesia para obedecer la gran comisión. Que los corazones habían sido purificados para que pudieran ser llenos del Espíritu Santo, y así llevar el evangelio al conocimiento de cada nación. Hoy día esta verdad sigue cumpliéndose. Cuando el creyente busca el poder del Espíritu Santo en su vida, este lo llena y lo ayuda a ser un testigo de Jesús.

III. DESARROLLO DE LA LECCIÓN

Introducción

El libro Hechos comienza con la aparición de Jesús ya resucitado reuniéndose con sus discípulos durante cuarenta días. Jesucristo, al subir al cielo, reafirma la promesa del Espíritu Santo a fin de que los discípulos se llenen del poder de Dios para predicar y dar a conocer el mensaje de salvación. ¿Cómo presentar el concepto del Espíritu Santo a los alumnos?

Escriba en la pizarra o en carteles los siguientes textos bíblicos, los cuáles describirán al Espíritu Santo:

Juan 14:16- Permanece para siempre.

Juan 14:26- Enseñará y recordará las palabras de Cristo.

Juan 15:26- Testifica acerca de Cristo.
Juan 16:8- Convence al mundo de pecado.
Juan 16:13- Guía a toda verdad.
Romanos 8:26- Intercede por nosotros.
Hable con sus alumnos sobre estos textos.

Desarrollo de la historia bíblica

Como un fuerte viento

Los discípulos de Jesús estaban sentados en círculo, hablando de lo que harían ahora que Jesús había ascendido al cielo.

—Tengo deseos de salir de Jerusalén —dijo uno de ellos—. Estoy cansado de esperar a que algo pase. Si los romanos deciden venir detrás de nosotros, ¡fácilmente nos encontrarán!

—No nos podemos ir —dijo otro—, Jesús nos dijo: *No salgáis de Jerusalén, sino esperad la promesa del Padre.*

—Pero ¿cuánto tiempo tenemos que esperar? ¡Pensé que Jesús regresaría pronto! y ya hace una semana desde que lo vimos irse al cielo; y esos hombres vestidos de blanco nos dijeron que volvería otra vez, en la misma forma en la que se fue. Yo creo que debemos ir al lugar donde lo vimos ascender. ¿Qué piensan ustedes?

—Jesús nos dijo que esperemos en Jerusalén, y ¡es donde me voy a quedar! —dijo Pedro poniéndose de pie entre el grupo de ciento veinte personas, y los animó a que siguieran orando. Les dijo—: Jesús nos prometió que después de que el Espíritu Santo venga, seremos testigos de él, por favor, tengan paciencia.

Mientras el grupo oraba, *de repente, llegó del cielo un estruendo como de un viento recio que soplaba, el cual llenó toda la casa donde estaban.*

"¿Qué es eso?", querían saber.

Entonces, se *les aparecieron lenguas repartidas, como de fuego, asentándose sobre cada uno de ellos. Y fueron todos llenos del Espíritu Santo.*

Afuera había judíos de todas las naciones bajo el cielo que visitaban Jerusalén. Cuando oyeron el ruido, muchos fueron donde estaban los discípulos para ver qué sucedía.

Quedaron atónitos y admirados diciendo: *Mirad, ¿no son galileos todos estos que hablan? ¿Cómo, pues, los oímos nosotros hablar cada uno en nuestra lengua en la que hemos nacido?*

—¡Esto es increíble! —dijo alguien, muy asustado.

Otros se burlaron de los discípulos y dijeron: *Deben estar borrachos.*

Entonces, Pedro, orgulloso, se puso de pie, y con voz fuerte les empezó a predicar.

Judíos y todos los que habitáis en Jerusalén, esto os sea notorio, y oíd mis palabras... pues estos no están borrachos. Si han leído lo que los profetas dijeron, sabed que Dios prometió mandar su Espíritu a todas las personas, y esto es lo que está pasando hoy aquí.

Sepa, pues, ciertamente toda la casa de Israel, que a este Jesús a quien vosotros crucificasteis, Dios lo ha hecho Señor y Cristo.

—¡Oh, no! —gritaron algunos—, *¡Ayudamos a crucificar al Prometido! Entonces, les preguntaron a los apóstoles: Hermanos, ¿qué haremos?*

Pedro les dijo: *Arrepentíos y bautícese cada uno de vosotros en el nombre de Jesucristo para perdón de los pecados, y recibiréis el don del Espíritu Santo.*

Así que los que recibieron su palabra fueron bautizados, y se añadieron aquél día como tres mil personas.

Aplicación para la vida

Para reafirmar más esta enseñanza, haga las siguientes preguntas:

¿Qué piensan que hubiera dicho Pedro antes de recibir el Espíritu Santo? (No tenía valor, ya lo había negado tres veces).

¿Qué dijo después de recibirlo? (Habló sin miedo y predicó el evangelio con poder y autoridad).

¿Puede el cristiano de hoy ser lleno del Espíritu Santo? (Sí).

¿Qué debemos hacer para que esto suceda en nuestra vida? (Arrepentirnos de nuestros pecados, Hechos 2:38).

IV. ANEXOS

Silueta de una persona

Ilustre la silueta del cuerpo humano. Explique que la iglesia representa el cuerpo de Cristo (Romanos 12:4-5). El cuerpo tiene una sola cabeza, y dentro de ella está el cerebro, que es el encargado de enviar mensajes al cuerpo, indicándole qué debe hacer (mover las manos, correr, respirar, comer cuando tiene hambre, dormir...).

Para ponernos de pie, el cerebro envía órdenes a doscientos músculos, y estos trabajan en conjunto.

Cristo es la cabeza de la iglesia. Y por cuanto el Padre (Dios), el Hijo (Jesucristo) y el Espíritu Santo son uno solo, nos guiará a toda verdad y nos dirá qué debemos hacer (Colosenses 1:18).

Texto para memorizar

Repase el texto (1 Corintios 12:27). Escríbalo en la pizarra o en un cartel y repítalo con los alumnos. Luego, borre o tape una palabra y vuelva a repetirlo. Los niños deberán decir la palabra que falta. Continúe así hasta borrar todo el texto y que ellos puedan indicarlo de memoria.

Actividad 1: Si yo fuera Pedro

Que el alumno escriba qué diría si fuera el apóstol Pedro, lleno del poder del Espíritu Santo; qué le expondría a la gente. (Que cuenten a los demás sus escritos).

Actividad 2: Símbolos para el Espíritu Santo

En el cuaderno del alumno, busque la página con los símbolos. La iglesia usa muchos nombres y símbolos para referirse al Espíritu Santo. Diga: *¿Cómo relacionan cada símbolo con el Espíritu Santo?*

Paloma: representa paz y amor.

Fuego: purificación, limpieza.

Viento: poder.

Además es consolador, guía y defensor.

Actividad 3: El nacimiento de la Iglesia Primitiva

El alumno debe encontrar las siguientes palabras escondidas en la sopa de letras: discípulos, espíritu, iglesia, Jerusalén, Jesucristo, Judea, lenguas, naciones, oración, perdón, perseveraban, poder, promesa, ruego, samaria, santo, testigos, unánimes y viento.

Notas

LECCIÓN 19

EL AMOR DE DIOS Y LA IGLESIA

I. ASPECTOS GENERALES

Base bíblica: Hechos 2:42-47; 4:32-37.
Texto para memorizar: *Vosotros, pues, sois el cuerpo de Cristo, y miembros cada uno en particular* (1 Corintios 12:27).
Verdad bíblica central: los primeros cristianos se caracterizaban por la unidad, por tener todo en común, compartiendo sus posesiones para suplir las necesidades de los demás.
Objetivo de la lección: ayudar al alumno a comprender que un verdadero cristiano procurará el bienestar de su prójimo. Que somos parte del cuerpo de Cristo y por lo tanto tenemos una función que realizar.

II. PREPARACIÓN PARA EL MAESTRO

Después del Pentecostés, el apóstol Pedro fue transformado por el poder del Espíritu Santo y les habló con poder a los judíos ahí presentes, dándoles testimonio y exhortándolos al arrepentimiento de sus pecados (Hechos 2:38). Los que recibieron su palabra fueron bautizados, y aquel día se añadieron a la iglesia como tres mil personas.

Esta era una gran demostración del poder del Espíritu Santo. Los nuevos convertidos perseveraban en las enseñanzas de los apóstoles. Todos eran de un mismo sentir, se amaban fraternalmente y compartían entre sí lo que tenían (1 Pedro 3:8). El Espíritu Santo unió a la gente como una comunidad. Vivieron como si todo le perteneciera al Señor. Cuando había alguna necesidad, los cristianos vendían sus posesiones y entregaban el dinero a la iglesia para que fuera usado para suplir esa necesidad.

Hoy día nosotros, como cristianos, tenemos un deber con nuestro prójimo. Como parte del cuerpo de Cristo, debemos realizar una función. Cristo es la cabeza de la iglesia. Los creyentes podemos ser las manos de él para dar y ayudar al necesitado; los pies para ir a predicarles su Palabra o sus oídos para escuchar y consolar.

¿Alguien puede entender el mensaje de Cristo si tuviera hambre o sintiera frío? No. Pero si suplimos su necesidad, no solamente va a entender, sino que verá reflejado en nosotros el amor de Dios en esa acción.

III. DESARROLLO DE LA LECCIÓN

Introducción

Haciendo uso de la ilustración del cuerpo humano, pregunte a sus alumnos qué parte de este les gustaría ser y por qué. Explique que cada parte del cuerpo tiene una función específica (1 Corintios 12:11-18), y lo importante que es cada una para su buen funcionamiento; que solo no puede trabajar, necesita de la coordinación de todos los miembros.

Relate la siguiente historia:

La familia de Juan acababa de llegar al vecindario; él se sentía triste porque había dejado a sus amigos, su escuela y su hermosa casa. Además, desde que habían arribado a ese lugar, continuamente oía discutir a sus padres.

Su padre se había quedado sin empleo, por lo que la familia tenía necesidades. En la nueva escuela, Juan no podía concentrarse en las clases porque pensaba en los inconvenientes por los que atravesaban sus padres y se preguntaba por qué discutían tanto. "Cuando papá tenía un buen trabajo casi no discutían y se amaban. Además, yo trato de hacer lo posible por ayudar en la casa, pero todo sigue igual".

Cierto día, un compañero de la escuela llamado Miguel lo invitó a jugar después de clase. Juan rechazó la invitación, pero Miguel le insistió mucho; él iba a la iglesia y en la escuela dominical había aprendido que Dios nos ama y quiere que también nosotros nos amemos unos a otros. Y recordando lo que la maestra les había dicho que pensaran en la forma de mostrarle a otra persona el amor de Dios, Miguel oró y se acordó de Juan, que siempre estaba triste y solo, por lo que le propuso hacerse su amigo.

Juan le dijo que no podía jugar porque tenía que ayudar a su familia en las labores de la casa.."No te preocupes, yo colaboro contigo en eso y luego hacemos juntos la tarea de la escuela", le propuso Miguel.

Y mientras trabajaban, Miguel conoció sobre la situación de la familia de Juan, y al regresar a su casa les contó a sus padres lo que le sucedía a su amigo. "Me siento muy triste, casi no tienen nada. ¿Habrá algo que podamos hacer?".

—Sí, ¿recuerdas la historia del niño que compartió con Jesús su alimento de cinco panes y dos peces? —dijo el papá.

—Sí, lo recuerdo —asintió Miguel—. El niño lo entregó a Jesús y él lo bendijo. Muchos fueron alimentados porque Dios multiplicó el alimento.

—Qué tal si empezamos por ahí —respondió su papá.

—¡Qué buena idea —dijo la mamá—: prepararé una canasta de frutas y vegetales de nuestro huerto. Además, tengo comida ya hecha; ¿por qué no vas con tu papá a casa de Juan y le llevas todo?

¡Qué contento se puso Miguel! ¡Qué bien se siente compartir con los demás!

La familia de Juan se asombró del regalo y lo agradecieron. Y con la ayuda del papá de Miguel, el papá de Juan consiguió un nuevo empleo. También comenzaron a asistir a la iglesia. Allí, en la comunión con los demás creyentes, conocieron sobre el amor de Dios, pues lo vieron en la vida de los cristianos ahí presentes.

Actividad 1: El poder de la amistad

Haga las siguientes preguntas con respecto a esta historia. Que ellos las contesten en sus cuadernos:

1. *¿Por qué Juan estaba triste?* (Tuvo que dejar sus amistades y también su escuela porque sus padres discutían mucho).
2. *¿Por qué Miguel quiso ayudar a Juan?* (Porque es cristiano y había aprendido que Dios nos ama y debemos amarnos unos a otros.
3. *¿Cómo ayudó Miguel a Juan?* (Colaboró con él en las tareas, y al conocer la situación del hogar actuó inmediatamente solicitando ayuda de sus padres. Juntos, les llevaron alimentos y cuidaron de ellos).
4. *¿Cuál fue el resultado de esta acción?* (La familia de Juan conoció del amor de Dios y cómo él cuida a sus criaturas por el testimonio de la familia de Miguel).
5. *¿Cómo se relaciona esta historia con la vida de los primeros cristianos que se relata en Hechos 2:43-47?* (Los primeros cristianos repartían según la necesidad de cada uno; comían juntos con alegría y sencillez de corazón, y perseveraban cada día en el templo, alabando a Dios).

Antes de pasar a la historia bíblica, llame la atención a los alumnos a la portada de esta lección: Club de Amistad Cristiana. Dígales que piensen si les gustaría iniciar un grupo así, y que escriban las reglas que desearían para este grupo, que las anoten en el anuncio.

Desarrollo de la historia bíblica

Mejores amigos de Cristo .

Pida a los alumnos que sigan la lectura en sus cuadernos mientras usted lee la lección.

—Pedro, ¿puedes venir a mi casa hoy? —preguntó un nuevo convertido—. Mis amigos van a ir a almorzar conmigo; nos gustaría hablar contigo acerca de Jesús, tú sabes mucho de él y sus enseñanzas.

Después del primer sermón de Pedro, 3,000 nuevos cristianos necesitaban un lugar para crecer más fuertes en su fe. Y perseveraban en la doctrina de los apóstoles, en la comunión unos con otros, en el partimiento del pan y en las oraciones. Sobrevino temor a toda persona, y muchas señales eran hechas por los apóstoles.

Las personas se juntaban en el templo para adorar; pero algunos grupos pequeños se reunían en casas. A veces, la gente se encontraba en un lugar fuera del templo, llamado "El Pórtico de Salomón", para contarse los problemas unos a otros, y también con objeto de disfrutar de momentos agradables.

—¡Hola, José! —dijo Mateo—, ¿hay algo que pueda hacer por ti?Estoy bien, gracias —contestó José—, solo vine para darte algo; vendí una parte de mi propiedad y me gustaría darle el dinero a alguien que lo necesite.

—Muchas gracias, José —dijo el apóstol—, pienso que debemos llamarte Bernabé en lugar de José, porque Bernabé significa "Hijo de Consolación", y es un nombre exacto para un hombre tan generoso como tú.

José sonrió.

La multitud de los que habían creído era de un corazón y un alma. Ninguno decía ser suyo propio nada de lo que tenía, sino que tenían todas las cosas en común.

Entonces, José dijo: No soy el único que ha vendido su propiedad y ha ayudado a gente necesitada. Debemos amarnos y ayudarnos unos a otros, así como ordenó Jesús.

Aplicación para la vida

Haga las siguientes preguntas de la lección bíblica y dígales a los alumnos que piensen en lo que pueden hacer ellos para tener un mejor compañerismo con otros niños.

1. *¿Qué hizo posible que hubiera compañerismo entre la gente?* (El Espíritu Santo que estaba en ellos, y la fe que tenían en Cristo).
2. *¿De qué manera pueden tener un mejor compañerismo con sus amigos, familiares o compañeros de clase?* (Demostrarles amor, prestarles sus juguetes, compartir sus alimentos, etc.).
3. *¿Qué necesitan para tener amor y darlo a los demás?* (A Jesucristo en su corazón y pedirle al Espíritu Santo que los ayude a darlo a todos).
4. *¿Que más necesitan para tener un verdadero compañerismo cristiano?* (Una fe unida en Cristo y el deseo de que el Espíritu Santo dirija sus vidas).

IV. ANEXOS

Actividad 2: ¡Descubre el versículo bíblico!

Explique a los alumnos cómo desarrollar esta actividad, usando el código para descubrir el versículo bíblico.

Actividad 3: ¿Qué puedo hacer?

Entregue una hoja de papel periódico a cada alumno y pregúnteles qué pueden hacer con ella. Permita que usen su imaginación (por ejemplo, barcos de papel, sombrero, forro para un libro, de toalla, etc). Explique que así como tenemos la posibilidad de usar una hoja de periódico para diferentes usos, así Dios puede utilizarnos a nosotros. ¿En qué forma podemos ser útiles para Dios? (Testificando de él, ofrendando, ayudando al necesitado, visitando enfermos, etc.). Permita que hagan dibujos de elementos que podemos hacer y ser útiles para Dios. Elabore un mural con todos los dibujos.

Texto para memorizar

Divida la clase en dos grupos: niños y niñas. Que empiecen las niñas a decir la primera palabra y luego los niños la segunda, y así sucesivamente hasta que lo digan todo.

notas

LECCIÓN 20

OBEDECEMOS A DIOS

I. ASPECTOS GENERALES

Base bíblica: Hechos 4.
Texto para memorizar: *Vosotros, pues, sois el cuerpo de Cristo, y miembros cada uno en particular* (1 Corintios 12:27).
Verdad bíblica central: nadie puede detener el mensaje del evangelio.
Objetivo de la lección: ayudar al alumno a entender que aunque los primeros cristianos fueron perseguidos, ellos continuaron predicando el evangelio de Cristo y la iglesia continuó creciendo.

II. PREPARACIÓN PARA EL MAESTRO

En su primer sermón en el día de Pentecostés, Pedro acusó a los judíos de haber matado a Jesús, y declaró que este había resucitado (2:23-24). Milagrosamente, quizá por el resultado de la conversión de 3,000 personas, Pedro escapó de la persecución.

Pero cuando sanó a un hombre paralítico muy conocido; y cuando en su segundo sermón denunció a los judíos por el asesinato del Mesías y enseñaba al pueblo anunciándoles que en Jesús hay resurrección de entre los muertos, estos decidieron que era demasiado. Aproximadamente 5,000 varones escucharon la palabra y creyeron (4:4). Esto enojó a los saduceos y provocó la primera persecución. El resultado fue el encarcelamiento de Pedro y Juan (CBB).

Los saduceos era uno de los grupos religiosos más importantes en Israel en los tiempos de Jesús. Estos no creían ni en la resurrección ni en la vida eterna. Se preocupaban más por aparentar piedad, que en obedecer a Dios.

Cuando les preguntaron a Pedro y a Juan sobre este acto de sanidad, Pedro hizo la declaración más significativa que se encuentra en el libro de Hechos (4:12): La salvación por medio de Jesucristo. Los líderes religiosos se maravillaban de la libertad y autoridad con la que hablaban Pedro y Juan sin tener estudios teológicos.

Ellos no pudieron negar la autoridad y el poder del Espíritu Santo en la vida de los apóstoles, pues allí estaba presente el cojo que había sido sanado. Y luego de amenazarlos para que no volvieran a hablar de Jesús, soltaron a Pedro y a Juan. Pero los apóstoles rechazaron esta orden, diciendo: *Juzgad si es justo delante de Dios obedecer a vosotros antes que a Dios; porque no podemos dejar de decir lo que hemos visto y oído.*

Puestos en libertad, se reunieron con los hermanos de la iglesia y les contaron lo sucedido. Juntos oraron a Dios, pero no pidieron protección sino poder para ir a predicar. Cuando oraron, el lugar en el que estaban congregados tembló; y todos fueron llenos del Espíritu Santo y hablaban sin temor la palabra de Dios.

Cuando los creyentes oran, reciben respuesta de parte de Dios, aún ante la persecución que existe hacia aquellos que cumplen el mandato de Dios, la obra de salvación continuará dándose a conocer, porque esa es la voluntad de Dios. Por eso no debemos temer.

III. DESARROLLO DE LA LECCIÓN

Introducción

Pregunte a los alumnos si recuerdan que en la clase anterior hablaron de lo que podían hacer para ayudar a otros y cuál fue el resultado. Diga: *¿Cómo se sintieron al ayudar?* (Si alguno se desilusionó porque no le agradecieron lo que hizo, dígale que es más importante obedecer a Dios y cumplir su mandato, que recibir el reconocimiento de los hombres).

Eso ha sido lo que Pedro y Juan hicieron. Decidieron obedecer a Dios y el resultado fue que muchos recibieron el mensaje de salvación; aunque también hubo muchos que no quisieron aceptarlo. Pero para los apóstoles lo más importante fue obedecer a Dios y no a los hombres.

Actividad 1: Barras de la prisión

Que busquen en su cuaderno dónde aparecen unas barras de la prisión y hablen sobre las siguientes preguntas:

¿A quiénes encierran en una prisión? (A los que desobedecen las leyes). *¿Piensan que esas personas merecen estar allí? ¿Por qué sí? ¿Por qué no?* (La mayoría de los niños dirán que "sí" y explicarán que cuando la gente no obedece la ley, merecen ser encarcelados). *¿Creen que alguna vez se ha encarcelado a alguien por hacer algo bueno?* (Escuche sus opiniones).

Desarrollo de la historia bíblica

A los alumnos de esta edad les gusta escuchar historias de héroes de la vida real. Haga uso de láminas o dibujos para añadir interés a la clase. También puede decirles a dos adultos (con días de anticipación) que lo ayuden disfrazándose: uno de Pedro y otro de Juan, para que participen de la clase; y a niños voluntarios con el fin de que representen los otros personajes.

Narrador: Pedro y Juan caminaban hacia el templo.

Pedro: Oye, Juan, ¿qué hora es?

Juan: Casi las tres. Debemos ir al templo a orar.

Narrador: Pedro y Juan caminaron hacia el templo. Iban llegando cuando vieron a un hombre cojo sentado junto a la puerta que se llamaba "La Hermosa".

Juan: Amigo, ¿por qué estás sentado aquí?

Hombre cojo: No puedo caminar, así nací. No puedo trabajar para ganar dinero, por eso me siento aquí y les pido ayuda a los que vienen al templo. ¿Ustedes tienen dinero para darme?

Juan: Lo siento, pero no tengo nada de dinero, ¿y tú, Pedro?

Pedro: *No tengo plata ni oro, pero lo que tengo te doy: en el nombre de Jesucristo de Nazaret, levántate y anda.*

Narrador: (con entusiasmo): Entonces, lo tomó de la mano derecha y lo levantó. Al instante, se le afirmaron los pies y los tobillos; y saltando se puso de pie y caminó; y entró con ellos en el templo, andando, saltando y alabando a Dios. Toda la gente se llenó de asombro por lo que había sucedido.

Pedro: Israelitas, ¿por qué se admiran de esto? ¿Por qué ponen los ojos en nosotros, como si por nuestro poder o piedad hubiéramos hecho andar a este?

Narrador: Sin embargo, no todos estaban contentos de que se sanara el hombre cojo. Los gobernantes del templo se encontraban muy enojados.

Gobernante: ¿Qué hacen ustedes aquí? ¿Quién les dio permiso para enseñar? No nos gusta lo que dicen de Jesús. Todos sabemos que fue crucificado. ¡No queremos que anden difamando más cuentos acerca de que él resucitó! ¡O dejan de hablar, o los llevamos a la cárcel!

Narrador: Entonces, los soldados tomaron a Pedro y a Juan y los echaron en la cárcel. Pero muchos de los que habían oído la palabra, creyeron, y el número de los hombres era como 5,000.

Al día siguiente, los trajeron ante el Concilio. El hombre que fue sano estaba de pie ahí también. Los sacerdotes empezaron a hacerles preguntas a los apóstoles.

Gobernante: *¿Con qué potestad o en qué nombre habéis hecho vosotros esto?*

Pedro: *En el nombre de Jesucristo de Nazaret, a quien vosotros crucificasteis y a quien Dios resucitó de los muertos, por él este hombre está en vuestra presencia sano.*

Narrador: Entonces, viendo la valentía de Pedro y de Juan los admiraron, y les reconocían que habían estado con Jesús.

Gobernante: Señores, les damos su libertad con la condición de que se abstengan de predicar y enseñar acerca de Jesús. ¿Entienden lo que les decimos?

Pedro y Juan: *Juzgad si es justo delante de Dios obedecer a vosotros antes que a Dios, porque no podemos dejar de decir lo que hemos visto y oído.*

Narrador: Después de eso, los gobernantes del templo no podían pensar en nada que decir o hacer. No hallaban ningún modo de castigarlos, porque todos glorificaban a Dios por lo que se había hecho. Así, después de amenazarlos, los dejaron libres. Ellos corrieron a sus casas y les dijeron a todos los creyentes lo que les había pasado.

Aplicación para la vida

Tomando como ejemplo el cuerpo humano, pregunte a los alumnos qué hace el cuerpo cuando uno de sus miembros se lastima. Por ejemplo, si tocamos con una mano una plancha, ¿qué pasa? Inmediatamente, la cabeza recibe un estímulo y envía un mensaje al resto del cuerpo, indicándole que hay un área lastimada. Además, la parte afectada recibe otro estímulo, reaccionando rápidamente retira su mano de la plancha.

Los demás miembros reaccionan a este estímulo. La otra mano toca la parte adolorida; los ojos miran el área lastimada; los pies se mueven rápidamente alejándose del peligro, etc.

Así sucede con el cuerpo de Cristo. De manera que si un miembro padece, todos los miembros se duelen de él, y si un miembro recibe honra, todos los miembros también se gozan (1 Corintios 12:26).

Cuando persiguieron y encarcelaron a Pedro y a Juan, los demás cristianos oraron a Dios, intercediendo y pidiendo ayuda de parte de él para continuar la labor de predicar el evangelio.

IV ANEXOS

Actividad 2: Salón de la fama de cristianos perseguidos

En la historia de la Iglesia cristiana sabemos que muchos fueron perseguidos a causa de su fe. Oriente a sus alumnos a buscar los versículos bíblicos y escribir de qué manera resultaron acosados estos héroes de la Biblia.

Jesús (Juan 19:1-6). Fue azotado, le pusieron una corona de espinas, fue abofeteado y crucificado.

Esteban (Hechos 7:56-60). Lo echaron fuera de la ciudad y lo apedrearon.

Pablo (2 Corintios 11:23-27). Fue azotado, estuvo en muchas cárceles, apedreado.

¿De quién es este lugar? (2 Timoteo 3:12).

(Los que quieran vivir con Cristo Jesús en su corazón, padecerán persecución).

Actividad 3: ¿Cómo sobrevivir a la persecución?

Pregunte: *¿Qué harían si fueran perseguidos por creer en Cristo?* (Que expresen sus opiniones. Explique que esto les puede ocurrir alguna vez, pero que pueden prepararse para enfrentar esta situación. Este ejercicio los ayudará a hacerlo).

1. ¡No te sorprendas! Haz una lista de situaciones en las cuales puedes ser perseguido por lo que crees. (Pueden burlarse de ellos por no querer pecar, como mentir, robar o hacerle mal a alguien).
2. ¿Cuál fue el secreto de la valentía de Jesús, Pedro, Juan, Esteban y Pablo? (El Espíritu Santo les dio fuerza para seguir adelante y enfrentar la persecución, porque Dios estaba con ellos).
3. ¿Cómo el compañerismo cristiano nos puede ayudar en momentos de persecución? (Otros cristianos nos animarán a hacer lo correcto. Orarán y cuidarán de nosotros).
4. ¿Con qué puede protegerse un cristiano? Efesios 6:10-18 (usando la armadura de Dios).
5. ¿Por qué debemos sufrir persecución? Mateo 5:11-12. (Hay personas que dicen mentiras y no quieren escuchar el mensaje de Dios, pero sabemos que no estamos solos, recibiremos recompensa de parte de Dios).

Texto para memorizar

Pregunte si ya memorizaron el texto; si la mayoría ya lo sabe, que lo repitan en voz alta. Lo pueden hacer así: usted dice la primera palabra; las niñas, la que sigue, y los niños, la siguiente; y así hasta que hayan dicho todo el versículo. Pueden hacerlo varias veces, de esta manera lo aprenderán los que aún no lo saben.

Termine la clase orando con los alumnos, dándole gracias a Dios por el estudio de este día y pidiendo su ayuda para ser buenos cristianos.

notas

LECCIÓN 21

¡NADA DETIENE A LA IGLESIA!

I. ASPECTOS GENERALES

Base bíblica: Hechos 5:12-42.
Texto para memorizar: *Vosotros, pues, sois el cuerpo de Cristo y miembros cada uno en particular* (1 Corintios 12:27).
Verdad bíblica central: como cristianos, tenemos un deber: enseñar y predicar de Jesucristo. Aunque muchos se opongan y existan enemigos que traten de destruir a la iglesia, esta sigue adelante porque Dios está trabajando a través de ella.
Objetivo de la lección: ayudar al alumno a comprender que nada ni nadie puede detener la labor que Cristo dio a su iglesia; y conocerá el poder del Espíritu Santo en la vida de los creyentes.

II. PREPARACIÓN PARA EL MAESTRO

Repase el texto para memorizar y pregunte cómo lo relacionan a la vida de los creyentes. Toda función del cuerpo de Cristo se dirige a enseñar y predicar de Jesucristo, mostrándole al mundo el regalo de la salvación.

Dios constituyó a unos apóstoles, a otros profetas, a otros evangelistas y a otros pastores y maestros, a fin de perfeccionar a los santos para la obra del ministerio, para la edificación del cuerpo de Cristo (Efesios 4:11-12). Explique que los "santos" no son las estatuas que se ven en algunos templos, sino que es todo aquel que ha recibido a Cristo como su Señor y obedece sus mandatos. Somos una nación santa, pueblo adquirido por Dios para que anunciemos las virtudes de aquel que nos llamó de las tinieblas a su luz admirable (1 Pedro 2:9).

Aunque hallaron oposición, los apóstoles continuaron predicando el evangelio. Tal era su autoridad y poder que sanaban los enfermos y echaban fuera los demonios (Mateo 10:1). La iglesia crecía rápidamente. Los creyentes iban al templo, y los apóstoles continuaban predicando y haciendo maravillas. La gente les traía los enfermos y Dios los sanaba.

Celosos por las señales y prodigios que hacían los apóstoles en el nombre de Jesús, los miembros de la secta de los saduceos, nuevamente encarcelaron a Pedro y a Juan. Pero su plan no funcionó, pues esa noche un ángel del Señor los liberó de la cárcel, y les ordenó que, puestos de pie en el templo, anunciaran al pueblo todas las palabras de esta vida. A la mañana siguiente entraron al templo y enseñaban.

La comisión dada a los apóstoles requería valor. Pero llenos del Espíritu Santo, cumplieron con la orden conferida. Los miembros del sanedrín se pusieron furiosos y nuevamente amenazaron a los apóstoles. Otra vez Pedro y los apóstoles les recuerdan que "es necesario obedecer a Dios antes que a los hombres". Esto enfureció aún más a los líderes religiosos, y querían matarlos.

Pero Gamaliel, fariseo, doctor de la Ley y respetado por el pueblo, intercedió por los apóstoles y les pidió que se apartaran de estos hombres, recordándoles que, *si esta obra es de los hombres* se *desvanecerá, más si* es *de Dios, no la podéis destruir.*

III. DESARROLLO DE LA LECCIÓN

Introducción

Luego de ser perseguidos por los líderes religiosos de Israel, los apóstoles continuaron predicando el evangelio y cada día la iglesia seguía creciendo. La gente continuaba asistiendo al templo para adorar y aprender, los unos con los otros vendían lo que poseían; y traían el precio de lo vendido a los apóstoles para que se repartiese entre la gente, según la necesidad de cada uno.

—¿¡Has visto qué poder tienen los apóstoles!? —comentó un hombre.

—Sí, sanaron al hombre que estaba cojo. También reprendieron a Ananías y Safira por haber mentido a Dios, y por su pecado murieron —respondió otro hombre—. La gente viene aun de las ciudades vecinas de Jerusalén trayendo a los enfermos para buscar sanidad, pero Pedro nos enseñó que esto lo realiza el poder de Jesús, el Hijo de Dios, que si pedimos en su nombre, él hará maravillas.

Pedro y los apóstoles le enseñaban a la gente sobre el perdón de pecados, y que solo a través de Jesucristo nuestros pecados son perdonados (Lucas 19:10, Romanos 5:8).

Pregunte: *¿Qué es pecado?* Es desobedecer a Dios y no creer en él (Santiago 4:17). *¿Qué pecados hemos cometido?* (Robar, mentir, desobedecer). *¿Habrá alguno de nosotros que nunca haya pecado?* Todos nosotros hemos nacido con una naturaleza pecaminosa. La Biblia dice que, *por cuanto todos pecaron, están destitui-*

dos de la gloria de Dios (Romanos 3:23) y *no hay quien haga lo bueno* (Romanos 3:12).

Esto quiere decir que nada pecaminoso puede permanecer ante la presencia de Dios, pues él es santo. Pero resulta ser tan grande el amor del Señor para los pecadores, que nos dio algo de gran valor: A su Hijo Jesucristo (Juan 3:16-18). *No envió Dios a su Hijo al mundo para condenar al mundo, sino para que el mundo sea salvo por él.* Jesucristo, el Hijo de Dios no tiene pecado.

Es a través de Jesús que podemos acercarnos al Padre (Juan 14:6). Si nos arrepentimos de nuestros pecados, él nos perdonará (Romanos 10:9-10). El Espíritu Santo nos ayudará a vivir una vida santa y agradable ante Dios.

Este fue el mensaje de Pedro y los apóstoles. Pedro les dijo que se arrepintieran de sus pecados y creyeran en el Señor Jesucristo.

Lo último que Jesús les dijo a sus discípulos antes de subir al cielo fue: *Pero recibiréis poder cuando haya venido sobre vosotros el Espíritu Santo, y me seréis testigos en Jerusalén, en toda Judea, en Samaria y hasta lo último de la tierra* (Hechos 1:8).

Pedro, Juan y los demás apóstoles continuaron enseñando y proclamando el mensaje de Jesucristo. Aunque los persiguieron y los encarcelaron, ellos continuaron predicando. Y los que creían en el Señor aumentaban cada día más. Dios cuidó a sus siervos así como cuidará a cada uno de nosotros.

Desarrollo de la historia bíblica

¡No puedes detenerlos!

Lea a sus alumnos esta historia bíblica y pida que la vayan siguiendo en sus cuadernos:

—¡Por favor! ¡Háganse a un lado para poder escuchar lo que dice Pedro! —exclamó alguien entre la multitud.

La gente de alrededor de Jerusalén se juntó para escuchar lo que los apóstoles predicaban. Los que creían en el Señor aumentaban, gran número de hombres y mujeres venían a Jerusalén con enfermos y atormentados de espíritus impuros, y todos se sanaban.

Después de un tiempo, el sumo sacerdote y unos llamados los "saduceos", se pusieron muy celosos de los apóstoles.

—¿Ven a toda esa gente en el templo que escuchan a Pedro predicar sobre Jesús? ¡Esos seguidores son hombres ignorantes, nunca han estudiado los libros de la Ley como yo! —se quejó el sumo sacerdote.

—Pero nadie puede negar que algo les ha pasado a esos hombres —dijo uno de los saduceos—. ¿Han visto los milagros que hacen en el nombre de Jesús?

—Sí, ¡es increíble! —comentó otro del grupo—. Hablan con autoridad, y hemos visto cómo han sanado las personas en el nombre de Jesucristo.

—¡Parece que empiezas a creer! —gritó el sumo sacerdote—. No hay problema con lo bueno que han hecho estos hombres, ¡pero estoy furioso de que sigan hablando de que Jesús se levantó de la muerte! Si continúan con eso, van a convencer a todos de que Jesús sí es el Mesías.

Y *echaron mano a los apóstoles y los pusieron en la cárcel pública. Pero un ángel del Señor, abriendo de noche las puertas de la cárcel y sacándolos, dijo: Id, y puestos en pie en el templo, anunciad al pueblo todas las palabras de esta nueva vida.*

Al día siguiente, el sumo sacerdote llegó al templo, mandó a llamar a todos los de la corte judaica y les ordenó a los guardias:

—¡Traigan a los encarcelados para interrogarlos!

Cuando los guardias encontraron las celdas de la cárcel cerradas con toda seguridad y sin nadie dentro, se asustaron.

Pero uno que venía les dio esta noticia: *Los hombres que pusisteis en la cárcel están en el templo y enseñan al pueblo.*

El sumo sacerdote estaba furioso y pidió a gritó que los trajesen.

Y les dijo:

—¡Les hemos advertido que dejen de enseñar acerca de Jesús y no han obedecido a nuestras órdenes!

Respondiendo, ellos dijeron:

—Es necesario obedecer a Dios antes que a los hombres.

Los miembros de la corte estaban tan enojados que querían matar a los apóstoles. Pero Gamaliel, un líder muy querido del grupo, se puso de pie y dijo:.

Apartaos de estos hombres y dejadlos, porque si este consejo o esta obra es de los hombres, se desvanecerá; mas si es de Dios, no la podréis destruir; no seáis tal vez hallados luchando contra Dios.

Aplicación para la vida

Busque una caja y ponga cualquier objeto dentro de ella, para añadirle un poco de peso. Envuélvala con papel de regalo y un lazo bonito. Pida a un alumno que salga del salón para que no escuche lo que usted diga. Este será el "vendedor". Cuando ya se encuentre fuera, dígales a los demás alumnos lo que hay dentro de la caja; estos serán los compradores.

Pídale al vendedor que entre al salón, entréguele la caja y explíquele que venda el producto a los compradores (no puede decir lo que hay dentro). Los compradores le realizarán preguntas al vendedor para conocer sobre el producto, y este le responderá según lo que él piense que se encuentra en el interior. Después, permita que el vendedor abra la caja para mostrar el producto; él no lo podrá vender porque no lo conoce.

Luego de esta dinámica, explique que Dios quiere darnos el regalo de la salvación. Que es un regalo porque Cristo ya pagó el precio (Hebreos 9:22). Únicamente aquellos que conocieron a Dios se arrepintieron de sus pecados y recibieron a Cristo como su Salvador, han recibido este regalo y pueden hablarles a otros de Cristo. Pero el que no le conoce, será como el vendedor: ofrecerá algo que desconoce y, por lo tanto, no podrá vender su producto.

IV. ANEXOS

Actividad 1: Busca el camino

Figura del ángel y los profetas.

Pídales a sus alumnos que trabajen en los cuadernos. Deben buscar el camino que siguieron los apóstoles cuando el ángel los libró de la cárcel.

Actividad 2: Descubre el secreto

Que los niños descubran qué les dijo Gamaliel a los acusadores de Pedro que hizo que la iglesia se detuviera. Tiene que descifrar las siguientes palabras para descubrir el secreto.

"Apartaos de estos hombres y dejadlos, porque si este consejo o esta ***oarb*** (obra) es de los ***rmobhes*** (hombres), se desvanecerá; pero si es de Dios, no la podéis ***seurdtri*** (destruir); no seáis tal vez hallados ***nudlhaco*** (luchando) ***ronact*** (contra) Dios". Hechos 5:38- 39.

Actividad 3: ¿De dónde tomó Pedro el coraje?

Dé tiempo para que realicen esta actividad en sus cuadernos. Que lean las citas bíblicas y anoten lo que le dio a Pedro el valor para enfrentar a sus perseguidores.

Actividad 4: Necesito valor para...

Que los niños piensen en las veces en las que necesitarán valor para hacer algunas maniobras y que completen las siguientes oraciones:

Necesito valor para:

Hablarles a mis amigos de Cristo; amar al que me hizo algo malo; para no decir mentiras; ser obediente a mis padres y maestros, etc.

Puedo tener valor al saber que:

Dios está conmigo; que Cristo es mi Salvador; que sus ángeles me cuidan; que mis padres me aman, etc.

No olvide orar con sus alumnos al terminar esta lección, y pídales que no olviden lo que aprendieron. Que recuerden que no están solos; si durante la semana necesitan valor para hacer algo difícil, que no duden en que Dios los ayudará y les dará valor.

Texto para memorizar

Diga a los niños: *Según el texto para memorizar, ¿quiénes forman el cuerpo de Cristo?* Después que hayan contestado, que lo repitan dos o tres veces más para que no lo olviden. La próxima clase aprenderán uno nuevo.

Notas

NUESTRA MISIÓN, ALCANZAR A OTROS

VERDAD BÍBLICA: Dios utiliza a los cristianos para decirles a todas las personas que él los ama y desea perdonar sus pecados y que formen parte de su gran familia.

PROPÓSITOS DE LA UNIDAD:

- Que el alumno sepa que es importante obedecer a Dios.
- Reconocer que todos necesitamos conocer a Jesucristo como nuestro Salvador.
- Entender que nuestras acciones y actitudes dicen más de nuestra relación con Dios que nuestras palabras.

LECCIONES DE LA UNIDAD:

- » Lección 22- El deber de un cristiano.
- » Lección 23- Cambio de rumbo.
- » Lección 24- Dios no hace acepción de personas.
- » Lección 25- ¡Todos podemos testificar!

VERSÍCULO DE LA UNIDAD: *Entonces dijo a sus discípulos: A la verdad la mies es mucha, pero los obreros pocos. Rogad, pues, al Señor de la mies, que envíe obreros a su mies* (Mateo 9:37-38).

Es importante que al enseñar el versículo, los niños comprendan lo que significan algunas palabras. Jesucristo, además de predicar y sanar, también instruía. Utilizaba los recursos disponibles, como la naturaleza, para que la gente pudiera entender su mensaje.

La mies son los campos sembrados, la época de recoger la cosecha. El obrero es un trabajador. Jesús con ojos compasivos ve a la multitud como un gran campo de cosecha, listo para la siega. Pero él reconoce que hay mucho trabajo y son pocos los obreros que están dispuestos a realizarlo.

Sugerencias:

1. Para la lección 23 necesitará llevar flores a la clase, preferentemente una por alumno, aunque sean pequeñas; las necesitará para después de leer la historia bíblica.
2. Llevar un mapa con el recorrido de Pablo en sus viajes misioneros para el desarrollo de la lección 24. Así como un libro sin palabras; este se hace con hojas de color negro, rojo, blanco, amarillo y verde.

LECCIÓN 22

EL DEBER DE UN CRISTIANO

I. ASPECTOS GENERALES

Base bíblica: Hechos 13:1-12.
Texto para memorizar: *Entonces dijo a sus discípulos: A la verdad la mies es mucha, pero los obreros pocos. Rogad, pues, al Señor de la mies, que envíe obreros a su mies* (Mateo 9:37-38).
Verdad bíblica central: cuando llevamos el evangelio a las personas, es el Espíritu Santo quien nos dirige.
Objetivo de la lección: ayudar al alumno a que entienda que somos los instrumentos que Dios tiene para que predicando el evangelio podamos ganar a otros para Cristo.

II. PREPARACIÓN PARA EL MAESTRO

Con la muerte de Esteban se había desarrollado una gran persecución contra la iglesia que se hallaba en Jerusalén, siendo esparcidos por las tierras de Judea y de Samaria. Los apóstoles se quedaron en Jerusalén, mientras los que fueron esparcidos iban por todas partes anunciando el evangelio.

Cuando los apóstoles, que estaban en Jerusalén, oyeron que Samaria había recibido la palabra de Dios, enviaron a Pedro y a Juan, que vinieron y oraron para que ellos recibiesen al Espíritu Santo; entre los transformados estuvo Saulo de Tarso, un perseguidor de la iglesia cristiana que tuvo un encuentro con Dios, convirtiéndose luego en cristiano. Se cambió su nombre a Pablo, que significa "pequeño".

En el capítulo 13 se reúnen los hermanos para orar, ayunar y ministrar. Ahora, Dios, por medio del Espíritu Santo quiere separar a Bernabé y a Pablo para *la obra para la cual los he llamado.* Bernabé predicaba y supervisaba las congregaciones en Antioquía y Pablo le ayudaba. Así hace siempre el Señor, nos prepara y nos enseña para luego llamarnos. Bernabé y Pablo fueron obedientes al llamado de Dios y comienza el primer viaje misionero. Ellos oraron y ayunaron buscando la dirección del Señor.

De Antioquía descendieron a Seleucia y desde allí navegaron a la isla de Chipre, a la ciudad de Salamina, donde se unió Juan Marcos, sobrino de Bernabé, y fueron predicando en las sinagogas, donde los judíos se reunían para orar, leer y estudiar la palabra de Dios.

Luego de atravesar la isla de Chipre, llegaron a Pafos, donde el procónsul, un varón prudente llamado Sergio Paulo, llamó a Bernabé y a Pablo porque deseaba escuchar la palabra de Dios. Estando en Pafos, apareció la primera persona que trató impedir que se predicara el evangelio.. Este era Barjesús (Elimas en griego), un falso profeta judío que practicaba la magia. Sabemos que esta se halla prohibida por la palabra de Dios; y decir mentira es pecado (Mateo 5:19-21; Apocalipsis 21:7-8).

Este hombre acompañaba al procónsul, Sergio Paulo, gobernador de la ciudad romana de Pafos. Elimas procuraba que Pablo pareciera ser un mentiroso, porque el procónsul estaba convencido de que lo que predicaba Pablo era la verdad acerca de Dios, y si Sergio Paulo conocía la verdad, entonces el mago Elimas no podría engañarlo con mentiras (véase Juan 8:32). El procónsul se convirtió a Cristo.

Cuando hablamos a otros de Cristo suceden acontecimientos maravillosos y Dios siempre es vencedor. Debemos confiar siempre en él. Elimas, aunque era judío y conocía de Dios, no hacía la voluntad del Señor y se oponía a que predicaran. Todo aquel que hace eso puede recibir castigo si no se arrepiente. Él, en castigo a su actitud quedó ciego por un tiempo.

Quien no busca a Dios es espiritualmente ciego. Él quiere ser justo con nosotros; desea que vengamos arrepentidos ante su presencia, confesando nuestros pecados y hacernos sus hijos; eso es justicia de parte de Dios para nosotros. Elimas no quería que el procónsul creyera, y si no creía, Dios no le podía hacer justicia. Elimas se mostraba enemigo de la justicia.

De esta lección aprendemos que: 1) Dios llama a sus hijos para que hablen a otros de él, ya sea en la casa, la comunidad u otro país; 2) la Palabra será predicada y la gente aceptará a Jesús como Señor y Salvador, aunque haya oposición de parte de otros, y 3) aquellos que predicamos el mensaje de salvación nos protege el Espíritu Santo. Convirtámonos en imitadores de Jesús, al igual que Bernabé y Pablo.

III. DESARROLLO DE LA LECCIÓN

Introducción

Explique a sus alumnos que en la vida de un cristiano hay momentos difíciles en los que sentiremos que nos rechazarán por amar a Jesús. Pregunte: *¿Cómo se sentirían si saben que alguien los odia por el hecho de amar a Jesús? ¿Qué pueden hacer?* (Permita que expresen sus opiniones). Explique, además, que la Biblia nos habla de dos hombres, Bernabé y Pablo, que tuvieron que enfrentarse a esta situación. Escuchemos la entrevista a través de la historia bíblica y veamos qué sucedió:

Desarrollo de la historia bíblica

Asigne los personajes entre los alumnos. Pueden desarrollar la entrevista simulando un estudio (una mesa, cuatro sillas y dos micrófonos hechos con un tubo de cartón y una bola de papel).

Reportero 1: ¡Pablo y Bernabé: qué emocionado estoy por conocerlos! ¿Me pueden decir qué hacían antes de ser misioneros?

Pablo: Me da vergüenza admitirlo, pero yo me llamaba Saulo y me conocían por el odio que les tenía a los cristianos.

Reportero 2: ¿Eres el mismo Saulo que arrestaba y hería a los cristianos?

Pablo: Sí, soy...

Bernabé: ¡Claro que es! Fue muy difícil para los creyentes en Jerusalén imaginar que, verdaderamente, Pablo era un cristiano. Al principio pensaban que se trataba de un truco. Y yo, hasta que estuve seguro de que no era el mismo de antes, no lo llevé con los demás.

Reportero 1: ¿Cómo llegaron a ser misioneros?

Pablo: ¡Por mandato de Dios!

Reportero 2: ¿Qué quiere decir por "mandato de Dios"?

Pablo: Les voy a explicar: estábamos en Antioquía adorando con otros creyentes, cuando el Espíritu Santo dijo: *Apartadme a Bernabé y a Saulo para la obra a que los he llamado.*

Bernabé: Había muchos predicadores y maestros en Antioquía que pusieron sus manos sobre nosotros, oraron y nos enviaron.

Reportero 2: A ustedes se los llamó como "agentes especiales".

Pablo: Creo que puedes decir eso.

Bernabé: Pero eso no significa que seamos más importantes que otros creyentes, sino que Dios nos dio una asignación especial.

Reportero 1: He oído que a ustedes se los denomina "los primeros misioneros", ¿cómo supieron lo que tenían que hacer?

Pablo: En realidad, no sabíamos lo que íbamos a llevar a cabo. Confiamos y seguimos el mandato del Espíritu Santo.

Bernabé: Los judíos buscaban al Mesías. Cuando íbamos a una ciudad nueva, anunciábamos la palabra de Dios en sus sinagogas. ¡Le dijimos a la gente que Jesús, el Mesías, era el Salvador del mundo! Que solo él podía perdonarles sus pecados y restaurar sus vidas.

Reportero 2: ¿Cómo respondió la gente?

Pablo (a Bernabé): Bernabé, ¿les platicamos acerca de Elimas y Sergio Paulo?

Bernabé: Bueno.

Pablo: Viajamos por la isla de Chipre hasta que llegamos a Pafos. El gobernador romano Sergio Paulo vivía allí; era un hombre inteligente porque quería escuchar la palabra de Dios. Yo le dije que ya no era Saulo, sino Pablo.

Bernabé: Allí conocimos a Elimas, el mago y falso profeta. Era el hombre sabio del gobernador y no quería que él nos escuchara. No estaba de acuerdo con todo lo que dijimos.

Reportero 2: ¿Qué hicieron?

Bernabé: El Espíritu Santo le dio valor a Pablo. Miró directamente a Elimas y le dijo: *Lleno de todo engaño y de toda maldad, hijo del diablo, enemigo de toda justicia. ¿No cesarás de trastornar los caminos rectos del Señor? Ahora pues, la mano del Señor está contra ti, y quedarás ciego y no verás el sol por algún tiempo.*

Reportero 1: ¡Esa fue una tremenda reprensión! ¿Qué pasó?

Pablo: *Inmediatamente cayeron sobre él oscuridad y tinieblas; y andando alrededor, buscaba quién lo condujera de la mano.*

Reportero 2: ¡Increíble!

Bernabé: ¡Asombroso! No es muy sabio luchar contra el Espíritu Santo.

Pablo: Eso nos dio oportunidad de enseñar a Sergio Paulo acerca de Jesús.

Reportero 1: ¿Qué pensó el Gobernador de todo esto?

Bernabé: *Entonces, el Procónsul, al ver lo que había sucedido, creyó, admirado de la doctrina del Señor.*

Reportero 2: ¡Imagínense! ¡El gobernador romano llegó a ser un creyente!

Reportero 1: ¡Qué experiencia tan emocionante tuvieron en su primer viaje misionero! Estoy seguro de que tienen mucho más que nos pueden contar.

Pablo y Bernabé: Así es. Gracias por permitimos testificarles lo que Dios hizo en nuestro primer viaje misionero.

Aplicación para la vida

¿Qué clase de testigo eres?

Dígales a sus alumnos que tal vez nunca llegaremos a ser unos misioneros como Pablo o Bernabé, pero siempre seremos testigos. La gente nos observa cómo respondemos cuando tenemos oposición a nuestra fe. Que busquen en sus cuadernos la actividad número 1, que lean las respuestas y digan cuándo un cristiano puede responder de esa forma:

Enojo: *¿Reaccionas violentamente cuando alguien te ataca por lo que crees?*

Disculpas: *¿Aparentas en ese momento no ser cristiano?*

Silencio: *¿Con mucho valor les dices a los demás que amas a Jesús?*

IV. ANEXOS

Buscando el compañero

Escriba en un papel las siguientes palabras o frases. Cada alumno tendrá que buscar quién es su compañero. Cada término estará relacionado con el otro, por ejemplo: Saulo = Pablo. Cuando terminen la dinámica, pida que oren unos por otros para que Dios les dé el valor de ser verdaderos testigos de él.

Saulo Pablo – Bernabé Compañero de Pablo en el primer viaje misionero.

Sergio Paulo: deseaba escuchar la palabra de Dios y luego se hizo cristiano.

Elimas: mago que no quería que Pablo y Bernabé predicaran el evangelio.

Espíritu Santo: nos dirige y nos da valor para obedecer el mandato de Dios.

Texto para memorizar

Club versículo del mes

En esta lección aparece en el cuaderno del alumno un certificado del Club versículo del mes. Anime a los niños a pertenecer a este club, lo que tienen que hacer es aprenderse los textos bíblicos de este trimestre. Que pongan una estrella en su certificado cuando ya hayan memorizado el texto de cada mes. La última clase del trimestre, los que que hayan aprendido los tres textos, que le entreguen su certificado, y usted los puede colocar en el salón de clase, en un lugar visible.

Actividad 1: Obreros del Señor

Pídales a sus alumnos que desarrollen esta actividad en los cuadernos de trabajo. Se trata de colocar las vocales en los espacios en blanco y completar el texto bíblico de Mateo 9:37-38.

"A la verdad la mies es mucha, pero los obreros pocos. Rogad, pues, al Señor de la mies, que envíe obreros a su mies".

Actividad 2: ¡Grandes misioneros!

Que el alumno trace el camino de Bernabé y Pablo en su primer viaje misionero (Hechos 13:1-6) en sus cuadernos de trabajo.

Notas

LECCIÓN 23

CAMBIO DE RUMBO

I. ASPECTOS GENERALES

Base bíblica: Hechos 16:6-15.
Texto para memorizar: *Entonces dijo a sus discípulos: A la verdad la mies es mucha, pero los obreros pocos. Rogad, pues, al Señor de la mies, que envíe obreros a su mies* (Mateo 9:37-38).
Verdad bíblica central: Dios nos guía de diferentes formas y hará saber su voluntad a los que le obedecen.
Objetivo de la lección: ayudar al alumno a comprender la importancia de obedecer el mandato de Dios y a conocer que somos instrumentos en sus manos.

II. PREPARACIÓN PARA EL MAESTRO

Pregunte: *¿Han recibido alguna vez una orden que se les haya hecho extraña?* (Dé tiempo para que contesten). Continúe: *Tal vez no entiendan por qué recibieron esa orden, pero si fue Dios el que la dio, es importante que lo obedezcamos.*

Esto fue lo que le pasó a Pablo, él no entendía por qué el Espíritu Santo le prohibió hablar la Palabra en Asia, él deseaba ir para continuar predicando. Al salir de Galacia fueron a Misia y quisieron visitar Bitinia, y nuevamente el Espíritu Santo les prohibió hablar.

Continuó su viaje hasta Troas. Una vez allí, tuvo una visión durante la noche: un varón macedonio estaba de pie, rogándole y diciéndole: *Pasa a Macedonia y ayúdanos.* Macedonia se encontraba en Europa. Ahora Pablo entendía por qué el Espíritu Santo no le había permitido hablar en Asia, Dios lo necesitaba con urgencia en dicha ciudad.

En Filipos (la primera ciudad de la provincia de Macedonia) no había sinagogas. La gente se reunía en la orilla del río (Hechos 16:13). Para establecer una sinagoga, según la ley rabínica, tenía que haber por lo menos diez hombres, y el v. 13 menciona solamente mujeres. Pablo y sus amigos les hablaron a las mujeres que habían creído en Dios, ellas no tenían quienes les predicaran para ser salvas.

Había, entre estas, una mujer que se llamaba Lidia. Ella vendía telas pintadas de color púrpura cuyo teñido se obtenía de un molusco. En el mundo antiguo, la tela pintada con ese color era de un valor muy alto. Dice la Biblia que Lidia adoraba a Dios. Ella recibió al Señor como su Salvador y se bautizó. Al ser cristiana, le rogó a Pablo y a su acompañante que se quedaran en su casa mientras estuvieran en Filipos.

¿Qué podemos aprender de la dirección del Espíritu Santo en la vida de Pablo? Él era un hombre que procuraba obedecer y agradar a Dios. A través de la oración y el estudio de la palabra de Dios podemos conocer la voluntad del Señor para nuestras vidas y así obedecerle. Es hermoso conocer cómo Dios cuida de nosotros cuando le obedecemos.

III. DESARROLLO DE LA LECCIÓN

Introducción

¿Qué pensarías si Dios te ordenara construir un arca (especie de barco) de madera donde entrarías solamente tú, tu familia y una pareja de cada especie de animal? (Génesis 6). *¿O si tuvieras una visión en la que Dios te indica que mates y comas animales que eran inmundos?* (Hechos 11). Estos hombres de Dios recibieron un mandato de parte de él, el cual obedecieron aunque no comprendieron el propósito. El resultado de su obediencia fue la predicación del evangelio y la salvación de muchas personas.

Noé y Pedro resultaron ser instrumentos en las manos de Dios, *¿conoces a alguien que haya sido un instrumento en las manos del Señor? ¿Puedes ser tú un instrumento de Dios?* (Sí) *¿Qué debes hacer?* (Solamente obedecer a Dios).

Era sábado por la tarde, María y sus amigas habían planeado ir de compras a las tiendas y divertirse. ¡Cuánto había esperado ella que llegara este día! Deseaba entretenerse con sus amigas, pero su mamá le pidió que fuera a la casa de su abuela para llevarle comida.

—Pero ¡mamá!, ¿cómo quieres que vaya a casa de la abuela? ¡Deseo ir con mis amigas a divertirme!

—Necesito que vayas —respondió la mamá de María—. Tal vez puedas ser de ayuda a tu abuela.

María pensó: iré a la casa de la abuela más temprano de lo que mamá está acostumbrada . Así me dará tiempo de hacerlo y luego podré reunirme con mis amigas. Amo a mi mamá y en la Biblia aprendí que debemos obedecer a nuestros padres igual que tenemos que obedecer a Dios.

Al llegar a casa de su abuela, no bien abrió la puerta, María habló, pero nadie respondió en aquella casa. Recién una vez que se le ocurrió recorrer habitación por habitación, encontró a su abuela tirada en el suelo. Se había enfermado y por ese motivo se desmayó.

Con la rápida ayuda de María, la anciana se recuperó enseguida.

Pregunte: *¿Cómo piensas que se sintió María cuando su mamá le pidió que fuera a casa de la abuela?* (Con coraje). *¿Cuál era el deseo de María?* (Ir a divertirse con sus amigas). *¿Por qué decidió María obedecer a su mamá?* (Porque la amaba y había aprendido que debemos obedecer a Dios y a nuestros padres. *¿Cuál fue el resultado de su obediencia?* (Pudo salvar la vida de su abuela). *¿Cómo crees que se sintió María luego de ver lo que había ocurrido?* (Feliz por conocer el resultado de su obediencia).

Desarrollo de la historia bíblica

Narre a sus alumnos la historia bíblica. Algunas palabras son difíciles de pronunciar. Ayúdelos a aprender a decir cada uno de los nombres en la clave de pronunciación. Enumere los nombres varias veces; luego, pídales a los niños que busquen en la historia hasta que hallen el nombre, que dibujen un círculo alrededor de la palabra y luego repitan su pronunciación. Hagan esto con cada nombre para ayudarlos a sentirse seguros de que pueden leer la historia. Deje que algunos voluntarios lean en voz alta, o también usted puede leérselas.

Clave de pronunciación:

Bitinia, Macedonia, Misia, Troas, Filipos, Silas.

—Deseo saber por qué el Espíritu Santo no nos permite predicar en Asia —dijo Pablo.

—Quizá debemos ir a Bitinia —contestó uno de sus compañeros.

Eso les pareció bien a todos y empezaron el camino rumbo a dicha ciudad. *Intentaron ir a Bitinia, pero el Espíritu no se los permitió. Entonces, pasando junto a Misia, descendieron a Troas.*

—Me estoy cansando —le dijo Pablo a Silas—, descansemos al llegar a Troas.

—Yo estaré listo para descansar también —Silas estuvo de acuerdo.

Cuando llegaron a Troas, Silas, Timoteo y Lucas se acostaron a dormir.

Esa noche, Pablo tuvo una visión: un varón macedonio se hallaba de pie, rogándole y diciendo: *Pasa a Macedonia y ayúdanos.*

—¡Silas! ¡Lucas! ¡Despierten! —vociferó Pablo—. Ya sé dónde quiere Dios que vayamos.

Mientras los otros se despertaban, Pablo explicó su visión: *Dios quiere que vayamos a Macedonia.*

—¿Macedonia? ¡Pero está muy lejos! —dijo alguien.

—¡Sí, a Macedonia! En mi visión yo vi a un hombre de allí. El hombre dijo: *Pasa a Macedonia y ayúdanos* —aclaró Pablo.

Pablo y sus amigos empacaron y se fueron enseguida. Bajaron al puerto e hicieron arreglos para navegar en un barco. Cuando llegaron a Macedonia, los misioneros siguieron hacia Filipos.

—¿Por qué venimos a Filipos? —desearon saber algunos de los misioneros. Era la ciudad principal en esa parte de Macedonia. Pero allí no había ninguna sinagoga.

—¿Por qué nos trajo aquí el Espíritu Santo? ¿Cómo vamos a hallar gente para poder hablarles de Jesús, si no hay una sinagoga? ¡Siempre empezamos en la sinagoga!

Pablo hizo una sugerencia: *¿Por qué no vamos fuera de la ciudad? Tal vez hallemos a otros orando a orillas del río.*

Los misioneros no tuvieron que esperar mucho. Rápidamente, hallaron un grupo de mujeres fieles que se reunían allí todos los sábados a orar y animarse unas a otras.

Ya a orillas del río, Pablo, Silas, Timoteo y Lucas se sentaron y empezaron a hablarles a las mujeres. acerca de Jesús. Una de las que se encontraban presentes ese día se llamaba Lidia y tenía su propio negocio: vendía telas finas de color púrpura. El Señor le abrió el corazón para que estuviera atenta a lo que Pablo decía.

—Yo creo. ¡Quiero ser cristiana! —dijo Lidia.

Ella no estuvo satisfecha de ser la única creyente de su casa. Quería que todos escucharan acerca de Jesús también, y Pablo y los otros gozosos les hablaron de Jesús.

Pablo bautizó a Lidia y a todos los que trabajaban con ella en su casa. Lidia quedó muy contenta porque estos misioneros habían llegado a Macedonia y entonces los invitó a su hogar. Allí, les dijo: *Si habéis juzgado que yo sea fiel al Señor, hospedaos en mi casa.*

Aplicación para la vida

Muestre a sus alumnos una flor, si le es posible, una para cada uno. Explique que las flores tienen polen, que se trata de semillas, las cuales por el poder del viento se desplazan y viajan a través del aire. Y si estas semillas caen en terreno fértil, se reproducen. Así es también con el poder del Espíritu Santo, Dios nos lleva a diferentes lugares para que prediquemos. Si la Palabra cae en un corazón que la recibe, dará fruto.

IV. ANEXOS

En el cuaderno del alumno, en la portada de esta lección aparece una ruta que siguió Jaime a un lago; desafíelos a ver quién es el primero en llegar a la meta.

Texto para memorizar

Recuérdeles a sus alumnos que deben aprenderse el texto para memorizar, para que al final del mes pongan una estrella en su certificado.

Actividad 1: A quién dijo Dios

Dígales a sus alumnos que unan los personajes bíblicos con la orden que recibieron de Dios:

A. *Y siete sacerdotes llevarán siete bocinas de cuernos de carnero adelante, y al séptimo día daréis siete vueltas a la ciudad, y el muro de la ciudad caerá* (Josué) (Josué 6:4-5).

B. *Levántate, mata y come... lo que Dios limpió no lo llames tu inmundo* (Pedro) (Hechos 11:4-15).

C. *... Hazte un arca de madera de gofer... y entrarás en el arca tú, tus hijos, tu mujer... y de todo lo que vive, de toda carne, dos de cada especie meterás en el arca* (Noé) (Génesis 6:13-22).

D. *Y alza tu vara y extiende tu mano sobre el mar y divídelo y entren los hijos de Israel por en medio del mar, en seco* (Moisés) (Éxodo 14:16).

E. *Pasa a Macedonia y ayúdanos* (Pablo) (Hechos 16:6-10).

Actividad 2: Tache lo que no corresponde

En esta actividad, como lo indica el título, los niños tienen que tachar las palabras que no deben formar parte de las siguientes oraciones:

1. Les fue permitido - prohibido por el Espíritu Santo hablar la Palabra en Asia.
2. Un varón de Macedonia estaba de pie rogándole que pase a Macedonia y no nos ayude - no nos ayude.
3. Cuando vio la visión, enseguida procuramos partir a Macedonia, dando por cierto - falso que Dios nos llamaba - callaba para que anunciemos el evangelio.

Actividad 3: ¿Le agrada a Dios?

Aquí tienen que escribir SÍ o NO para indicar lo que hacen con objeto de agradar a Dios.

a. ______ Digo mentiras.
b. ______ Obedezco a mis padres.
c. ______ Leo la Biblia.
d. ______ Tomo lo que no me pertenece.
e. ______ Ayudo al necesitado.
f. ______ Le hablo a otros de Cristo.
g. ______ Me burlo de los ancianos.
h. ______ Oro a Dios todos los días.
i. ______ Obedezco las leyes.
j. ______ Destruyo la propiedad ajena.

Notas

LECCIÓN 24

DIOS NO HACE ACEPCIÓN DE PERSONAS

I. ASPECTOS GENERALES

Base bíblica: Hechos 17:13-34.
Texto para memorizar: *Entonces dijo a sus discípulos: A la verdad la mies es mucha, pero los obreros pocos. Rogad, pues, al Señor de la mies, que envíe obreros a su mies* (Mateo 9:37-38).
Verdad bíblica central: Dios no hace acepción de personas. La salvación está disponible para los que le buscan y también para aquellos que no le conocen, sin importar cuál sea la razón; para eso Dios nos envía a predicarles.
Objetivo de la lección: ayudar al alumno a comprender que no se puede juzgar la relación de una persona con Dios solo por su apariencia o religiosidad. Así como a entender que todos tenemos necesidad de conocer a Dios y aceptarlo como nuestro Salvador.

II. PREPARACIÓN PARA EL MAESTRO

¿Quién conoce mejor un país: la persona que únicamente ha leído o visto fotografías de este; o la persona que lo ha visitado personalmente, ha aprendido las costumbres, saboreado la comida y ha caminado por sus calles? La verdad, el que ha tenido una experiencia personal, conoce mejor que aquel que solo ha escuchado y se imagina cómo es tal país.

Así resulta ser nuestra relación con Dios. No es lo mismo saber acerca de Dios, que conocer a Dios. El conocerlo conlleva una experiencia personal con él.

Pablo, en su segundo viaje misionero, llegó a Berea. Los que allí vivían recibieron su predicación con buena disposición, escudriñando cada día las Escrituras, para ver si lo que decía era cierto.

El resultado de este examen honesto de las Escrituras día tras día, fue que se dieron cuenta de que lo que decía Pablo resultaba ser verídico. Muchos judíos y gentiles aceptaron a Cristo.

Nuevamente surge la persecución, tratando de obstaculizar la obra de Dios. Pero esta causaba que Pablo fuera de un lugar a otro, predicando el mensaje de salvación, y muchos llegaron a creer. Al llegar a Atenas, Pablo se encontró con una ciudad idólatra. Es interesante notar cómo Dios capacita a sus siervos. Pablo se adaptaba a las condiciones de cada ciudad en la que ministraba.

Como el método favorito de enseñanza en Atenas era la "discusión libre", allí Pablo adoptó esa técnica; tuvo un doble ministerio en esa ciudad. El primero con los judíos, principalmente en las sinagogas. Y el segundo entre los gentiles, en la plaza. Pablo podía tomar la Palabra revelada por Dios y la sabiduría de los filósofos griegos y establecer así una relación con judíos gentiles.

Algunos días después de llegar Pablo a Atenas y de haber visto a cuáles dioses adoraban, se dio cuenta de que no conocían a Jehová Dios y a su Hijo Jesucristo. Comenzó a hablarles de ese "Dios no conocido". Su predicación llamó tanto la atención que lo invitaron al Areópago, donde se reunían los oradores famosos y filósofos a discutir de sus creencias. Ahora, Pablo estaba en el lugar más prominente de Atenas para predicar al Dios verdadero. El resultado fue que, aunque algunos se burlaron, otros escucharon el mensaje de salvación y creyeron, porque Dios no hace acepción de personas.

III. DESARROLLO DE LA LECCIÓN

Introducción

Señale en un mapa el recorrido que hizo Pablo a través de sus viajes misioneros (Hechos 13-17). Comente sobre el resultado de estos. Aunque dondequiera que iba hallaba oposición para que se predicara la Palabra, aun así él pudo predicar y muchos escucharon el mensaje de salvación, arrepintiéndose de sus pecados y recibiendo a Jesucristo como su Señor y Salvador.

Puede escribir en un papel el nombre de cada lugar visitado, pegarlo al mapa o escribirlo en una pizarra y destacar algún hecho importante ocurrido allí. Por ejemplo: Berea: La gente escudriñaba las Escrituras. Y así podrá repasar las lecciones anteriores y narrar la presente lección.

Pregunte: *¿Qué debemos saber para hablarles a otros de Cristo?*

1. Reconocer a Cristo como nuestro Señor y Salvador.
2. Conocer su Palabra, la Biblia.
3. Conocer a la gente que nos rodea.
4. Desarrollar la habilidad para enseñar.

Jesucristo conocía a Dios-Padre (Juan 14:24). Conocía las Escrituras (Lucas 2:46-47). Conocía la gente (Juan 2:24-25) y los métodos para enseñar, pues usó lo que tenía a su alcance (parábolas, preguntas, naturaleza, etc.). Pablo, al igual que Jesucristo, conocía lo mismo.

Desarrollo de la historia bíblica

—Pablo, ¿estás seguro de que vas a estar bien aquí solo en Atenas? —preguntó uno de los hombres que lo acompañaban en Berea.

—Voy a estar bien, gracias —Pablo lo tranquilizó—. Además, Silas y Timoteo ya vienen para acá, pronto estarán conmigo.

Los hombres se fueron, lo dejaron solo. Pronto, se puso a observar las calles de Atenas, veía los bellos edificios. Y mientras observaba a su alrededor, *su espíritu* se *enardecía viendo la ciudad entregada a la idolatría.* Todos los días iba a la sinagoga y al mercado para hablarles allí a los judíos y a los griegos.

En Atenas, la gente se enorgullecía de sus habilidades y conocimientos. Quienes fueron bien educados, disfrutaban de ir a los lugares públicos y tener conversaciones con personas bien preparadas.

Pablo había tenido la mejor educación; empezó a enseñar sobre Jesús y su resurrección. Personas de diferentes grupos se congregaron a escuchar. Unos decían, *¿qué querrá decir este palabrero?*, y otros, *parece que* es *predicador de nuevos dioses.*

Pronto, las palabras de Pablo causaron mucha curiosidad entre la gente, le dijeron: *Queremos que vengas con nosotros a una junta con nuestros jefes religiosos, los más preparados. Nos reuniremos en uno de nuestros templos.*

En esa reunión llamada "la reunión del Aerópago", le preguntaron a Pablo: *¿podremos saber qué es esta nueva enseñanza de que hablas? Pues traes a nuestros oídos cosas extrañas. Queremos, pues, saber qué quiere decir esto.*

Pablo se puso de pie y dijo: *Atenienses, en todo observo que sois muy religiosos. Mientras paso y miro alrededor, puedo ver a todos los dioses a quienes ustedes adoran. Puedo ver sus estatuas de oro y plata. Aún encontré un altar con las palabras AL DIOS NO CONOCIDO. Al que vosotros adoráis, pues, sin conocerlo, es a quien yo os anuncio. Aunque ustedes son religiosos y adoran a diferentes dioses, ustedes no conocen a Dios. El Dios que hizo el mundo y todas las cosas que en él hay, siendo Señor del cielo y de la tierra.*

Luego les dijo que Dios no necesita templos en donde pueda vivir. Que Dios no requiere de nada que esté hecho por manos humanas. *Él es quien da a todos vida y aliento y todas las cosas. De una sangre ha hecho todo el linaje de los hombres para que habiten sobre toda la faz de la tierra; y les ha prefijado el orden de los tiempos y los límites de su habitación, para que busquen a Dios... aunque ciertamente no está lejos de cada uno de nosotros.*

—Si somos hijos de Dios —dijo Pablo—, no podemos pensar que él esté hecho de oro, plata o piedras preciosas. *Pero Dios, habiendo pasado por alto los tiempos de esta ignorancia, ahora manda a todos los hombres en todo lugar, que se arrepientan.*

Luego, contó las buenas noticias: que Dios mandó a Jesús a la tierra para enseñarnos su voluntad. *Después de que los hombres crucificaron a Jesús, Dios lo levantó de la muerte,* Pablo insistió. Esto prueba y confirma que Jesús es el Hijo de Dios.

Luego de que Pablo predicó acerca de la resurrección de Jesús, algunos se burlaron de sus palabras. Otros dijeron, *ya te oiremos acerca de esto otra vez.* Unos pocos creyeron y se hicieron seguidores de Jesús.

Aplicación para la vida

Prepare un libro sin palabras con hojas de color negro, rojo, blanco, amarillo y verde. Doble cada hoja por la mitad y colóquelas en el siguiente orden: amarillo, negro, rojo, blanco y verde. Pegue la mitad amarilla con la mitad negra, la mitad negra con la mitad roja, la mitad roja con la mitad blanca y la mitad blanca con la mitad verde. Así tendrá formado un libro sin palabras. Explique a los alumnos el mensaje de lo que representa cada color:

Amarillo: el amor y la santidad de Dios (Apocalipsis 21:18-21; Juan 14:1-3).

Negro: el pecado (Romanos 3:23; Romanos 6:23, Juan 8:21).

Rojo: el camino de salvación (1 Juan 1:7; 1 Corintios 15:3-4).

Blanco: la necesidad de Jesucristo como nuestro Salvador (Salmos 51:7; Juan 1:12; 1 Juan 1:9).

Verde: la nueva vida en Cristo; el crecimiento espiritual (2 Pedro 3:18; 2 Timoteo 2:15).

Texto para memorizar

Dígales a sus alumnos que es muy importante que se aprendan los textos bíblicos. Pida a uno o dos voluntarios que reciten de memoria el versículo de la lección.

IV. ANEXOS

Actividad 1: ¿Quién de estas personas necesita conocer a Jesús?

Que los alumnos estudien las fotos en sus cuadernos. Pregúnteles quiénes de estas personas necesitan conocer a Jesús:

Beatriz (la buena). Isabel (la inteligente). Ramón (el religioso). Marcos (el miembro de la iglesia) y Elena (la trabajadora).

Actividad 2: ¡Sí, Pablo, te oímos!

Que busquen en sus Biblias, en Hechos 17:32-34, las tres diferentes reacciones que tuvieron las personas al escuchar el sermón de Pablo en Atenas. Que localicen esta actividad en sus cuadernos y llenen los espacios en blanco, debajo de cada una de las personas ahí dibujadas.

Actividad 3: Elimine las X

En esta actividad, el alumno tendrá que tachar todas las letras X para descubrir lo que Pablo le anunció a la gente en Atenas.

No olvide al terminar la clase, de orar para darle gracias a Dios por haberles permitido a todos estar presentes. Y también para pedirle al Señor su cuidado diario.

Notas

LECCIÓN 25

¡TODOS PODEMOS TESTIFICAR!

I. ASPECTOS GENERALES

Base bíblica: 1 Timoteo 1:4.
Texto para memorizar: *Entonces dijo a sus discípulos: A la verdad la mies es mucha, pero los obreros pocos. Rogad, pues, al Señor de la mies, que envíe obreros a su mies* (Mateo 9:37-38).
Verdad bíblica central: como parte del cuerpo de Cristo tenemos una función por realizar. Para el mundo somos portadores de las buenas nuevas de salvación. Y para Dios somos los instrumentos que él usa.
Objetivo de la lección: ayudar al alumno a comprender que tenemos el deber de testificar a otros acerca de Cristo, sabiendo que él nos ayudará. Y esto lo podemos hacer viviendo una vida santa y agradable a Dios.

II. PREPARACIÓN PARA EL MAESTRO

Como Pablo era perseguido, tenía que salir constantemente de cada lugar; él fue el fundador de la iglesia en Éfeso. Allí se levantó un grupo de personas que lo obligaron a irse. Además, tuvo una visión en la que se le pedía ir a Macedonia. Fue por estas razones que dejó a Timoteo en Éfeso.

No se sabe en qué época le escribió la carta a Timoteo, pero se cree que lo hizo desde Macedonia. En esta carta, Pablo le da varios consejos a Timoteo. Comienza explicándole por qué le pidió que se quedara en Éfeso. Pablo se había dado cuenta de que algunos creían en doctrinas contrarias al cristianismo. No reconocían a Jesús como el Hijo de Dios ni como Salvador. Esta gente traía doctrinas falsas que desviaban a muchos de la verdad; pero sabemos que el evangelio da a conocer la verdad (Juan 8:32). Es por eso que Pablo deja a Timoteo para que la gente en Éfeso conociera la verdad.

Al testificar a otros de Jesús y de su salvación les estamos mostrando amor. Cuando la fe es sincera (no fingida), el espíritu de amor prevalece en la iglesia de Dios.

Pablo exhorta a la iglesia a orar (Hechos 2). Que se hagan rogativas, oraciones, peticiones, acciones de gracia por todos los hombres (aún los que están en puestos de liderazgo), para que sean salvos y lleguen al conocimiento de la verdad.

Luego, Pablo aconseja al joven pastor Timoteo emplear el tiempo y las energías en la tarea de ejercitarse espiritualmente. Le recomienda que no permita que nadie lo menosprecie por ser joven, sino que se comporte de manera que gane el amor, el respeto y la confianza del pueblo. ¿Cómo lograr esto? Siendo ejemplo de los creyentes en palabra, conducta, amor, espíritu, fe y pureza.

Por medio de una conducta reverente y de semejanza a Cristo tenía la posibilidad de servir con efectividad, de tal manera que podía imponerse a las faltas u obstáculos en su ministerio.

Finalmente, Pablo le aconseja que se ocupe en la lectura, la exhortación y la enseñanza, sin descuidar el don recibido de parte de Dios. La exhortación es la proclamación de la palabra de Dios, como la predicación. La enseñanza sugiere la instrucción en la verdad cristiana (CBB).

III. DESARROLLO DE LA LECCIÓN

Introducción

Explique que la historia de hoy está en forma de una carta. Esta carta se la escribió Pablo a Timoteo, que era un joven pastor en Éfeso.

Desarrollo de la historia bíblica

Una carta de Pablo

—¡Por fin! Una palabra de mi estimado amigo y maestro! —pensó Timoteo cuando recibió la carta de Pablo.

Mientras la veía, recordó la primera vez que oyó predicar a Pablo. Él y Bernabé habían venido a Listra, el lugar donde nació.

Al principio, los ciudadanos de Listra trataron a Pablo y a Bernabé muy bien. Pero después se enojaron por el mensaje de Pablo. Lo apedrearon y lo dejaron por muerto. Pero fue a través de su predicación que su madre y su abuela llegaron a ser cristianas.

Timoteo se puso muy contento cuando Pablo regresó a Listra por segunda vez. Y se sintió aún más feliz cuando lo escogió a él para ser su asistente durante el resto de su viaje.

Pablo y Timoteo fueron los primeros cristianos en ir a Europa. Juntos comenzaron iglesias en Filipos, Tesalónica y Berea. Los recuerdos inundaron la mente de Timoteo.

Pensó en cuánto habían trabajado en la iglesia de Éfeso. Ahora estaba haciendo lo que Pablo le había asignado. Era el pastor principal de esa iglesia. Aunque últimamente había pensado en salir de allí porque algunos falsos maestros estaban creando muchos problemas.

—Quizá Pablo tenga algo por decirme que me ayudará —pensó Timoteo cuando empezó a leer.

A Timoteo, verdadero hijo en la fe: Gracia, misericordia y paz, de Dios nuestro Padre y de Cristo Jesús, nuestro Señor.

Como te rogué que te quedaras en Éfeso cuando fui a Macedonia, para que mandaras a algunos que no enseñen diferente doctrina... El propósito de este mandamiento es el amor nacido de corazón limpio, de buena conciencia y fe no fingida. Algunos, desviándose de esto, se perdieron en vana palabrería.

Doy gracias al que me fortaleció, a Cristo Jesús, nuestro Señor, porque, teniéndome por fiel, me puso en el ministerio, habiendo yo sido antes blasfemo, perseguidor e *injuriador; pero fui recibido a misericordia porque lo hice por ignorancia, en incredulidad. Y la gracia de nuestro Señor fue más abundante con la fe y el amor que es en Cristo Jesús.*

Este mandamiento, hijo Timoteo, te encargo, para que, conforme a las profecías que se hicieron antes en cuanto a ti, milites por ellas la buena milicia, manteniendo la fe y buena conciencia. Ninguno tenga en poco tu juventud, sino sé ejemplo de los creyentes en palabra, conducta, amor, espíritu, fe y pureza.

Deja que tu vida, igual como tus palabras, sea un ejemplo para otros. Ama como Jesús nos manda amar y ten cuidado de no pecar. Deja que tu fe en Cristo sea conocida a todos.

Entre tanto que voy, ocúpate en la lectura, la exhortación y la enseñanza. No descuides el don que hay en ti, que te fue dado con la imposición de las manos del presbiterio. Timoteo, se te han dado dones para edificar la iglesia. Ocúpate en estas cosas; permanece en ellas, para que tu aprovechamiento sea manifiesto a todos. Ten cuidado de ti mismo y de la doctrina, pues haciendo esto te salvarás a ti mismo y a los que te escuchen.

Pablo, apóstol de Jesucristo

Texto para memorizar

Este es la última lección del mes, ya el alumno deberá tener bien aprendido el texto. Ayúdelos para que lo digan de memoria y que pongan una estrella en su certificado del Club versículo del mes.

Aplicación para la vida

Actividad 1: Preguntas

Pablo le dio a Timoteo algunos consejos importantes. Le dijo que no permitiera que nadie pensara menos de él por ser joven. Pregunte: *¿Qué quiso decirle Pablo a Timoteo? ¿Creen que la juventud es una desventaja para seguir a Jesús?* Pida que busquen en sus Biblias en 1 Timoteo 4:12 y abran sus cuadernos en esta actividad. Diga: *¿Por qué piensan que es difícil dar testimonio? ¿Qué los detiene?* (Algunos dirán que tienen que saber una cantidad de versículos de la Biblia o memorizar un plan de evangelismo; se sienten avergonzados al hablar de Jesús; tienen miedo que la persona a quien le están testificando se vaya a burlar; algunos dirán que nunca piensan en dar testimonio; otros pueden verlo como el trabajo de adultos o de los ministros únicamente).

1. Palabra: significa testificar. Decirle a otros lo que Dios es para nosotros y lo que creemos.
2. Conducta: es hacer bien todo porque amamos a Dios y queremos agradarlo. Él quiere que nuestra vida sea un ejemplo en conducta.
3. Amor: es mostrarle a otros el cuidado y el amor de Dios.
4. Fe: significa creer y confiar en Dios.
5. Pureza: alejarnos de lo que no es bueno para nosotros.

IV. ANEXOS

Actividad 2: Escribe una carta

Que los alumnos escriban una carta a un amigo, testificándole de Jesús como su Salvador. Dígales que inviten a este amigo a que él también lo acepte en su corazón.

Actividad 3: Querido Timoteo

En esta sopa de letras los niños tienen que encontrar algunas de las palabras que Pablo le dijo a Timoteo en su carta, estas son: amor, carta, conducta, fe, juventud, Pablo, palabra y Timoteo.

GUÍA PARA LA UNIDAD VII

PARÁBOLAS DE JESÚS

VERDAD BÍBLICA: Jesús nos enseñó cómo amar a Dios y a los demás de la misma forma en la que Dios nos ama.

PROPÓSITOS DE LA UNIDAD:

- Que el alumno aprenda que Jesús nos dio ejemplos de cómo vivir.
- Que sepa que Dios espera que amemos y cuidemos a los demás, así como él nos ama y nos cuida.
- Que se dé cuenta de que Dios es recto y justo, y tratará con nosotros debidamente.
- Que reconozca que la relación personal con Dios no se funda en posesiones materiales.
- Que experimente el amor y perdón de Dios.
- Que crezca espiritualmente.

LECCIONES DE LA UNIDAD:

- » Lección 26- ¿Quién es mi prójimo?
- » Lección 27- ¡Soy muy valioso!
- » Lección 28- ¡No te rindas! Sigue confiando.
- » Lección 29- La parábola del sembrador.
- » Lección 30- ¿Es malo ser rico?

VERSÍCULO DE LA UNIDAD: *Aquel, respondiendo, dijo: Amarás al Señor tu Dios con todo tu corazón, con toda tu alma, con todas tus fuerzas y con toda tu mente; y a tu prójimo como a ti mismo* (Lucas 10:27).

Utilice diferentes estrategias de memorización para ayudar a los alumnos a aprenderse este versículo.

1. Cada lección de esta unidad se enfoca en diferentes parábolas. Puede complementar su trabajo cortando letras y anunciar el título de la unidad: "Parábolas de Jesús", colocándolo en un fondo brillante: "Más precioso que el dinero" (parábola de la moneda perdida). "No te rindas, sigue confiando" (el juez injusto). "¿Es malo ser rico?" (el "rico y Lázaro") y la "parábola del sembrador".
2. Prepare una canasta bien arreglada para la lección 27, para el proyecto "El buen samaritano", en donde los alumnos depositarán los artículos que lleven a la clase. También para esta lección, antes de que lleguen los alumnos al salón, esconda una moneda para ilustrar la parábola de la "moneda perdida". Haga tarjetas o separadores que digan: "Soy valioso para Dios, mi Salvador", y entrégueles en el transcurso de esta lección. Asimismo, prepare corazones de papel, en los que escribirá el texto para memorizar por partes.
3. Para la lección 29 (El sembrador) lleve una maceta pequeña a la clase, así como semillas de frijol (poroto) y de maíz, porque son las que brotan más fácil. Repártalas entre los alumnos, que las planten y formen almácigos. Usted plántelas tres semanas antes de la lección. Haga ver los dos resultados diferentes: el fuerte crecimiento de una planta y el frustrado crecimiento de la otra. Puede usar dos recipientes de papel. Llene uno casi con tierra de arcilla; haga dos pequeños agujeros por debajo, para drenaje. Ponga las semillas una o dos pulgadas (2,5 cm ó 5 cm) de profundidad, suavemente acomode la tierra y vierta agua. Coloque el recipiente en un lugar donde le dé el sol plenamente (si usa semillas de poroto, déjelos remojando toda una noche antes de plantarlos, así brotarán más rápido). En el otro recipiente, coloque semillas secas que contengan pedazos pequeños de leña y cáscaras. Plante el mismo número de semillas, pero no le ponga agua. Colóquelo en un lugar en el que no reciba suficiente luz. No riegue ni cuide esta planta, como lo hizo con la primera.

El día de la lección de la parábola del sembrador use las dos plantas para reforzar lo aprendido. Mencione las causas de la diferencia entre los dos ejemplos. En esta primer clase de la unidad, deje que los niños lo ayuden a plantar las semillas y describa las condiciones en las que lo harán. Realice planes por adelantado. La lección "Más precioso que el dinero" tiene un énfasis evangelístico. Orar al Señor le ayudará a ministrar a los alumnos para que decidan aceptar a Cristo como su Salvador. Puede pedirle al pastor o al presidente de los jóvenes que lo ayuden a presentar una invitación evangelística. Hable con ellos unos días antes de esta lección.

LECCIÓN 26

¿QUIÉN ES MI PRÓJIMO?

I. ASPECTOS GENERALES

Base bíblica: Lucas 10:25-37.
Texto para memorizar: *Aquel, respondiendo dijo: Amarás al Señor tu Dios con todo tu corazón, con toda tu alma, con todas tus fuerzas y con toda tu mente; y a tu prójimo como a ti mismo* (Lucas 10:27).
Verdad bíblica central: si queremos heredar la vida eterna debemos amar a Dios y a nuestro prójimo; así como aceptar a Jesucristo como nuestro Salvador.
Objetivo de la lección: enseñar que debemos amar a Dios y responder con amor a las necesidades del prójimo.

II. PREPARACIÓN PARA EL MAESTRO

Durante los últimos días de su ministerio, Jesús relató la parábola del buen samaritano. Para entonces, ya había controversia en torno a él y su mensaje. Entre la mayoría de sus oyentes había personas que lo amaban y lo escuchaban. Pero dentro de ese mismo grupo, también existía gente que tenía el propósito de ponerle trampas para que dijera algo que lo acusara. Tal era el caso de un intérprete de la Ley (Lucas 10:25), que, intentando atrapar a Jesús, permaneció en una reunión pública y preguntó: *¿Qué debo hacer para heredar la vida eterna?*

Al relatar la parábola del buen samaritano, se refirió al amor al prójimo. Aunque el maestro de la Ley le pregunta quién es el prójimo, él debía saberlo porque Levítico 19:18, 33-34 hace referencia a este y al trato que se le debe dar.

En la parábola, Jesús hace referencia al camino de Jerusalén a Jericó. Este camino, en solo 25 km, baja unos 1,000 m hasta llegar al valle del Jordán, pasa por lugares desiertos y allí eran notorios los asaltos. Los oyentes daban por sentado que la persona de la parábola era judía (Lucas 10:30).

Tanto el levita como el sacerdote que pasaban por allí servían en el templo. Algunos comentaristas dicen que ellos no se detuvieron porque esto los contaminaría y no les permitiría servir en el templo.

Jesús menciona a un samaritano que pasaba por allí (v. 33). Los samaritanos eran personas despreciadas por los judíos y Cristo lo sitúa como ejemplo de quien cumple la ley.

El aceite y vino utilizados por el samaritano eran medicamentos de la época que se utilizaban para sanar (v. 34). Los dos denarios que menciona el v. 35 era el equivalente al salario de dos días. Jesús comentó que al samaritano no le interesó la nacionalidad del prójimo, solo vio la necesidad que este tenía y la ayuda que él podía darle.

En la pregunta final que le hace Jesús al maestro lleno de prejuicios hacia los samaritanos, no se atrevió a contestar (v. 37) con la palabra "samaritano" y terminó diciendo: "El que usó de misericordia con él".

Hoy existen muchos problemas raciales, así como los había entre judíos y samaritanos. Hay inconvenientes por el color de la piel, conflictos fronterizos, etc. (Mencione un ejemplo de personas marginadas o despreciadas que sea común en su barrio, ciudad o país).

¡Cuántas veces nosotros somos esos sacerdotes y levitas que estamos tan ocupados, que no brindamos atención a los necesitados! Por ejemplo, en la escuela hay un muchacho al que nadie quiere, todos lo desprecian, y nosotros, en lugar de ayudarlo, también nos burlamos de él. Y hay veces en que salimos corriendo al recreo y un compañero está llorando en un rincón, lo vemos pero seguimos corriendo, no nos interesa lo que le esté pasando. O tal vez tenemos nuestro grupo de amistades y no dejamos entrar a nadie más, y así despreciamos a los demás.

III. DESARROLLO DE LA LECCIÓN

Introducción

Recuerde la lección anterior sobre el testimonio. Pídales a varios de sus alumnos que cuenten lo que hicieron durante la semana, aplicando lo que aprendieron en clase. Dígales que el testimonio más efectivo, a veces no es a través de lo que se habla, sino del comportamiento. Exprese confianza en sus alumnos para que sean una influencia positiva en el servicio a Jesús.

Actividad 1: ¿Quién es mi prójimo?

Que los alumnos busquen esta actividad. Lea en voz alta la pregunta: *¿A quiénes de estas personas llamarías tu prójimo? ¿Por qué?* (Dé tiempo para que ellos observen el dibujo y respondan a las preguntas).

Explique que el relato de la lección bíblica de

hoy es una parábola. Resalte que Jesús las usaba con frecuencia para enseñar. Pregunte: *¿Alguna vez han aprendido algo difícil haciendo primero algo fácil?* Por ejemplo, para enseñarnos que no es bueno decir mentiras, nos cuentan la historia del niño que gritaba: "¡Viene el lobo!, ¡viene el lobo!". La gente corría para ayudarlo, pero cuando llegaban donde él estaba, se reía porque era mentira. Pero un día ese lobo fue real, y por más que gritó, nadie corrió para ayudarlo porque creían que se trataba otra vez de una mentira.

Desarrollo de la historia bíblica

¿Quién es mi prójimo?

Maestro, ¿haciendo qué cosa heredaré la vida eterna?

El hombre que le hablaba a Jesús era un experto en la Ley religiosa. Estaba probándolo, tratando de hacerlo caer.

—*¿Qué está escrito en la ley? —dijo* Jesús—. *¿Cómo lees?*

Esta persona citó la ley: *Amarás al Señor tu Dios con todo tu corazón, con toda tu alma, con todas tus fuerzas y con toda tu mente; y a tu prójimo como a ti mismo.*

—¡Ya lo tengo! —pensó—. Durante años, las personas han discutido acerca de lo que la ley quiere decir al utilizar la palabra "prójimo". Algunos maestros les decían a las personas que amaran a su prójimo y odiaran a su enemigo.

Él quería hacer lo que le parecía correcto, así que *dijo a Jesús: ¿Y quién es mi prójimo?*

El Señor estaba listo para esta pregunta y respondió con una historia.

Un hombre que descendía de Jerusalén a Jericó cayó en manos de ladrones, los cuáles lo despojaron, lo hirieron y se fueron, dejándolo medio muerto.

El intérprete sabía que el camino de Jerusalén a Jericó era peligroso. Los ladrones vivían en la colina cerca del camino y frecuentemente atacaban a las personas.

Continuó Jesús: *Aconteció que descendió un sacerdote por aquel camino, y al verlo pasó de largo. Asimismo, un levita, llegando cerca, al verlo pasó de largo.*

El intérprete escuchaba. Sabía por qué el sacerdote y el levita no se habían detenido. Probablemente, iban a trabajar en el templo. El hombre podía morir mientras lo estaban ayudando, y la ley decía que los sacerdotes y levitas no podían tocar cadáveres. Si lo hacían, no se les permitía trabajar en el templo durante algún tiempo.

Jesús continuó la historia. *Pero un samaritano que iba de camino, vino al lugar cerca de él.*

—¡Un samaritano! —pensó el intérprete—. Todos saben que los samaritanos son buenos para nada.

Jesús prosiguió: Cuando el samaritano vio al pobre hombre *fue movido a misericordia. Acercándose, vendó sus heridas... lo puso en su cabalgadura, lo llevó al mesón y cuidó de él.*

Al otro día, al partir, sacó dos denarios, los dio al mesonero y le dijo: Cuídamelo, y todo lo que gastes de más, yo te lo pagaré cuando regrese.

Entonces Jesús miró al intérprete y preguntó: ¿Quién, pues, de estos tres, te parece que fue el prójimo del que cayó en manos de los ladrones? El intérprete respondió: *El que usó de misericordia con él.*

Jesús le dijo: Ve y haz tú lo mismo.

Aplicación para la vida

Pregunte: *¿Te amas a ti mismo?* (Esté atento a que todos digan que sí; y si alguien no dice nada, anímelo, explíquele que es una persona muy valiosa, que Dios y usted lo aman y él también debe amarse a sí mismo. Tal vez, a través de las siguientes lecciones tenga que seguir ayudándolo.

Dígales a los alumnos que cada uno tiene mucho valor. Pregunte nuevamente: *¿Cuáles son algunas formas en las que puedes mostrar amor y cuidado hacia ti mismo?* (Comer, dormir, asearse, jugar, cuidar la salud, estar con amigos, etc.). Diga: Jesús dijo, *ama a tu prójimo como a ti mismo.* Pero (continúe dialogando): *¿Quién es el prójimo según Jesús?* (Toda persona, nos necesite o no, sin importar el color de la piel, nacionalidad o situación económica).

Diga: *¿en qué forma puedes mostrar amor y cuidado a tu prójimo?* (Deje que ellos digan diferentes maneras).

IV. ANEXOS

Actividad 2: Escriban en los corazones

Que los alumnos escriban en los corazones las distintas formas de demostrar el amor a su prójimo. Luego, que los perforen y le aten un hilo, que los cuelguen de una rama y se los lleven a sus casas, para que también allá lo enganchen en algún sitio para recordar esto siempre.

Pídales que cierren los ojos y piensen en alguna persona que pudiera necesitar amor y comprensión durante esa semana. Anímelos a orar en silencio a cada uno, para que Dios los ayude a servir a esa persona mediante acciones de amor y amabilidad.

Texto para memorizar

Escriba el texto para memorizar en la pizarra o en una cartulina donde los niños lo vean fácilmente. Deje suficiente espacio entre palabra y palabra. Pídales que se sienten en fila frente al pizarrón o a la cartulina en la que se encuentre el texto y explíqueles en qué consiste esta actividad.

El primer niño debe ponerse de pie, decir en voz alta la primera palabra del versículo, y luego sentarse; continuará el alumno de su izquierda, y hará lo mismo con la palabra siguiente del versículo, y así hasta que terminen. Cuando concluye el último, se volverá a empezar con la primera palabra, comenzando en el extremo contrario del que se inició.

La idea es repetir el procedimiento haciendo que circule entre los alumnos, hasta que diez de ellos lo memoricen.

Actividad 3: ¿De quién se trata?

Que el alumno llene los espacios en blanco para completar la palabra de la persona a la que le puede hablar de Cristo..

Notas

LECCIÓN 27

¡SOY MUY VALIOSO!

I. ASPECTOS GENERALES

Base bíblica: Lucas 15:1-2, 8-10.
Texto para memorizar: *Aquel, respondiendo, dijo: Amarás al Señor tu Dios con todo tu corazón, con toda tu alma, con todas tus fuerzas y con toda tu mente; y a tu prójimo como a ti mismo* (Lucas 10:27).
Verdad bíblica central: somos muy valiosos para Dios. Nos ama tanto que si nos alejamos de su amor, busca acercarnos nuevamente a él y se goza en encontrarnos.
Objetivo de la lección: ayudar al alumno a comprender que Dios ama a todas las personas sin importar que actúen mal. Y se regocija siempre que alguien le pide perdón.

II. PREPARACIÓN PARA EL MAESTRO

El capítulo 15 de Lucas registra tres parábolas que Jesús enseñó con un tema en común: "la búsqueda de los perdidos y el gran amor de Dios". Responde a la acusación que le hicieron: "Este a los pecadores recibe y con ellos come" (v. 2); pues Jesús se relacionaba con personas de mala reputación, publicanos y pecadores, con quienes los fariseos y escribas no deseaban estar. Para ellos era ofensivo que Jesús, al ser reconocido por las multitudes como un varón santo y maestro, se relacionara con personas a la que consideraban despreciables.

Por esta razón, Jesús utilizó tres parábolas similares para explicar el gran amor que Dios siente hacia todas las personas, sin importar su situación de pecado. Enfatiza el cuidado que el Señor tiene en buscarlas y hacer notar su "regocijo" cuando alguien se arrepiente y se acerca nuevamente a él.

La historia de la "moneda perdida" es la segunda de estas tres parábolas. Las personas que en ese momento escuchaban a Jesús, podían entender cuán difícil podía ser encontrar una moneda dentro de la casa. El piso resultaba ser un tapiz de tallos de caña y juncos colocados en la tierra dura.

La única luz en la habitación provenía de una pequeña ventana. La mujer tendría que encender una lámpara y barrer el piso con cuidado para encontrar la preciosa pieza de plata.

La moneda en cuestión era un dracma de plata, es decir, un poco más que el salario de un día de trabajo. Se acostumbraba que la mujer comprometida para casarse, juntara diez monedas en un collar para usarlo el día de la boda. Al casarse, las usaba como símbolo de su compromiso, nadie podía quitárselas ni mucho menos extraviarlas.

III. DESARROLLO DE LA LECCIÓN

Introducción

Con esta historia, Jesús compara la fervorosa búsqueda de la mujer con el amor de Dios en encontrarnos, lo valioso que somos para él y el gozo que experimenta cuando finalmente encuentra lo perdido.

Jesús dio un buen modelo de enseñanza con el uso de las parábolas. Motiva al oyente a descubrir la verdad, y al mismo tiempo la oculta de aquellos que eran necios o perezosos para verla (Mateo 13:10-11). Aquel que busca sinceramente a Dios, puede descubrir una nueva enseñanza en esta parábola.

En su vida diaria, un niño quizás actúe erróneamente o peque delante de Dios. Tal vez piense: "Esto que he hecho es demasiado malo, Dios ya no me querrá". En ocasiones, los adultos le dicen a los niños: "Dios ya no te va a querer por haber hecho esto o aquello".

Eso no es verdad, Dios nos ama a pesar de todo lo malo que hagamos, pensemos, sintamos o hasta lo bueno que dejamos de hacer. Sin embargo, es importante comprender que al actuar de esta forma (en pecado), nos alejamos de Dios.

Si un niño asiste fielmente a la iglesia, su familia es cristiana y sabe mucho sobre Dios, pero aún no se ha acercado a él, resulta igual que la "moneda perdida" dentro de la casa. Muchos pequeños pueden estar extraviados dentro del seno cristiano de la iglesia.

La solución de ambas situaciones está en el gran amor de Dios y en su búsqueda de los perdidos. No importa si el niño se encuentra dentro de la iglesia o vaga por las calles; tampoco si tiene riqueza o es sumamente pobre; si es maltratado o despreciado, él es muy valioso para Dios.

Al igual que la mujer de la historia, Dios hace todos los esfuerzos por encontrarla y darle con gozo su perdón para que pueda disfrutar de una buena relación con él.

Brinde la bienvenida a cada niño dándole la mano o un abrazo, y dígale: "Tú vales mucho, Dios te ama". Cuéntele del esfuerzo que hizo al ayudar a una persona y recuérdele lo aprendido en la lección anterior. Pregunte si alguno ayudó a alguien durante la semana y cuál fue la reacción de aquellos con quienes colaboró.

Organice un proyecto de ayuda al prójimo, puede llamarlo "Operación Buen Samaritano". Arregle una caja o canasta y motive a los niños a participar con donaciones de alimentos. Programe una visita a alguna familia, una persona anciana o niños necesitados de este donativo. Puede ser un buen momento para solicitarles a sus alumnos los artículos adecuados a la necesidad de las personas que han determinado dárselos.

Desarrollo de la historia bíblica

La moneda perdida

Dígales a los niños que hoy muy temprano extravió una moneda en el salón de clases y que lo ayuden a buscarla. Usted, previamente, deberá haber colocado una en cierto lugar del aula. Cuando los niños la encuentren y se la entreguen, pregunte: *¿Qué puedo comprar con esta moneda?* (Permita que los alumnos opinen al respecto).

Invítelos a buscar en la Biblia el pasaje bíblico y léanlo juntos. Conviene explicar algunos elementos desconocidos por ellos (apóyese en lo referido en la Preparación del Maestro) con el fin de que el pasaje pueda comprenderse. Puede utilizar figuras que muestren gráficamente la historia que están leyendo.

—¡Miren eso! —dijo molesto uno de los fariseos—. ¿Ven cómo Jesús permite a esos recaudadores de impuestos y pecadores reunirse alrededor de él? *Este recibe a los pecadores y come con ellos.*

—¡Qué terrible! —dijo el escriba muy enojado.

—Así es —respondió un fariseo—. Si él realmente fuera un profeta o el Mesías, no tendría nada que hacer con personas tan despreciables.

Jesús los escuchó. Quería ayudarlos a entender que ninguna persona es despreciable.

—*¿Qué mujer que tiene diez dracmas, si pierde una dracma,* —dijo Jesús—, *no enciende la lámpara y busca con diligencia hasta encontrarla?*

—Sería muy triste perder una moneda de tanto valor —pensaron algunas personas.

—Me pregunto si ella planeaba poner las diez monedas en una cadena antes de casarse —dijo otro.

(Era costumbre que las mujeres usaran la cadena con las monedas en su cabeza cuando se casaban).

"¡Espero nunca perder una moneda como esa!", pensó otro.

Y cuando la encuentra —continuó Jesús—, *reúne a sus amigos y vecinas y les dice: Gozaos conmigo, porque he encontrado la dracma.*

Las personas pudieron imaginar a los amigos y a los vecinos felices, celebrando con ella.

Jesús miró a los escribas y fariseos enojados y dijo: *Así os digo que hay gozo delante de los ángeles de Dios por un pecador que se arrepiente.*

Aplicación para la vida

Hábleles a sus alumnos sobre las actitudes que los pueden alejar de Dios. Indíqueles que es natural sentirse triste o muy culpable cuando actúan mal, pero eso no significa que Dios los ha dejado de amar. Cada niño es sumamente valioso, y por eso Dios lo busca para perdonarlo (haga alusión a Lucas 15:10: Hay gozo en el cielo cuando un pecador se arrepiente).

Pídales que escuchen mientras usted o un invitado les explica el plan de salvación. Enfatice el amor y la gracia de Dios. Hable del Señor como Aquel que nos busca y desea llevarnos con él. Ayude a los niños a entender que Dios envió a su Hijo Jesús para ser el Salvador de todos, y en estos momentos los está invitando a que busquen su perdón. Si ellos le dicen a Dios que están arrepentidos por lo malo que han hecho, él promete perdonarlos (véase 1 Juan 1:9).

Lleve preparados algunos separadores o tarjetas con la frase: "Soy valioso para Dios, mi Salvador". Ore individualmente con cada uno de los niños que desee aceptar a Jesús como su Salvador. Luego, haga una oración final con todo el grupo agradeciendo a Dios por su amor y perdón. Despídase entregándole a cada uno la tarjeta o el separador.

IV. ANEXOS

Actividad 1: Perdido!

El pasaje bíblico es Lucas 15:1-3, 8-10. Discutan la primera pregunta y dé tiempo para que los alumnos primero dibujen y después hablen acerca de los esbozos que hicieron.

1. *¿Alguna vez han perdido algo que es muy importante para ustedes?* Dibujen el objeto extraviado.
2. *Si era tan importante o valioso para ustedes, ¿por qué lo perdieron?* (Acepte todas las respuestas razonables).

Motive a que, en el espacio en blanco, escriban un anuncio diciendo qué tipo de recompensa ofrecerían por el objeto perdido.

Actividad 2: La respuesta de Dios

Que los alumnos contesten a las preguntas según la historia. Al terminar, entre todos comenten en clase, esto le ayudará a aplicar la lección a la vida del niño.

A. *¿Crees que Dios te deja de amar cuando eres desobediente?*

B. *¿A qué le llamamos pecado?*

C. *Cuando estás en pecado, ¿te encuentras cerca de Dios?*

D. *¿Por qué crees que Dios busca a los que están en pecado?*

E. *¿Cómo se siente Dios cuando yo me arrepiento de mi pecado?*

F. *¿Por qué Jesús compara al pecador con la moneda perdida?*

Que hagan un dibujo de lo que crean que pasó en el cielo cuando le pidieron perdón a Dios. Que escriban debajo del dibujo: "¡Soy valioso para Dios!".

Actividad 3: Llena los espacios en blanco

1. *¿Quiénes eran algunas de las personas que criticaban a Jesús?* (Escribas y fariseos).
2. *¿Dónde se perdió la moneda?* (Dentro de la casa).
3. *¿Qué hizo la mujer cuando se dio cuenta de que la había perdido?* (La buscó).
4. *Cuando encontró la moneda, ¿cómo se sintió la mujer?* (Feliz).

Texto para memorizar

Lea el texto directamente de la Biblia (Lucas 10:27). Prepare algunos corazones en los que escriba el texto por secciones, por ejemplo: "Amarás al Señor tu Dios / con todo tu corazón, / con toda tu alma, / con todas tus fuerzas / y con toda tu mente; / y a tu prójimo como a ti mismo".

Pegue los corazones debajo de la silla o banco donde se sientan; también puede colocarlos volteados sobre el piso, revueltos para que no lo lean.

Tomando cada corazón, los niños tratarán de formar el texto al ubicarlos por orden. Luego, léanlo otra vez. Revuelva los corazones y deje que solo las niñas los ordenen, y después los niños. Cada vez que lo hagan, léanlo juntos en voz alta.

De acuerdo con el tiempo que establezca para la enseñanza del texto, utilice esta dinámica varias veces hasta que quede en el orden correcto y memorizado.

Notas

LECCIÓN 28

¡NO TE RINDAS! SIGUE CONFIANDO

I. ASPECTOS GENERALES

Base bíblica: Lucas 18:1-8.
Texto para memorizar: *Aquel, respondiendo, dijo: Amarás al Señor tu Dios con todo tu corazón, con toda tu alma, con todas tus fuerzas y con toda tu mente; y a tu prójimo como a ti mismo* (Lucas 10:27).
Verdad bíblica central: Jesucristo nos anima a no darnos por vencidos. Dios hará lo mejor para nuestra vida.
Objetivo de la lección: ayudar al alumno a descubrir que Dios responde nuestras oraciones si confiamos en él.

II. PREPARACIÓN PARA EL MAESTRO

Los alumnos del primario son muy hábiles para obtener lo que quieren; además, desean lograrlo en forma rápida. Los niños que asisten al templo o a la escuela dominical conocen lo que es la oración. No obstante, pueden tener algunas dudas sobre los motivos por los cuáles oramos; también poseen ideas equivocadas acerca de la forma en que Dios responde a nuestras oraciones.

Esta lección les ayudará a descubrir lo que Jesús quiso decir cuando nos enseñó a orar sin rendirnos. Entenderán que Dios se deleita en responder la oración; y que siempre podemos confiar en que desea lo mejor para nosotros.

III. DESARROLLO DE LA LECCIÓN

Introducción

El propósito de Jesús al narrar esta parábola era mostrar a sus discípulos que siempre deberían orar y no rendirse. Sin embargo, nosotros no debemos interpretar esto como una invitación para insistirle a Dios con peticiones egoístas o equivocadas. Al contrario, Jesús quiso inspirar confianza en Aquel que puede ayudarnos en tiempo de tristeza, angustia o preocupación.

Jesucristo ya había profetizado su regreso al Padre; pero los discípulos querían saber cuándo regresaría a la tierra para establecer su Reino. Así vemos que se receta la oración como medicina para los días difíciles.

Recuérdeles a sus alumnos la lección pasada sobre la "moneda perdida" y dígales que Jesús es nuestro Salvador y amigo, a quien podemos acercarnos por medio de la oración, para alabarlo por sus bendiciones, pedirle lo que necesitamos y agradecerle por lo que recibiremos.

Sobre el proyecto "Operación Buen Samaritano", pregunte si trajeron las donaciones para los necesitados. Dígales que las depositen en la canasta que ya está preparada para tal fin, mientras pueden cantar una canción adecuada. Deles ideas para continuar trayendo otros artículos.

Desarrollo de la historia bíblica

Inicie con preguntas y respuestas:

¿Alguien conoce el interior de un juzgado? (Espere respuestas). *¿Han visto a un abogado o juez en la televisión?* (Dé oportunidad a que respondan). *¿Qué hace un juez?* (Decide lo que es correcto de acuerdo con la ley). *¿Qué otro sinónimo hay para la palabra "justicia"?* (igualdad). Los jueces tienen que escuchar las dos partes de un problema, de tal manera que puedan hacer una decisión justa. En esta historia, la viuda tiene un problema con alguien a quien ella llama su adversario.. *¿Quién es un "adversario"?* (Alguien que pelea contra uno o varios enemigos).

Pida voluntarios para dramatizar la lección del cuaderno del alumno. Ayúdelos a pronunciar algunas de las palabras y dígales que se sientan como si fueran los personajes reales. Se requieren dos narradores, un juez y una niña que haga el papel de viuda.

Primer narrador: Un día les contó Jesús *una parábola sobre la necesidad de orar siempre, y no desmayar, diciendo: Había en una ciudad un juez que ni temía a Dios ni respetaba a hombre. Ahí vivía también una viuda, la cual venía a él para que le hiciera justicia.*

Juez: ¡El próximo caso! ¡Oh, no! ¡Usted otra vez! ¿Cuántas veces la he visto aquí? ¿Qué quiere ahora?

Viuda: Hoy estoy aquí por la misma razón que vine la última vez. *Hazme justicia de mi adversario.* Por favor, resuelva este conflicto para que yo pueda vivir en paz.

Juez: Aún lo estoy pensando. Ahora váyase. ¡Déjeme solo!

Segundo narrador: La mujer se retiró tristemente. ¡Pero regresó!

Juez: El próximo caso. ¡Oh, no! Usted otra vez. No me diga. Déjeme adivinar por qué está aquí.

Viuda: *Hazme justicia de mi adversario.*

Primer narrador: Durante todos los días que siguieron, la viuda regresó con el juez.

Juez: ¿Qué? ¿Usted? ¿Otra vez?

Viuda: *Hazme justicia de mi adversario.*

Segundo narrador: Durante algún tiempo, el juez rehusó hacer lo que la viuda le pedía. Pero después de esto, se dijo:

Juez: *Aunque ni temo a Dios ni tengo respeto a hombre, sin embargo, porque esta viuda me es molesta, le haré justicia, no sea que viniendo de continuo me agote la paciencia.*

Primer narrador: No pasó mucho tiempo y la viuda regresó para ver de nuevo al juez.

Viuda: *Hazme justicia de mi adversario.*

Juez: ¡Está bien, usted gana! ¡Ahora déjeme en paz!

Primer narrador: Entonces, Jesús dijo a los discípulos: *Oíd lo que dijo el juez injusto. Si aún un juez injusto da justicia a aquellos que perseveran pidiéndola, estén seguros que, pueden confiar en que Dios dará justicia para todos.*

En definitiva, él los ama. Cuando su pueblo pide a Dios justicia, *os digo que pronto les hará justicia.*

Aplicación para la vida

Dígales a los niños que cuando necesiten algo se lo pidan a Dios en oración; que no se desanimen aunque él no conteste pronto, que sigan orando. Que no permitan que el problema les quite la paz que Dios les ha dado. Jesús es nuestro juez justo y siempre está atento cuando lo buscamos. La Biblia menciona a Dios como juez, que busquen en la Biblia las siguientes citas:

2 Timoteo 4:8- Dios es un Juez justo.

Isaías 33:22- Dios es un Juez que salva.

Salmos 44:21- Dios es un Juez que conoce los secretos de nuestro corazón.

1 Samuel 2:3- Dios es un Juez que todo lo sabe.

Explíqueles que cuando crezcan, si desean ser abogados o jueces y les toca ayudar a algún compañero que tenga un problema, deben ser honestos, darle tiempo a las personas para que expongan sus quejas. Que todos deseamos que nuestros problemas se solucionen lo antes posible y que debemos pedirle sabiduría a Dios.

Finalice con una oración; que los alumnos presenten sus peticiones y que crean que Dios les contestará.

IV. ANEXOS

Actividad 1: Juzguemos al juez

Que clasifiquen al juez de la historia bíblica en cada una de las siguientes categorías. Que dibujen una X para mostrar dónde encaja el juez en cada una de las líneas.

1. *¿Conoce el juez los hechos del caso?*
   Poco conocimiento./ Regular conocimiento./ Conocimiento completo.
2. *¿El juez da muestras de cuidado y preocupación hacia la víctima?*
   No se preocupa./ Se preocupa un poco./ Se preocupa mucho.
3. *¿Es justo el juez?*
   Injusto./ Algo justo./ Totalmente justo.

¿Qué tipo de juez es Dios?

Que busquen los siguientes versículos para averiguarlo:

El conocimiento de Dios: 1 Samuel 2:3; Salmos 44:21.

El cuidado de Dios: 1 Pedro 5:7.

La justicia de Dios: 2 Timoteo 4:8.

Que dibujen una estrella en cada línea para mostrar qué tipo de juez es Dios.

Actividad 2: ¿Qué aprendiste?

Pregúnteles a los alumnos:

¿Qué fue lo que aprendieron de la parábola que contó Jesús acerca del juez injusto?

La Biblia enseña que Dios nos recibe sin importar cuántas veces vayamos a él.

Podemos confiar en que es justo y hace lo correcto.

No podemos manipularlo para que nos dé lo que queremos.

Si aún un juez injusto hace el bien cuando, insistimos pidiendo; no tenemos por qué preocuparnos acerca de si Dios hará lo bueno.

Podemos confiar en que Dios hace lo correcto, cuando parece que no contesta a nuestras oraciones.

Texto para memorizar

Puede hacer una gráfica de la siguiente manera: escriba las siguientes frases en una cartulina:

"Y Aquel, respondiendo, dijo:
Amarás al Señor tu Dios con todo tu corazón,
y con toda tu alma, y con todas tus fuerzas;
y a tu prójimo como a ti mismo".

De acuerdo con cada frase, haga dibujos. Por ejemplo:

a. Primera frase: dibuje una figura que simule a Jesús y péguela junto o arriba de cada frase.
b. Segunda frase: dibuje un corazón y realice el procedimiento anterior.
c. Tercera frase: dibuje a un niño llevando a cabo algún tipo de fuerza. Repita el mismo procedimiento anterior.
d. Cuarta frase: dibuje niños de diversos países, de modo que distinga la diferencia y haga el procedimiento anterior.

Que el alumno repita el texto y usted quite después las frases para que puedan identificarlo solo por los dibujos.

LECCIÓN 29

LA PARÁBOLA DEL SEMBRADOR

I. ASPECTOS GENERALES

Base bíblica: Lucas 8:4-15.
Texto para memorizar: *Aquel, respondiendo, dijo: Amarás al Señor tu Dios con todo tu corazón, con toda tu alma, con todas tus fuerzas y con toda tu mente; y a tu prójimo como a ti mismo* (Lucas 10:27).
Verdad bíblica central: los verdaderos cristianos no dejan que las preocupaciones, los problemas o las distracciones los alejen de confiar en Dios.
Objetivo de la lección: ayudar al alumno a que reflexione sobre la necesidad de cuidar su relación con Dios, para crecer espiritualmente y enfrentar las dificultades sin alejarse de él.

II. PREPARACIÓN PARA EL MAESTRO

El término "parábola" se usaba en el Antiguo Testamento para describir cualquier tipo de frase, pero no se lo debía tomar literalmente; incluía oráculos, fábulas, cuentos y adivinanzas. Otros maestros judíos también usaron historias, aunque, en general, no eran de tan buena calidad como las de Jesús.

Las parábolas de Jesús incluían breves metáforas y proverbios, historias de hechos comunes y de sucesos particulares. Jesús las usó para ilustrar la naturaleza de los hechos de Dios y el tipo de respuesta que la gente debía darles.

Esta historia es una simple descripción del resultado que tuvo la semilla esparcida sobre un campo que tenía diferentes tipos de suelo, tanto fértil como estéril. Pero en la historia misma no se dice nada sobre su significado. Se esperaba que los oyentes preguntaran: "¿Y eso qué significa?".

Más tarde, cuando los discípulos le preguntaron a Jesús de qué trataba, comenzó por hacer una afirmación general sobre su uso de parábolas. Dijo que aquellos que respondían a sus enseñanzas habían recibido un conocimiento de los propósitos de Dios.

Cuando les habla de "misterios" se refiere a los planes de Dios relativos a su Reino que habían estado escondidos por mucho tiempo, pero que ahora estaban siendo conocidos por aquellos que él había escogido. Otros se negaban a aceptar el mensaje de Dios, y por eso ahora lo presentaba de una manera velada, de modo que si no hacían el esfuerzo de entender y aceptar, de ninguna manera serían más sabios. Así podrían cumplir la profecía de Isaías 6:9-10 sobre los que no entienden el significado de lo que escuchan.

El lenguaje de la explicación de la parábola difiere en algunos detalles de la de Marcos, porque Lucas subraya los elementos que él considera de importancia para los lectores. Se debe recibir con fe y perseverancia la palabra de Dios si los oyentes han de ser el tipo de terreno que produce buenos frutos.

En los corazones de algunos, la semilla nunca tendrá oportunidad de germinar; mientras que en otros, el crecimiento será interrumpido porque no lograrán perseverar.

El principio revelado en este pasaje nos desafía a recibir la palabra de Dios y a permanecer sensibles al Espíritu Santo para ser instruidos y redargüidos constantemente.

La meta principal como maestro de escuela dominical, es ayudar a los niños a aceptar a Jesús como su Salvador. Es importante aprovechar la etapa de la niñez para sembrar la semilla del evangelio, porque es en esta edad cuando el terreno resulta muy fértil y nuestro compromiso es guiar al niño a establecer una relación con Dios.

Por lo tanto, necesitan entender que después del perdón de pecados sigue el crecimiento espiritual. Y para cuidar su vida espiritual requieren de alimento y cuidado, como una planta. El Padre Celestial proveerá de ese cuidado en sus vidas a través de su obediencia a la palabra de Dios y perseverancia en oración y adoración.

El cristiano pasa por muchas dificultades que lo llevan al fracaso espiritual, pero necesitará advertir a sus alumnos de los peligros de no cuidar su relación personal con Dios. Reflexione con ellos acerca de los riesgos que pueden enfrentar en su vida espiritual; quizá los desanime algún problema que tengan con uno de sus amigos en la iglesia, o pueden dejar de congregarse en esta por participar en algún deporte, negocio o estar con sus amistades.

También los programas de televisión, revistas o música que contradicen las verdades de Dios pueden ser como espinos que ahogarán su fe y no les permitirán ver al Señor Jesús. Explíqueles lo peligroso que es dejar de orar, leer la Biblia y congregarse en una iglesia. Es comparado con sacar una planta de la tierra en la que vive, porque pronto morirá; así es la vida espiritual, fallece si se aleja de Dios.

III. DESARROLLO DE LA LECCIÓN

Introducción

Prepare el salón de clase y dé la bienvenida a los niños. Pídales que recuerden la lección anterior. El tema fue orar y confiar en Dios. Pregunte: *¿Recibieron respuesta a la oración que hicieron en esta semana?* (Espere respuestas). Recuérdeles que confiar en Dios es esperar sabiendo que él permanece fiel con nosotros.

Dé tiempo para continuar depositando los regalos del proyecto "Operación Buen Samaritano", y planeen la forma en la que lo llevarán esta semana. Puede utilizar las recomendaciones que se encuentran al principio de la unidad o usar la siguiente práctica:

Lleve a la clase una maceta pequeña y pregunte: *¿Saben qué necesita esta planta para vivir?* (Repuestas: agua, sol y tierra). *¿Creen que podemos cambiar la tierra por piedras?* (Espere respuestas). *¿Qué le pasaría si le faltara agua o sol?* (Morirá).

Lleve unas semillas (poroto, maíz, etc.), reparta algunas a los niños y pregunte: *¿Alguna vez han sembrado semillas?*

Desarrollo de la historia bíblica

Explique que la historia de hoy se desarrolla en Galilea, durante los días más ocupados del ministerio de Jesús; los aldeanos se reunieron para escucharlo contar la parábola del sembrador. Lea en voz alta y que los niños sigan la lectura en sus cuadernos.

"Mucha gente había venido de distintos pueblos para ver a Jesús. Un agricultor salió a sembrar trigo; mientras tanto, unas semillas cayeron en el camino y la gente que pasaba por allí las pisaba y los pájaros se las comían. Otras semillas cayeron donde había muchas piedras: las plantas nacieron, pero se secaron pronto porque no tenían agua. Otras cayeron entre espinos; las plantas brotaron, pero los espinos las ahogaron y no las dejaron crecer. El resto de las semillas cayó en buena tierra; las plantas nacieron, crecieron y produjeron espigas que tenían hasta cien semillas.

La parábola del sembrador

—¡Miren! ¡Jesús viene! —gritó un aldeano.

—¡Sí! Y veo que algunos de nuestros vecinos ya están con él. ¡Vayamos para que podamos escuchar lo que está diciendo!

Los aldeanos se unieron a la multitud para conocer la historia que narraba Jesús.

El sembrador salió a sembrar su semilla —empezó a relatar Jesús—. *Mientras sembraba, una parte cayó junto al camino, fue pisoteada y las aves del cielo se la comieron.*

Las personas se miraban unas a otras. Algunos, entre la multitud, eran sembradores y sabían exactamente de lo que estaba hablando, porque esto había pasado en sus propios campos.

Otra parte cayó sobre la tierra —continuó Jesús—, *y después de nacer se secó porque no tenía humedad. Otra parte cayó entre espinos que nacieron y la ahogaron. Y otra parte cayó en buena tierra, nació y llevó fruto a ciento por uno.*

—¿Qué significa esta historia? —preguntaron los discípulos.

—Les estoy diciendo algunos secretos sobre el reino de Dios —dijo Jesús—. Ustedes lo entenderán, pero algunas personas lo oirán y no sabrán lo que significa.

"Esta historia es como un acertijo", pensaron algunos discípulos.

Ellos querían que Jesús les enseñara su significado, y dijo: *Esta es la parábola: La semilla* es *la palabra de Dios. El camino duro nos recuerda a las personas que oyen la palabra de Dios pero no la escuchan.* Recuerden, las aves vienen *y* comen las semillas que cayeron en el camino duro. Eso significa *que viene el diablo y quita de su corazón la Palabra para que no crean y se salven.*

Jesús continuó. *Algunas personas, habiendo oído, reciben la Palabra con gozo, pero no tienen raíces; creen por algún tiempo, pero en el tiempo de la prueba se apartan.* Estas personas son como la tierra rocosa. Las plantas crecen rápidamente en ese suelo, pero mueren de forma ligera porque no tienen raíces.

—¡Esto es gracioso! La semilla es como la palabra de Dios. Los suelos nos recuerdan las diferentes respuestas de las personas cuando la escuchan. ¿Qué significa el suelo con espinos? —dijo alguien.

Jesús les dijo: *La que cayó entre espinos son los que oyen pero luego se van y son ahogados por las preocupaciones, las riquezas y los placeres de la vida, y no llevan fruto.*

—-Mmm —murmuró la gente. Ellos habían visto campos llenos de maleza. La hierba mala no dejaría crecer a las semillas.

—No permitiré que me alejen de confiar en Dios —dijeron algunos.

Los discípulos escucharon cuidadosamente hasta que Jesús terminó su explicación. *Pero la que cayó en buena tierra son los que con corazón bueno y recto retienen la Palabra* oída y hacen lo *que ella dice. Estos son los que en verdad crecen.*

Aplicación para la vida

Explíqueles a los niños que Dios espera encontrar en ellos corazones dispuestos a guardar el mensaje y quiere darles crecimiento y fruto.

Pídales que vean las dos plantas que están dibujadas; explíqueles cómo deben cortar la página para que descubran lo que hace la diferencia entre estas dos; déjeles como tarea que siembren las semillas, las cuiden y esperen los frutos y que cuando estas hayan germinado lo comuniquen a los demás.

IV. ANEXOS

Actividad 1: ¿Qué es qué?

Ayude a los alumnos a recordar la historia para encontrar las respuestas en esta actividad. Dígales: *Han aprendido que una parábola es una historia que explica una idea difícil, comparándola con hechos comunes. Vean de nuevo la parábola del sembrador. Jesús dijo a los discípulos el significado de cada símbolo en la historia, tracen una línea para relacionar los símbolos con sus significados.*

Actividad 2: Eviten las trampas

Que los alumnos utilicen sus Biblias, así como la historia en sus cuadernos para completar la actividad.

Un cristiano sabio evita los peligros que lastimarían su crecimiento. (Que busquen Lucas 8:4-15 en sus Biblias, en la parábola del sembrador).

¿Qué peligros o acontecimientos se mencionan que podrían alejar a los niños de crecer como cristianos? (Oír, pero no escuchar la verdad, por lo cual esta no penetra; empezar bien pero permitir que la dificultad lo detenga de creer y crecer; dejar que los problemas o las actividades divertidas de la vida capten su atención y descuiden a Dios).

¿Cómo evitar los peligros? (Escuchar la palabra de Dios; seguir confiando en él aunque sea difícil; negarse a rendirse; mantener a Dios en primer lugar).

Diga: *¿Qué dijo Jesús que representa la semilla que cae en buena tierra?* (Aquellos que tienen corazón bueno y recto). *¿Qué debemos hacer los que tenemos un corazón así?* (Oír la palabra de Dios y poner en práctica lo que aprendimos. Pregunte: *¿Ya aceptaron a Jesucristo como su Salvador?* (Si alguno dice que no, haga la invitación y ore con él). Pida a los alumnos que realicen una lista de lo que no deben hacer para cuidar su vida espiritual; y otra de lo que deben hacer todos los días para crecer espiritualmente.

Texto para memorizar

Escriba en hojas de papel el texto. Quite las vocales y deje espacios en blanco en su lugar. Puede darle una hoja a cada niño o parejas de niños. Explíqueles que se le han perdido las vocales y que ellos tienen que escribirlas en los espacios en blanco.

Cuando vayan terminando, que le lleven la hoja para que usted la revise. Y mientras lo hace, que el alumno recite el versículo de memoria.

Al finalizar la clase, ore con los niños pidiéndole a Dios por cada uno de ellos, haciendo énfasis en que el Señor los ayude para que su corazón siempre se conserve limpio.

Notas

LECCIÓN 30

¿ES MALO SER RICO?

I. ASPECTOS GENERALES

Base bíblica: Lucas 16:13-15; Gálatas 5:22-23.
Texto para memorizar: *Aquel, respondiendo, dijo: Amarás al Señor tu Dios con todo tu corazón, con toda tu alma, con todas tus fuerzas y con toda tu mente; y a tu prójimo como a ti mismo* (Lucas 10:27).
Verdad bíblica central: el dinero y todo lo material no son malos, siempre y cuando no ocupen el primer lugar en nuestra vida. Pero las riquezas no son una señal del favor de Dios.
Objetivo de la lección: ayudar al alumno para que entienda que el dinero y las posesiones no son buenas ni malas; solo que no deben ocupar el primer lugar en nuestra vida.

II. PREPARACIÓN PARA EL MAESTRO

Lucas utiliza la parábola del "rico y Lázaro" para dirigirse a los fariseos que amaban la riqueza y se burlaban de lo que Jesús decía sobre esto. Ellos justificaban sus actitudes materialistas, señalando ciertas escrituras del Antiguo Testamento e ignorando otras; enseñaban que las riquezas resultaban una señal del favor de Dios. Y que al contrario, si una persona era pobre, se trataba de una señal del castigo de Dios.

Esta parábola claramente contradecía el pensamiento materialista de los fariseos. El mensaje de Jesús era claro: Hubo un hombre rico que murió y fue al infierno. El mendigo llamado Lázaro también murió y los ángeles lo llevaron al lado de Abraham.

La parábola rechaza la idea de que los ricos tienen riquezas porque Dios recompensa su justicia. También contradice la creencia común de que la pobreza era una señal de pecado. Es importante destacar, asimismo, que Jesús no estaba condenando a todos los que prosperaban. Pero tampoco sugirió que todos los que fueran pobres heredarían automáticamente la vida eterna. Su mensaje fue claro: "Dios conoce (juzga) nuestros corazones".

Los alumnos primarios son conscientes del materialismo que hay en nuestro mundo. Ellos saben que las personas sitúan el valor en las riquezas y en las posesiones. Y tienen dudas de por qué algunas personas poseen en abundancia y otras tienen mucha necesidad.

Esta parábola les hace pensar en su propio sistema de valores. La lección también les ayudará a entender que ni la riqueza ni la pobreza son indicadores de la relación de una persona con Dios. Descubrirán que los frutos del Espíritu son la única evidencia segura de una buena relación con el Señor.

III. DESARROLLO DE LA LECCIÓN

Introducción

Pídales a sus alumnos que digan cuáles fueron algunos de los peligros que trataron de evitar esta semana. Pregunte: *¿Se siente alguno desanimado?* (Anime al que se sienta así).

¿Alcanzó su grupo la meta en la Operación Buen Samaritano? ¿Cómo se sienten los alumnos con los resultados de este proyecto? Felicítelos y celebre con ellos este logro.

Actividad 1: Viendo lo importante

Dé unos minutos para ver los dibujos de esta actividad antes de contestar las preguntas. Diga: *¿Qué tanto pueden opinar las personas sobre otras solamente con mirarlos? Ustedes sean los detectives, observen los dibujos de los tres niños, ¿qué pueden conocer de ellos solamente con verlos?* (Habrá respuestas como: la boca, el cabello, la ropa...). *¿Saben la edad de ellos? ¿Amarán a Dios o no?* (Permita la discusión para generar un debate tranquilo).

Pregunte, si estos niños se mudaran a tu vecindario: *¿Qué te gustaría saber de ellos?* (Acepte todas las respuestas). *¿Qué pasaría si ese vecino es de los que discriminan a las personas por el color de la piel, raza o clase social? ¿Cuál sería nuestra actitud?*

Desarrollo de la historia bíblica

Antes de leer la historia puede ir dando datos del contexto que vienen en la ayuda del maestro, para que los niños la entiendan mejor.

Lázaro y el hombre rico

"Ningún siervo puede servir a dos señores —dijo Jesús—.

No podéis servir a Dios y a las riquezas.

Oían también todo esto los fariseos, que eran avaros y se burlaban de él.

"Él no diría eso si tuviese un poco de dinero", pensaron los fariseos. Además, nuestros maestros nos enseñaron que Dios recompensa a aquellos que le sirven. Nuestro dinero muestra que Dios nos está bendiciendo. ¿Creerá Jesús que Dios quiere que su pueblo escogido sea pobre? Todos saben que ser pobre es un castigo de Dios.

—Lo que los hombres tienen por sublime, delante de Dios es abominación —decía Jesús.

—*¿Qué creen que significa lo que Jesús dice?* —*preguntó el primer discípulo.*

Otro respondió: —Ustedes saben lo orgullosos que están los fariseos de sus riquezas. Creen que las grandes cantidades de dinero muestran que Dios se agrada de ellos.

Había un hombre rico, que se vestía de púrpura y de lino fino y hacía cada día banquete con esplendidez —comentó Jesús—. Había también un mendigo llamado Lázaro, que estaba echado a la puerta de aquél, lleno de llagas, y ansiaba saciarse de las migajas que caían de la mesa del rico.

"¿Qué hizo el hombre rico para obtener todas esas bendiciones de Dios?", se preguntaban los fariseos.

"Yo quisiera saber lo que hizo Lázaro para merecer tal miseria. No quisiera ser él", pensó otro.

Jesús continuó su historia. *Aconteció que murió el mendigo, y fue llevado por los ángeles al seno de Abraham; y murió también el rico, y fue sepultado.*

"¡Probablemente fue un funeral glorioso!", pensaron los fariseos. "Pero nos sorprende que Lázaro fue con Abraham.

¿Qué estará pasando?", se preguntaban.

Jesús continuó. *En el Hades, estando en tormentos, el rico alzó sus ojos y vio de lejos a Abraham y a Lázaro en su seno.*

Los fariseos estaban asombrados.

—¿Cómo puede un mendigo estar con Abraham y un hombre rico y bendecido estar en el infierno? —se decían.

A pesar de que esto incomodaba a los fariseos, Jesús continuó relatando su historia: *El hombre rico gritó, ¡Padre Abraham, ten misericordia de mí y envía a Lázaro para que moje la punta de su dedo en agua y refresque mi lengua, porque estoy atormentado en esta llama!*

Pero Abraham le dijo: Hijo, acuérdate que recibiste tus bienes en tu vida, y Lázaro males; pero ahora éste es consolado aquí, y tú atormentado. Además, yo no puedo ayudarte porque los que quieran pasar de aquí a vosotros no pueden, ni de allá pasar acá.

El hombre rico pensó en sus cinco hermanos (que también tenían muchas posesiones): *Deja que Lázaro vaya a mis hermanos y les advierta para que no vengan a este terrible lugar — suplicó el rico.*

Abraham dijo al rico: A Moisés y a los profetas tienen. Si no los oyen a ellos, tampoco se persuadirán aunque alguno se levante de los muertos.

Aplicación para la vida

Pregunte: *¿Cual fue la diferencia para que Lázaro fuera al cielo y el rico al infierno?* (Lázaro era pobre pero amaba a Dios y cumplía sus normas. El rico se preocupaba solo por su dinero).

Lea en voz alta Lucas 16:13 y diga: *¿Nos dice este versículo que las personas que tienen mucho dinero no pueden ser cristianas?* (Indique que no hay nada de malo en tener dinero, a menos que este y las posesiones se vuelvan más importantes que Dios. Recuérdeles a los niños que el Señor nos mandó no tener otros dioses delante de él).

Diga: *¿Esta parábola enseña que ser pobre es una señal de ser un seguidor de Jesús? ¿Las personas pobres tienen garantía de la vida eterna para compensarlos por su dolor en la tierra?* (Repuesta: No. La Biblia afirma claramente que heredamos la vida eterna solo porque hemos sido perdonados y hemos aceptado a Jesús como nuestro Salvador. Ni la riqueza, ni la pobreza son señales de nuestra salvación con Dios. Lea a los alumnos Juan 14:6).

¿De qué forma nos puede alejar el dinero de Dios? ¿En qué forma nos ayuda? (Que los niños digan lo que piensan. Recuérdeles que la persona u objeto que signifique más para ellos puede ser descrita como su "señor"). Que piensen en quién o qué es lo más importante en su vida, y si esto los puede alejar de Dios.

Continúe: *¿Cómo sabemos cuando Dios se agrada o no de nuestra vida?* (Anímelos a pensar cómo pueden saber si están amando y obedeciendo a Dios ellos mismos, a sus amigos y a su familia).

IV. ANEXOS

Actividad 2: ¿Quién dijo eso?

Diga: "*En esta historia, Jesús expresa algunas de las palabras que los personajes bíblicos dijeron. Vean la diferencia de la Escritura para identificar qué palabras fueron dichas y por qué personajes*". (Que los alumnos trabajen en parejas para obtener las respuestas. Pueden revisar su trabajo doblando cada sección triangular como lo indican las líneas punteadas).

"Padre Abraham, ten misericordia de mí y envía a Lázaro para que moje la punta de su dedo en agua y refresque mi lengua, porque estoy atormentado en esta llama" (Lucas 16:24). (El hombre rico).

"Pero Abraham le dijo: Hijo, acuérdate que recibiste tus bienes en tu vida, y Lázaro, males; pero ahora éste es consolado aquí, y tú atormentado" (Lucas 16:25). (Lo dijo Abraham).

"Y ansiaba saciarse de las migajas que caían de la mesa del rico" (Lucas 16:21). (Era Lázaro).

"Dios conoce vuestros corazones, pues lo que los hombres tienen por sublime, delante de Dios es abominación" (Lucas 16:15). (Lo dijo Jesús).

Actividad 3: ¡Una visión especial!

Ayude a los alumnos a realizar esta actividad. Que busquen 1 Samuel 16:7b y Gálatas 5:22-23.

Texto para memorizar

Antes de la clase, recorte varias hojas de papel en cuatro partes cada una. Tome once de esos pedazos y escriba en cada uno de ellos una o dos palabras del versículo: (1) Aquel respondiendo; (2) dijo: Amarás; (3) al Señor tu; (4) Dios con todo; (5) tu corazón; (6) con toda tu alma; (7) con todas tus; (8) fuerzas y con; (9) toda tu mente; (10) y a tu prójimo; (11) como a ti mismo. Doble cada uno de los papeles y póngalos en una bolsa. Tome otros papelitos iguales y escriba en ellos palabras que no formen parte del versículo. Dóblelos y échelos también en la bolsa, que se revuelvan con los otros. El número total de papeles debe ser igual al de los alumnos de su clase. Si hay menos de once niños, reagrupe las palabras de modo que los papelitos igualen a la cantidad de alumnos. Repita junto con los niños el texto hasta que lo logren aprender. Luego, invite a cada uno a que saque un papel de la bolsa, que lea la palabra o palabras y que observe si corresponde a una de las palabras del versículo que está aprendiendo.

Los que tengan las palabras del versículo deben formarse en fila siguiendo el orden del texto. Verifique que las palabras sean las correctas y pídales repetir en voz alta el versículo. Aquellos que lo hayan aprendido, que pongan una estrella en su certificado del Club versículo del mes.

notas

GUÍA PARA LA UNIDAD VIII

ENSEÑANZAS DE JESÚS SOBRE LA ORACIÓN

VERDAD BÍBLICA: a través del estudio de las lecciones de esta unidad, el alumno aprenderá cómo Jesús enseñó a sus discípulos a orar.

PROPÓSITOS DE LA UNIDAD:

Que el alumno comprenda las enseñanzas de Jesús sobre la oración y podrá:

- Memorizar y entender el padrenuestro.
- Honrar a Dios cuando ore.
- Confiar en Dios presentándole sus peticiones.
- Aceptar que la voluntad de Dios debe prevalecer en nuestras y oraciones.
- Aprender a perdonar y a pedirle perdón y protección a Dios.
- Reconocer a Dios como Padre.
- Orar por los demás como lo dijo Jesús.

LECCIONES DE ESTA UNIDAD:

» Lección 31: Orar es honrar a Dios.
» Lección 32: Orar es presentar nuestras necesidades.
» Lección 33: Orar es una oportunidad para perdonar y pedir perdón.
» Lección 34: Orar es un medio para pedir protección.

VERSÍCULO DE LA UNIDAD: *Vosotros, pues, oraréis así: Padre nuestro que estás en los cielos, santificado sea tu nombre. Venga tu reino. Hágase tu voluntad, como en el cielo, así también en la tierra. El pan nuestro de cada día, dánoslo hoy. Perdónanos nuestras deudas, como también nosotros perdonamos a nuestros deudores. No nos metas en tentación, sino líbranos del mal, porque tuyo es el reino, el poder y la gloria, por todos los siglos. Amén* (Mateo 6:9-13).

Es probable que los niños que están en la etapa de escolaridad primaria que han asistido regularmente al templo, ya hayan recitado muchas veces el padrenuestro en servicios de adoración y lo hayan memorizado.

Ellos deben comprender que orar el padrenuestro es más que un simple ejercicio religioso. Necesitan entender que orar les da acceso al único que puede suplir todas sus necesidades. En esta unidad, los niños analizarán esta oración como un modelo para alabar a Dios y llevar sus necesidades a él. Al aprender las enseñanzas de Jesús sobre la oración, el alumno entenderá la importancia de reverenciar al Dios Padre y a perdonar a otros, así como él nos ha perdonado.

También comprenderán que Dios se deleita con ver a sus hijos venir a él. Finalmente, esta unidad les ayudará a que sepan la importancia de orar en la voluntad de Dios.

Sugerencias:

1. El desafío de memorización durante esta unidad es que todos aprendan el padrenuestro. Para facilitar dicha tarea, trabaje con una pequeña parte de la oración cada vez. Remarque los versículos que complementan la lección cada semana. Que aprendan versículo por versículo, frase por frase, pero que la repitan seguido, toda completa.
2. Al finalizar la unidad, cada alumno deberá ser capaz de ganar una estrella para su certificado del Club del Texto. Puede arreglar un cartel a la vista de todos, con los nombres de cada uno de los alumnos y colocar allí una marca, estrella o calcomanía. Así, los niños podrán llevar el control de su avance mensual.

Materiales necesarios:

Papel blanco, grapas o tachuelas, cartulina o cartoncillo. Cubra el tablero con un papel llamativo y centre en este el cartel del padrenuestro. Recorte el título "Jesús nos enseña a orar". Se sugiere hacer esto para la primera clase de la unidad.

Durante este estudio de las enseñanzas de Jesús sobre la oración, ayude a los alumnos a entender qué privilegio es hablar directamente con Dios. Ayúdelos no solo a sentir la majestad y santidad de Dios, sino también a sentirse confiados, llevando sus necesidades al Señor.

Asegúreles que no les pedirá que oren en voz alta, a menos que ellos lo deseen. Oren el padrenuestro al unísono para que ningún niño se sienta incómodo si no lo puede decir perfectamente.

3. Introduzca otras actividades sencillas como la escritura de sus oraciones. Ayúdelos a hacerlas para que no se les haga difícil. Por ejemplo, sugiera la primera mitad de una frase de alabanza, y deje que sus alumnos completen la oración. Tenga cuidado de respetar la privacidad de los alumnos y su necesidad de hablar con Dios a su manera.

LECCIÓN 31

ORAR ES HONRAR A DIOS

I. ASPECTOS GENERALES

Base bíblica: Mateo 5-7.

Texto para memorizar: *Vosotros, pues, oraréis así: Padre nuestro que estás en los cielos, santificado sea tu nombre. Venga tu reino. Hágase tu voluntad, como en el cielo, así también en la tierra. El pan nuestro de cada día, dánoslo hoy. Perdónanos nuestras deudas, como también nosotros perdonamos a nuestros deudores. No nos metas en tentación, sino líbranos del mal, porque tuyo es el reino, el poder y la gloria, por todos los siglos. Amén* (Mateo 6:9-13).

Verdad bíblica central: nuestras oraciones siempre deben honrar a Dios.

Objetivo de la lección: ayudar al alumno para que, al finalizar esta lección, sepa cómo honrar a Dios cuando ore.

II. PREPARACIÓN PARA EL MAESTRO

Los capítulos 5, 6 y 7 del Evangelio de Mateo registran el discurso conocido como "El Sermón del monte", porque Jesús lo pronunció en una colina cercana a Capernaúm. Este pasaje también se encuentra en Lucas 6:20-49, aunque con algunas diferencias hechas por Dios en la revelación a cada evangelista.

Mateo menciona el padrenuestro en el Sermón del monte. Al parecer, la audiencia era un grupo mixto de oyentes. Las primeras palabras de Jesús fueron dirigidas a los discípulos; pero había una multitud "escuchando". Este sermón es uno de los cinco más grandes registrados en el libro de Mateo, resume varios días de predicación.

Jesús define su actitud hacia la ley; desafía el orgullo y la hipocresía de los líderes y mueve la atención hacia lo más importante en el reino de Dios.

En este sermón se refleja la condición humilde y sincera, tal como lo habían hecho los profetas del Antiguo Testamento (Isaías 57:15, 61:1-2; Salmos 51:10, 16, 17; 41:1), y describe los ideales para vivir una vida que agrada a Dios. Todo en el sermón necesita ser analizado a la luz de la declaración que Jesús hace: "El reino de Dios está comenzando".

Mientras el sermón contiene enseñanzas sobre una variedad de materias, esta unidad se enfoca en las enseñanzas de Jesús sobre la oración. Él claramente condena la práctica de los hipócritas, a quienes les gustaba mostrar su espiritualidad. También les advierte acerca del uso de las "vanas repeticiones" (Mateo 6:7, 9).

En el modelo de oración de Jesús al dirigirse a Dios como "Padre", nos muestra que podemos acercarnos a él y experimentar una relación íntima.

La frase *"Padre nuestro que estás en los cielos"*, indica que Dios, además de ser todopoderoso, santo y majestuoso, también es amoroso, protector y se encuentra cerca de nosotros. Esta primera parte de la oración modelo resulta ser una alabanza que busca honrar el nombre de Dios. Tratarlo con respeto y reverencia hacia su santidad es una forma de honrarlo. Si se le trata ligeramente en la oración, sin reconocer estos atributos, no se le da el reconocimiento de Santo y Dios.

Venga tu reino. Esta petición era una súplica para que Dios estableciera su gobierno, el reino espiritual. En Jeremías 30:3-8 Dios promete tal restauración. Los judíos, confiadamente la elevaban, pues ya conocían el poder de Dios para liberarlos del dominio de otros reinos y la esclavitud.

En el tiempo de Jesús se encontraban conquistados por Roma y con este propósito oraban. Sin embargo, los cristianos al continuar haciendo esta oración, solicitamos que venga el perfecto reino de Dios, que llega para salvación de las almas.

Hágase tu voluntad. Ralph Earle dice que Jesús repitió esta tercera petición en el monte de los Olivos, en Getsemaní (Lucas 22:42). Es una declaración de confianza en que el propósito perfecto de Dios se cumple en este mundo como en el de él. No existe una mejor oración que uno pueda ofrecer. Deberíamos hacerla personal: "Sea hecha primero en mi corazón como en el cielo. Después sea hecha en todo lugar en la tierra".

La mayoría de los niños sabe que la oración es la forma por la cual nos comunicamos con Dios y le decimos algo. Algunos consideran que al repetir palabras de memoria están agradándolo. Otros aprenden que es un medio por el cual pueden pedirle objetos materiales u otros. La importancia de esta primera lección radica en que una verdadera oración es algo más que pedir bienes materiales, deseos o repetir frases.

El niño puede preguntarse: ¿hago mal repitiendo una y otra vez mi alabanza o petición a Dios? No está mal acercarnos al Señor con la misma petición; Jesús nos anima a que elevemos oraciones persistentes, pero no está de acuerdo con las repeticiones vanas de un corazón que no es sincero.

Esta oración que Jesús nos enseña puede ser un modelo para las nuestras. Debemos adorar a Dios en la oración, orar por su obra en el mundo, por nuestras necesidades y solicitar su ayuda ante nuestros problemas y conflictos.

¿Qué pasa si el niño nunca ha conocido a su padre, o el padre que tiene lo maltrata? ¿Cómo puede ver al padre sin experimentar temor o ira contra él? En la actualidad, las familias ya no se rigen por el modelo de "padre, madre e hijos"; la desintegración familiar, el maltrato y explotación infantil se encuentra en todos los países. ¿Cómo puede usted mostrarle al Dios Padre? Mencionando las promesas de consuelo, misericordia, satisfacción y paz que en este sermón nos cita.

Oriente el sentimiento de amor experimentado por alguno de sus padres; o con el amor que usted como maestro le puede dar. En este mundo difícil, donde no hay protección, seguridad ni amor, Dios se ofrece como Padre. Lo único que demanda de nosotros es nuestra constante obediencia y alabanza a su santo nombre, y que aceptemos ser parte de su Reino.

III. DESARROLLO DE LA LECCIÓN

Introducción

Pregunte: *¿Quién contó las parábolas de Jesús en su hogar la semana pasada? Si así fue, ¿cuál fue la respuesta de los que las escucharon?*

Desarrolle la lección ayudándose con las actividades en el cuaderno del alumno. Utilice la primera actividad para introducirlo al estudio sobre la oración.

Actividad 1: Una parte importante de la vida

Deje que el niño observe esta actividad en su cuaderno; dele unos minutos para que estudie las fotografías del álbum. Luego, haga las preguntas de la parte derecha de la página mientras los guía a la historia; señale lo bueno que es tener a quién dirigirse en oración para dar gracias, pedir ayuda, etc.

Pregunte: *¿Qué está pasando en cada fotografía?* (Que los alumnos las identifiquen basados en sus propias experiencias).

¿Qué tienen en común todas las fotografías? (En todas está orando una persona).

¿Por qué crees que las personas están haciendo esto? (Escuche las explicaciones que le dan respecto a la oración). Llame la atención hacia lo importante que es esta para nuestra vida.

Desarrollo de la historia bíblica

Explique brevemente lo que significa "El Sermón del monte", y anote las palabras del vocabulario que necesitará. Escriba en el pizarrón o en tiras de papel las palabras:

Abolir: librarse de algo.

Fariseos: líderes judíos que daban importancia a cumplir la ley.

Hipócrita: alguien que declara amar a Dios y seguirle, pero no lo hace en verdad, aparenta algo que realmente no es, y solo lo hace para impresionar a otras personas.

Santificado: mantener algo santo, apartado para Dios.

Jesús nos enseña a orar

Dramatice con sus alumnos este diálogo, pregunte y luego comenten.

—¡Mira atrás! —le dijo un discípulo a otro—. La multitud que sigue a Jesús es enorme.

—Sí, la gente nos ha seguido por todas partes —agregó otro.

Jesús quería llegar a un lugar donde todos pudieran escucharlo, así que *subió al monte y se sentó... y les enseñaba.* Amaba exponerles a las personas acerca del reino de Dios. Les avisó quiénes serían bendecidos. *Entonces Jesús dijo: No penséis que he venido a abolir la ley. He venido a cumplirla. De cierto os digo que antes de que pasen el cielo y la tierra, ni una jota ni una tilde pasará de la ley, hasta que todo se haya cumplido.*

"Los fariseos estarán felices de oír eso", pensaron los discípulos.

Pero Jesús no había terminado. *Por tanto, os digo que si vuestra justicia no fuera mayor que la de los escribas y fariseos, no entraréis en el reino de los cielos.*

Algunas de las personas en la multitud se daban codazos entre ellos y levantaban las cejas.

—¿Cómo puede ser eso? —se preguntaban—. ¡Los fariseos guardan más reglas que nadie!

Jesús explicó cómo el amor cumplía la ley. Alguien que se había unido a la multitud preguntó:

—¿Qué me perdí?

— Jesús nos habló de todo —le dijeron—: asesinatos, desacuerdos, de amar a los enemigos y ayudar a los pobres.

Cuando ores, no seas como los hipócritas, Jesús dijo, *Porque ellos aman el orar de pie en las sinagogas y en las esquinas de las calles para ser vistos por los hombres.*

Si presumir es todo lo que ellos quieren, entonces ya tienen su recompensa por orar. *Pero tú cuando ores, entra en tu cuarto, cierra la puerta y ora a tu Padre que está en secreto; y tu Padre, que ve en lo secreto; te recompensará en público.*

Ustedes no tienen que hacer oraciones grandes y elaboradas. Dios no se impresiona por las muchas palabras. Después de todo, *vuestro Padre sabe de qué cosas tenéis necesidad antes de que vosotros le pidáis. Vosotros pues oraréis así: Padre nuestro que estás en los cielos, santificado sea tu nombre. Venga tu reino. Hágase tu voluntad, como en el cielo, así también en la tierra. El pan nuestro de cada día, dánoslo hoy. Perdónanos nuestras deudas, como también nosotros perdonamos a nuestros deudores. No nos metas en tentación, sino líbranos del mal, porque tuyo* es *el reino, y el poder, y la gloria, por todos los siglos. Amén.*

IV. ANEXOS

Actividad 2: Un modelo para orar

Que los niños busquen en sus Biblias Mateo 6:9-10 y lo escriban con sus propias palabras. *¿Cómo le están diciendo a Dios?* (Padre). Eso quiere decir que ves a Dios como una persona amorosa, protectora, mayor que tú, y sabes que es bueno, santo y perfecto. *¿Le estás diciendo que todo debe hacerse como tú quieres?* (No, porque él sabe qué hacer, es *su voluntad y no la mía).* Eso quiere decir que acepto que Dios sabe lo que es bueno para mí, de esta forma le muestro mi respeto.

Aplicación para la vida

Diga: *¿cómo se sintieron los fariseos ante las enseñanzas de Jesús?* (Enojados, felices, indiferentes, admirados, confundidos, asustados, cansados y preocupados). Que los alumnos escojan alguna de estas palabras y comenten el porqué de su elección.

Jesús enseña a no ser como los hipócritas, ¿por qué? ¿Qué hacen ellos? (Deje que los niños comenten lo que piensan o han aprendido). Diga: *No debemos orar a Dios para impresionar a otras personas; tampoco usar palabras difíciles creyendo que el Señor responderá más pronto.* Enseguida, utilice la actividad 3.

Actividad 3: Inicia bien tus oraciones

Esta es la última actividad de la lección. Trabaje con los alumnos que no puedan contestar a las preguntas.

Texto para memorizar

Lea el padrenuestro directamente de la Biblia. Al hacerlo, de nuevo deberá ir pegando en el pizarrón un objeto que represente la frase o versículo que está diciendo, es decir: *Padre nuestro que estás en los cielos* (pegue el dibujo de unas nubes); *santificado sea tu nombre* (una Biblia con la palabra "Dios" o "Padre"); *venga tu reino* (una corona); *hágase tu voluntad, como en el cielo* (un ángel entre nubes); *así también en la tierra* (niños orando). Continúe así con el resto del versículo. Repítalo varias veces, y cuando usted así lo considere, indique que ya no es necesario leerlo, pero que pueden guiarse con los dibujos que usted vaya señalando.

notas

LECCIÓN 32

ORAR ES PRESENTAR NUESTRAS NECESIDADES

I. ASPECTOS GENERALES

Base bíblica: Mateo 6:11; 14:6-21.

Texto para memorizar: *Vosotros, pues, oraréis así: Padre nuestro que estás en los cielos, santificado sea tu nombre. Venga tu reino. Hágase tu voluntad, como en el cielo, así también en la tierra. El pan nuestro de cada día, dánoslo hoy. Perdónanos nuestras deudas, como también nosotros perdonamos a nuestros deudores. No nos metas en tentación, sino líbranos del mal, porque tuyo es el reino, el poder y la gloria, por todos los siglos. Amén* (Mateo 6:9-13).

Verdad bíblica central: cuando tenemos necesidad buscamos a Dios por medio de la oración y le decimos de nuestras preocupaciones confiando que él nos oye y nos responde de acuerdo con su voluntad.

Objetivo de la lección: ayudar al alumno para que confíe en que Dios responde a las necesidades dichas a través de la oración.

II. PREPARACIÓN PARA EL MAESTRO

En el pasaje de Mateo 14:6-12 encontramos cuatro personajes, los cuales estudiaremos.

El primero es Herodes, que fue gobernador o rey de Galilea y se encontraba celebrando su cumpleaños. Realizaba una fiesta oriental a la que asistirían solo hombres, por lo que invitaban a mujeres únicamente para bailar.

El segundo personaje es Herodías, esposa del medio hermano del rey Herodes, no obstante, vivía junto con el rey; a esto se le llama adulterio.

El tercero es Juan el Bautista, primo de Jesús, que le decía que lo que ella hacía era adulterio. Esto provocó que Herodías se enojara contra él e indujera a Salomé, su hija, a pedir como recompensa la cabeza de Juan el Bautista cuando Herodes la quiso favorecer con algún deseo por bailar en su cumpleaños. El rey aceptó su petición y mandó a decapitar a Juan el Bautista,pues había hecho un juramento que le daría a Salomé lo que pidiera hasta la mitad de su reino.

Y el cuarto personaje es Jesús, que, al enterarse, deja al descubierto su humanidad al mostrarse triste. Muchas veces, y en diferentes ocasiones, lloró, pero esta vez sintió la necesidad de estar solo, y en el pasaje encontramos que él se alejó en una barca. La gente, al no encontrarlo, lo buscó, pues sabían que él podía responder a sus necesidades.

Mencione a sus alumnos que Jesús conoce bien este sentimiento (Mateo 14:13, Juan 11:35). Anímelos a no dudar en buscarlo tan pronto como sientan en su corazón alguna necesidad.

A Dios, que todo lo ve y lo sabe, le gusta escuchar que confiamos en su amor y poder para resolver cualquier problema o necesidad que le presentemos en oración. Recuérdeles que Jesús siempre está dispuesto a escucharnos.

III. DESARROLLO DE LA LECCIÓN

Introducción

Pregunte a los alumnos: *¿Lo han llamado "Padre" a Dios en sus oraciones? ¿Cómo se sienten al hacerlo?* Pida voluntarios que den un breve testimonio de lo que Dios significa para ellos. Invite a alguno a dirigir la oración inicial. Diga que la oración debe ser sincera y respetuosa para honrar a Dios Padre.

Dramatice primero la historia bíblica (Mateo 14:12-21). Un voluntario hará el papel de Jesús, dos para el de discípulos, y por lo menos tres más para el papel de enfermos, presentándose ante Jesús. Elija un niño o niña para que lleve los panes y los peces. Inicie de la siguiente manera:

Jesús: (está sentado y se balancea simulando estar en una barca sobre el mar. Sale de esta y se acerca a los enfermos).

Enfermos: (uno con sarampión. Pinte su cara con pintura o con un lápiz labial. Otro que tenga dolor de una muela: amárrele la cabeza. Otro que se quebró el pie y la mano: véndele una mano y un pie, y busque un bastón para que se apoye. Se acercan a Jesús y él los sana; conforme los toca, les va quitando, lo que hace que se vean enfermos).

Discípulos: (se acercan a Jesús y le dicen): Ya es de noche, haz que se retiren y que vayan a comer.

Jesús: Denles ustedes de comer.

Discípulos: No tenemos más que cinco panes y dos peces.

Jesús: (en tanto que bendice los alimentos y los demás oran, otro niño agrega más panes para que todos los asistentes puedan comer).

Agradezca su participación y que todos les aplaudan. Guíe a los niños al siguiente análisis:

Jesús atendió por lo menos dos necesidades, la primera era de salud y sanidad y él los sanó por compasión. La segunda fue una necesidad básica, la alimentación. Ahora observemos cuáles fueron los pasos:

1. La gente buscó a Jesús porque tenían la necesidad de tener salud y alimento.
2. Se acercaron a él y presentaron su necesidad, y Jesús, por compasión, les respondió.

La Biblia no menciona que Jesús no sanó a algunos; por lo que se puede decir que curó a todos los que acudieron a él; luego vio que necesitaban algo más, por lo que les dio alimento. La gente se sació y aun sobró. Todos los niños, jóvenes, mujeres y hombres que habían acudido a él obtuvieron lo que necesitaban.

Después de dramatizar la historia, que los alumnos sigan la lectura en sus cuadernos mientras usted la lee, para reforzar el mensaje.

Desarrollo de la historia bíblica

Jesús alimenta a cinco mil

—¿Han escuchado las terribles noticias acerca de Juan el Bautista? —preguntó un discípulo con tristeza.

—Sí, acabamos de escucharlas —respondió pausadamente otro.

—¡El querido amigo y primo de Jesús, muerto! ¡Apenas puedo creerlo!

—¿Qué hizo Jesús cuando escuchó la noticia? —preguntó otro discípulo.

—Se apartó en un bote.

—¿Lo acompañó alguien?

—No, él quería encontrar un lugar tranquilo para estar solo. Sin embargo, poco tiempo después de que empezó a navegar, la multitud comenzó a caminar para buscarlo. Querían llevarle sus familiares y amigos enfermos y escuchar sus enseñanzas.

—¿Ustedes saben dónde está Jesús? ¡Mi hermano se encuentra enfermo! —gritó un hombre.

—¡Ahí está! ¡En aquel bote!

El Señor pasó al otro lado de la bahía. Finalmente, llevó su barca a la playa. *Al salir Jesús, vio una gran multitud, tuvo compasión de ellos y sanó a los que de ellos estaban enfermos.*

—Por favor, toque a mi hija, está muy enferma. Yo sé que usted puede ayudarla —exclamó una mujer.

—¡Jesús, ven hacia acá! ¡Ayúdame! ¡Solamente tú puedes hacerlo! —dijo otro.

La multitud se juntaba alrededor de Jesús. Tan pronto tocaba a uno y otro, alguien más lo llamaba.

—¡Por favor, Jesús! ¡Ayúdame!

Cerca de la hora de la cena, los discípulos fueron a decirle a Jesús: *El lugar es desierto y la hora ya avanzada. Despide a la multitud para que vayan por las aldeas y compren algo de comer.*

—*No tienen necesidad de irse* —dijo Jesús a los discípulos—, *dadles vosotros de comer.*

Los discípulos no podían creer lo que escuchaban. ¿Cómo vamos a alimentar a una multitud tan numerosa? ¡Son por lo menos cinco mil hombres! No tenemos el dinero para ir a comprar alimento para tantos. *Y tenemos aquí solo cinco panes y dos peces.*

—*Traédmelos acá* —dijo Jesús.

Los discípulos le dieron a Jesús el pan y los peces. Él les dijo a todos que se recostaran sobre la hierba. Los tomó de sus manos y, levantando sus ojos al cielo, agradeció a Dios por la comida y la partió en pedazos, diciéndoles a los discípulos que comenzaran a pasarlos a las personas.

Comieron todos y se saciaron; y recogieron lo que sobró de los pedazos, doce cestas llenas.

Aplicación para la vida

Actividad 1: Mis oraciones

Llame la atención de los alumnos a esta actividad, dígales que encierren en un círculo las razones por las cuáles han orado:

Por alguien a quien aman y está enfermo.
Por dinero.
Por un amigo que necesita ayuda.
Por un problema en la escuela.
Por la iglesia.
Por los misioneros.
Por la familia.

IV. ANEXOS

Actividad 2: ¿A quién le importa?

Pregunte: *¿Qué problemas o necesidades tienen los niños de su edad?* Dígales que las escriban en los bultos de la canasta y que las intercambien con otro compañero. Desafíe a los alumnos a orar durante la semana por las necesidades que lleva escritas.

Texto para memorizar

Lea varias veces el texto. Para variar la lectura: primero todos juntos, la segunda solamente los varones, la tercera solo las mujeres y la cuarta todos juntos nuevamente.

Puede escribir frases del texto en cada rodaja de pan (en la historia bíblica), que las recorten y las peguen en la pared o en el pizarrón. También puede colocar las tarjetas en forma desordenada, permitiendo que los niños las ordenen. Premie a los que pudieron ordenadas sin ver la cita.

Al terminar la clase, tome tiempo para orar y despedirse. Lo puede hacer usted o pida un voluntario que lo realice.

LECCIÓN 33

ORAR ES UNA OPORTUNIDAD PARA PERDONAR Y PEDIR PERDÓN

I. ASPECTOS GENERALES

Base bíblica: Mateo 6:12, 14 y 15; 18:21-35.

Texto para memorizar: *Vosotros, pues, oraréis así: Padre nuestro que estás en los cielos, santificado sea tu nombre. Venga tu reino. Hágase tu voluntad, como en el cielo, así también en la tierra. El pan nuestro de cada día, dánoslo hoy. Perdónanos nuestras deudas, como también nosotros perdonamos a nuestros deudores. No nos metas en tentación, sino líbranos del mal, porque tuyo es el reino, el poder y la gloria, por todos los siglos. Amén* (Mateo 6:9-13).

Verdad bíblica central: la oración es una buena oportunidad para pedirle perdón a Dios, y perdonar también a nuestros deudores.

Objetivo de la lección: ayudar al alumno a que comprenda que Dios contesta nuestra oración cuando pedimos perdón y también perdonamos sinceramente.

II. PREPARACIÓN PARA EL MAESTRO

En el pasaje de estudio (Mateo 18:21-35) Pedro pregunta: "Señor, ¿cuántas veces perdonaré a mi hermano que peque contra mí? ¿Hasta siete?". Aunque el siete era un número de perfección entre los hebreos, Pedro no lo usa en ese sentido.

Entre los judíos era una regla no perdonar más de tres veces. La venganza es algo natural en el hombre; este es por naturaleza un ser vengativo; y en consecuencia, le resulta muy difícil perdonar las ofensas.

En el v. 22 el Señor amplía la cantidad de veces que debemos perdonar, hasta setenta veces siete. Hay algo muy notable en estas palabras, especialmente si se las relaciona con Génesis 4:24, donde se usan exactamente las mismas: "Si siete veces será vengado Caín, Lamec lo será setenta veces siete". El Dios justo castigó el pecado en forma ejemplar.

El hombre pecador queda expuesto a los rayos de la justicia divina, por lo tanto deberá ser amplio en perdonar, especialmente porque solamente el misericordioso hallará misericordia. Cuando Jesús le dice a Pedro: *setenta veces siete,* quiere darle a entender que debe estar dispuesto a perdonarlo siempre, y no llevar una cuenta de las ofensas.

En el pasaje de *los dos deudores,* Jesús les relata una parábola para presentarles una semejanza con el reino de los cielos y el perdón.

Los diez mil talentos de la deuda a la que se refiere en el v. 24 se calculan aproximadamente como 60 millones de monedas de plata.

Al ordenar venderle (v. 25) junto con su mujer e hijos, nuestro Señor alude aquí a una antigua costumbre hebrea de vender a un hombre y a su familia para cobrar deudas contraídas, lo vemos en Éxodo 22:3; Levítico 25:39, 47; 2 Reyes 4:1.

El v. 26, *postrado le suplicaba,* el siervo solicita: "Ten paciencia conmigo y yo te lo pagaré todo" (Mateo 18:26), esto nos muestra su necesidad de perdón. En el v. 27, *movido a misericordia,* notamos que la fuente de salvación para un mundo perdido es la eterna misericordia de Dios.

Sin embargo, en el v. 28 el siervo que había sido perdonado no fue capaz de perdonar a su deudor, y lo pone preso por cien monedas de plata. En el v. 30 se presenta la actitud del ser humano, *pero él no quiso.* Dios no muestra misericordia al que no tiene misericordia; este es un propósito eterno del Señor que nadie puede cambiar. Con lo que Dios hace con nosotros, nos enseña lo que debemos hacer con nuestro prójimo que es pecador.

En el v. 34, *lo entregó a los verdugos.* Aquí no solo se hace referencia a la continuación del encarcelamiento, sino a las torturas que lo acompañaban.

Jesús termina la enseñanza diciendo: *Así también mi Padre celestial hará con vosotros* (v. 35). La bondad e indulgencia de Dios hacia nosotros es el patrón que deberíamos seguir en nuestra relación con otros.

En el padrenuestro cuando el Señor dice: *Y perdónanos nuestras deudas, como también nosotros perdonamos a nuestros deudores,* nos hace reflexionar sobre el perdón de nuestros pecados sin merecerlo; y debemos ofrecer también ese perdón a nuestros hermanos.

Perdonar parece sencillo, lo difícil es sentir la sanidad del dolor o herida de las ofensas. No podemos olvidar o borrar de nuestra mente lo sucedido, pero sí pedirle al Señor que nos ayude a sanar. Quedará una cicatriz, aunque no dolor ni resentimiento en nuestro corazón, cuando el Espíritu Santo cierre y limpie la herida.

Solamente, él cambia el corazón y lo vuelve misericordioso; muchas veces perdonar no es tan sencillo como aceptar una disculpa, confiar nuevamente en nuestro hermano y en su arrepentimiento. Solo se logra si creemos en que Dios puede cambiarlo.

Las personas están acostumbradas a vengarse de las ofensas que les hacen. Tener compasión, misericordia y saber perdonar es un testimonio del amor de Cristo en el corazón; y con esto podemos impactar a otros, porque nos hace ver como auténticos hijos de Dios. La mejor medicina para curar las heridas de las ofensas es el amor de Dios en el corazón.

Cuénteles a sus alumnos la importancia del perdón de Dios para nosotros y de nosotros hacia nuestro prójimo. Tal vez alguno de ellos tiene resentimiento hacia sus padres por abandono, maltrato o abuso físico. Piense en los problemas que sus niños pueden estar atravesando y enfoque la reflexión hacia esos puntos. Ore con ellos si ve alguna necesidad. Recuerde que usted es su guía espiritual y en sus manos está el hermoso privilegio de cuidarlos.

III. DESARROLLO DE LA LECCIÓN

Introducción

Prepare el salón de clases con anticipación y reciba a sus alumnos en la puerta, dele la bienvenida a cada uno por su nombre.

Pregunte: *¿Quién oró por la necesidad que su compañero escribió la semana pasada? ¿Alguien de ustedes oró a Dios presentando alguna necesidad?* (Que testifiquen cómo Dios contestó sus oraciones).

Lea antes la historia bíblica "El siervo que no perdonó". Guíe a sus alumnos para que, durante la clase, la lean con voz alta. Aclare algunas situaciones o palabras que no se comprendan fácilmente (dé tiempo para que los niños respondan a las preguntas).,

Escriba desordenadas las letras de la palabra PERDÓN en la pizarra. Desafíe a los niños a buscar qué palabra pueden formar con esas letras. Cuando la encuentren, pregúnteles su significado.

Diga: *¿Cuántas veces crees poder perdonar a alguien que te ofende?* (Después de la respuesta lean todos juntos la historia bíblica).

Desarrollo de la historia bíblica

El siervo que no perdonó

—Mamá, ¿cuánto tiempo tengo que soportar a mi hermano?

—No eres el primero que lo pregunta. ¿Sabías que Pedro también lo hizo? Se acercó a Jesús y le preguntó: "Señor, si un hermano de la iglesia me hace algo malo, ¿cuántas veces debo perdonarlo? ¿Hasta siete veces?". Jesús le contestó: "No te digo hasta siete, sino aun hasta setenta veces siete". Hay que perdonarlo una y otra vez; es decir, siempre. Y para que los discípulos entendieran mejor, Jesús les contó una parábola:

En el reino de Dios sucede algo parecido a lo que sucedió cierta vez en un país. Un rey mandó a llamar a sus empleados para que le informaran cómo andaban sus negocios y para que le pagaran lo que le debían. Cuando empezó a sacar cuentas, le llevaron a un empleado que le debía muchísimo dinero. Como el empleado no tenía dinero para pagar, el rey ordenó que lo vendieran como esclavo, junto con su esposa e hijos, y que vendieran también todo lo que tenía. Así, con el dinero de esa venta, la deuda quedaría pagada.

Pero el empleado se *arrodilló delante del rey y le suplicó:*

"Señor, ten paciencia conmigo y yo te lo pagaré todo".

El rey sintió compasión de su empleado y le dijo: "Vete tranquilo, te perdono todo lo que me *debes".*

Al salir del palacio del rey, ese empleado se *encontró con un compañero que le debía 100 monedas de plata. Lo agarró por el cuello y le dijo: "¡Págame lo que* me *debes!".*

Este compañero se *arrodilló delante de él y le suplicó:*

"¡Dame un poco más de tiempo y te lo pagaré todo!".

Pero él no quiso y mandó a que lo metieran en la cárcel hasta que le pagara el dinero que le debía.

Los otros compañeros, al ver lo que había pasado, se molestaron mucho y fueron a contárselo al rey.

Entonces el rey mandó a llamar a aquel empleado malo y le dijo:

—¡Qué malvado eres! Yo te perdoné todo lo que me *debías porque* me *lo suplicaste. ¿Por qué no tuviste compasión de tu compañero, así como la tuve* de *ti?*

El rey se enojó mucho y ordenó que castigaran a ese empleado hasta que pagara todo lo que le debía.

Jesús terminó diciendo: "Lo mismo hará mi Padre que está en el cielo con cada uno de ustedes, si no perdonan sinceramente a su hermano".

Aplicación para la vida

Diga: *¿Fue correcta la actitud del siervo?* Ellos responderán que no. Pregunte: *¿Alguna vez no han querido perdonar?* Lea con ellos Mateo 6:12 y reflexionen en este versículo. Explique cuál es la voluntad de Dios para sus hijos. Él espera que nosotros estemos dispuestos a pedir perdón y a perdonar sinceramente.

Explique los cuatro pasos para la salvación:

1. Aceptar que hemos pecado.
2. Arrepentimos de nuestros pecados.
3. Estar dispuesto a dejar de pecar.
4. Pedirle perdón a Dios y aceptar a Jesucristo como nuestro Salvador.

Hable de la importancia de experimentar el perdón de Dios. Haga referencia a Juan 3:16-17 e indique que si ya lo hemos experimentado, él nos manda que también nosotros perdonemos a otros. Asegúrese de que el alumno que desee aceptar a Jesús como su Salvador lo haga en esos momentos.

IV. ANEXOS

Actividad 1: La ayuda correcta en el momento correcto

Deles unos minutos a los alumnos para que estudien el dibujo, antes de hacer lo que dice en la parte inferior de la página.

Diga: *Estudien la escena, luego conecten a las personas que están en peligro con la persona que tiene las herramientas para ayudar a rescatarlos. Las personas que han actuado mal también necesitan ser rescatadas.*

Pregunte: *¿Por qué necesitan ser rescatadas las personas que han actuado mal? ¿Qué tienen en común las personas que no tienen una relación con Jesús y las personas del dibujo?* (Necesitan que alguien haga algo por ellos que ellos no pueden hacer). *¿Cómo pueden encontrar perdón aquellos que han actuado mal?*

Actividad 2: Así como nosotros perdonamos a nuestros deudores

Dígales a los niños que busquen Mateo 6:12 y escriban el texto en sus propias palabras.

Actividad 3: ¿Perdonaste?

Pida a los alumnos que busquen esta actividad y respondan a las preguntas.

Texto para memorizar

Repase los vv. anteriores (9, 10 y 11) motivando a los alumnos a que los repitan dos veces. Escriba el texto para memorizar (Mateo 6:12) en el pizarrón. Ellos deberán leer las palabras que usted ordenadamente irá señalando. Juegue con ellos a cambiar el volumen de la voz al ir leyendo. Que empiecen en voz baja, un poco más fuerte, más aguda y luego en silencio, únicamente moviendo los labios.

Notas

LECCIÓN 34

ORAR ES UN MEDIO PARA PEDIR PROTECCIÓN

I. ASPECTOS GENERALES

Base bíblica: Juan 16-17 y Mateo 6:13.

Texto para memorizar: *Vosotros, pues, oraréis así: Padre nuestro que estás en los cielos, santificado sea tu nombre. Venga tu reino. Hágase tu voluntad, como en el cielo, así también en la tierra. El pan nuestro de cada día, dánoslo hoy. Perdónanos nuestras deudas, como también nosotros perdonamos a nuestros deudores. No nos metas en tentación, sino líbranos del mal, porque tuyo* es *el reino, el poder y la gloria, por todos los siglos. Amén* (Mateo 6:9-13)..

Verdad bíblica central: alabamos a Dios porque por medio de la oración podemos decirle nuestros temores y encomendarle nuestras vidas.

Objetivo de la lección: ayudar al alumno a que aprenda a darle gracias a Dios por sus cuidados y a pedir su protección por medio de la oración.

II. PREPARACIÓN PARA EL MAESTRO

En estos capítulos (16 y 17), Jesús sabía que moriría muy pronto. El 16 contiene una de las conversaciones finales con sus discípulos.

En la época en que Juan estaba escribiendo este Evangelio (libro), ya habían empezado las persecuciones, y estas palabras de Jesús resonarían en sus oídos.

Se acercaba el tiempo de la muerte de Jesús y él debía prepararlos, y en este pasaje les advirtió que no sería fácil seguirlo, que el ser cristianos iba a tener un costo muy alto. La expulsión de las sinagogas resultaba algo muy importante para ellos; su buen nombre, influencia y todo lo necesario en la vida estaba en juego.

Jesús les explicó que era necesaria su partida para permitir la llegada de la salvación y el socorro del Espíritu Santo. El dolor y el sufrimiento serían muchos, pero pasarían. El gozo que vendría después sería mayor.

En el capítulo 17 se encuentra la oración de Jesús. Comienza pidiendo ser glorificado. Con este término, "glorificación", Jesús le estaba solicitando a Dios que tanto judíos como gentiles comprendieran que él era el Mesías, y su misión, salvar al mundo de pecado.

Jesús oró por él mismo, por sus discípulos y por los futuros discípulos. Así como por las generaciones futuras que lo aceptarían. De igual manera, se refirió a acontecimientos que aún no habían sucedido, como si estos ya hubieran pasado (vv. 10-11).

En Mateo 6:9-13 se encuentra otra oración de Jesús. Según el Comentario Beacon, "tentación" se puede traducir como "prueba"; es una palabra griega que se puede traducir de ambas formas (CBB Tomo VI p. 85). Jesús está enseñándonos a pedirle a Dios que nos guarde cuando estemos pasando por pruebas difíciles; y poder para vencer al enemigo.

¿Era necesario que Cristo muriera? ¿Qué hubiera pasado si no hubiera fallecido? Sí, resultaba necesario que Jesús muriera para tener hoy salvación. Además, si Cristo no hubiera muerto no habría sido posible su presencia y ayuda en cada uno de nosotros. Al morir, esto se hizo realidad por medio del Espíritu Santo.

¿En nuestro tiempo pasamos por situaciones difíciles? ¿Hay persecución en nuestro país? ¿Conocen a alguien a quien le hayan prohibido asistir a la escuela por ser cristiano o que esté en la cárcel por predicar a Cristo?

Nosotros, como cristianos, ¿podemos entrar a todas partes igual que los demás? Quizás en el lugar donde vivimos exista un cierto grado de libertad religiosa, pero en muchos lugares, las persecuciones por causas religiosas son una realidad. En sitios como Oriente, hoy esto es un hecho. Mucha gente sigue muriendo por predicar a Jesucristo y su mensaje.

"Han muerto más cristianos en el siglo XX por ser cristianos, que en los diecinueve siglos después del nacimiento de Cristo. En Indonesia, asesinaron a más de quinientos cristianos. En Corea del Norte, la iglesia está escondida en cuevas subterráneas y los cristianos se deben ocultar para alabar a Dios. En Chechenia, los terroristas secuestran y matan a los cristianos (*Guía Internacional de Educación Misionera*, Tomo XVI, Año 2002).

¿Cómo ayuda la oración de Jesús en estas situaciones? En la oración. Jesús nos enseña que debemos orar a Dios para que nos socorra cuando tenemos dificultades o algo difícil que resolver.

En el padrenuestro, por su parte, nos enseña a pedirle ayuda a Dios en tiempo de tentación, prueba o dificultades que podamos estar pasando. Pero, para que esto se cumpla, debemos poner delante de Dios todas nuestras inquietudes, dudas y problemas. De esta manera, Dios podrá entendernos y socorrernos en medio de la dificultad.

III DESARROLLO DE LA LECCIÓN

Introducción

Divida la clase en dos equipos: a cada uno dele una hoja y pídales que escriban cinco preguntas de repaso basadas en esta unidad. Explique que cada equipo presentará sus preguntas al otro grupo; y las respuestas se deben obtener de las lecciones anteriores.

Establezca un límite de tres minutos para esta actividad. (Recuérdeles a los alumnos el contenido de las lecciones nombrando los títulos de estas). Empiece el juego tan pronto como los equipos tengan listas sus preguntas. Usted será el juez en caso de una respuesta dudosa. Marque 10 puntos por cada respuesta correcta para mantener interesante el juego. Acláreles a los alumnos que el propósito de esto es divertirse y repasar las ideas importantes que han aprendido. Puede premiar a los dos equipos distribuyendo dulces o premios a cada alumno.

Al final, pregunte: *¿Qué enseñó Jesús acerca de perdonar a nuestros deudores?* (Nos mandó a perdonar a aquellos que nos ofenden).

Actividad 1: Nuestra mejor defensa

Pida a los alumnos que abran sus cuadernos en esta actividad y pregunte: *¿Qué tienen en común todos los objetos en cada categoría?* Haga que escriban las respuestas en los espacios. (Artículos usados para protección y otros para aumentar la fuerza).

¿A qué categoría pertenece la oración? ¿Por qué? (La oración pertenece a ambas categorías, porque cuando oramos, Dios nos puede dar tanto protección como fuerza).

Desarrollo de la historia bíblica

Jesús ora por sus discípulos

Lea la lección junto con los niños, todos al unísono (al mismo tiempo). Mientras estén leyendo, deténgase donde se le marca. Haga la pregunta a los niños y permítales dialogar al respecto.

—¿Adónde va Judas? —le dijo con voz baja un discípulo al otro.

"Como él maneja nuestro dinero, tal vez esté saliendo para hacer algún mandado de Jesús", pensó el segundo discípulo.

Después de que Judas se fue, Jesús habló a los discípulos sobre los hechos que enfrentarían en el futuro. Predijo su muerte y habló acerca de la resurrección.

—Les he dicho todo esto para que no dejen de confiar en mí. Ustedes van a ser expulsados de las sinagogas; y llegará el día cuando cualquiera que los mate creerá que le está haciendo un favor a Dios.

Luego, Jesús comenzó a orar, diciendo: *Padre mío, ha llegado el momento de que muestres a la gente lo grande y poderoso que soy. De ese modo yo también les mostraré lo grandioso y maravilloso que eres tú. A todo el mundo le he mostrado lo grande y poderoso que eres, porque cumplí con todo lo que me ordenaste.*

—¿Por qué fue su oración como si fuese la última que haría? —se preguntaban algunos.

Los discípulos escucharon a Jesús hablándole a Dios acerca de ellos. *A los seguidores que me diste les he mostrado quién eres. Ellos eran tuyos, y tú me los diste, y a través de mí han obedecido todo lo que les ordenaste. Ruego por ellos. No pido por la gente que no me acepta y que solo piensa en las cosas de este mundo. Más bien pido por los seguidores que me diste y que son tuyos. Padre celestial, dentro de poco ya no estaré en el mundo, pues voy a donde tú estás. Pero mis seguidores van a permanecer en este mundo. Por eso te pido que los cuides. Mientras yo estaba con ellos, los cuidé con el poder que me diste, y ninguno dejó de confiar en mí. El único que nunca creyó en mí fue Judas. No te pido que los quites del mundo, sino que los protejas de Satanás. Yo no soy de este mundo, y tampoco ellos lo son. Tu mensaje* es *verdad; haz que al escucharlo, ellos* se *entreguen totalmente a ti*

Diga: *En el padrenuestro se nos enseñó a orar "no nos metas en tentación, sino líbranos del mal" (Mateo 6:13). ¿Estaba Jesús pidiéndole a Dios que librara a los cristianos de escuchar o ver el mal de este mundo?* (No). *Él sabía que sus discípulos tendrían que estar en el mundo, escuchar y ver el mal alrededor. Si conocemos a Jesús hoy, nosotros somos esos discípulos.*

Los discípulos pensaron en las palabras de Jesús: "No pido sólo por ellos, sino también por los que creerán en mí cuando escuchen su mensaje".

Me pregunto: ¡cuántos nos creerán si Jesús se va de aquí!, pensaron, ¿quiénes son aquellos que van a creer en nuestro mensaje? ¡No serán los líderes religiosos que están por aquí!

¿Quiénes serían los que iban a creer por medio de los discípulos? (Toda la gente de su época). *¿Quiénes creen hoy a través de nosotros?* (Los que conocemos y les testificamos).

"Poco después de que Jesús dijo esta oración, él y sus discípulos dejaron el lugar donde habían estado. Fueron a un huerto de olivos. Ahí, una banda de soldados guiados por Judas arrestó a Jesús y se lo llevó".

Aplicación para la vida

¿Existen hoy persecuciones en nuestro país? ¿Cómo podemos ayudar en estas situaciones? (Haga que los niños respondan. Cada uno puede escoger algún pais donde hay persecuciones y orar en la semana).

IV. ANEXOS

Actividad 2: La protección de Dios

Dígales a los niños que piensen en algunas situaciones en las cuales hayan tenido la protección de Dios, y que escriban una oración de alabanza por el cuidado del Señor. Recuerden que las cuatro lecciones hablan sobre la oración.

Ayúdelos a que escriban algunas de sus peticiones personales. Pregunte: *¿Han tenido peticiones contestadas?* (Que las anoten en esta parte del trabajo).

Texto para memorizar

Esta es la última sección del padrenuestro como versículo clave, así que los niños ya lo deben tener memorizado.

Si son muchos los alumnos divídalos en dos grupos.

Escriba el padrenuestro en párrafos y repártalos entre los niños (sin que vean qué les tocó). Ellos tienen que leer (individual o en grupo) el párrafo que usted les proporcionó, y decir las palabras que están antes o después (según usted lo indique). Recuérdeles a los que se aprendieron el texto que deben poner una estrella en su certificado del Club versículo del mes. Y que le entreguen sus certificados aquellos que se hayan aprendido los tres versículos de la unidad. Usted los pondrá en un lugar visible del salón de clase.

Notas

GUÍA PARA LA UNIDAD IX

EN BUSCA DE LA VERDADERA SABIDURÍA

VERDAD BÍBLICA: amar, conocer y obedecer a Dios, son los secretos de la verdadera sabiduría.

PROPÓSITOS DE LA UNIDAD:

- El alumno aprenderá que Dios nos enseña a vivir cerca de él.
- Entenderá que la continua obediencia a Dios es el secreto para mantener una relación íntima con él.
- Sentirá deseos de obedecer a Dios en todo momento.
- Buscará y aceptará la dirección y ayuda de Dios.
- Dará a Dios lo mejor de su servicio y devoción.

LECCIONES DE LA UNIDAD:

» Lección 35- David, un rey vencedor.
» Lección 36- Cuando Dios dice "NO".
» Lección 37- En busca de la sabiduría de Dios.
» Lección 38- Salomón da lo mejor a Dios.
» Lección 39- Salomón se aparta de Dios.

VERSÍCULO DE LA UNIDAD: *A Jehová, vuestro Dios, seguiréis y a él temeréis, guardaréis sus mandamientos y escucharéis su voz, a él serviréis y a él le seréis fieles* (Deuteronomio 13:4).

En esta etapa de la vida, los alumnos primarios comienzan a razonar en forma abstracta. En la búsqueda de sus propios ideales y valores empiezan a pensar por sí mismos, y a menudo cuestionan los conceptos de los adultos. ¿Esto tiene sentido?, ¿los adultos viven lo que enseñan?, ¿funcionará en la vida real?

Estas lecciones proveerán al alumno oportunidades para que tomen decisiones basadas en conceptos bíblicos, y los ayudará a establecer una base que le servirá para vivir cerca de Dios.

Un análisis a la vida de David y Salomón les dará ejemplos de la devoción a Dios, y los peligros de la desobediencia. Los alumnos serán incentivados a dar lo mejor a Dios. A través de la vida de David verán que es importante buscar la voluntad de Dios, aun si esta no es lo que escogería. La vida de Salomón nos enseñará las glorias de la fidelidad y los peligros de desviarse de Dios.

Sugerencias:

Club versículo del mes

1. Todos pueden ser un miembro exitoso en este club. Cada mes, el alumno aprenderá un versículo o pasaje bíblico nuevo. En el cuaderno del alumno, en la primera lección de esta unidad, el niño encontrará un certificado y unas tarjetas de memorización para este cuatrienio. Exhiba los certificados en un lugar visible, como recordatorio para aprenderse los versículos. Tenga un expediente de los logros del estudiante. Cuando el alumno pueda decir el versículo del mes de memoria, póngale una estrella en su certificado. Puede ofrecer pequeños obsequios como incentivos o celebrar una fiesta para los miembros que hayan aprendido sus versículos.
2. Para la lección 37 necesitará llevar un muñeco con forma de bebé, una corona de rey (sencilla, puede hacerla de cartulina o cartón) y vestimenta para soldado.
3. Para la lección 38 lleve el texto para memorizar escrito en pedazos de cartulina (una palabra en cada pedazo), con objeto de que trabaje con los alumnos en la memorización del texto; en la lección se le indicará cómo hacerlo.
4. Diferentes formas para memorizar el texto: Juego del globo: esta actividad ayudará al alumno a memorizar los versículos. Háganla cuando tengan tiempo extra. Materiales necesarios: globos o una pelota de playa. Que los alumnos formen un círculo. La primera persona en tirar la pelota al aire dirá el comienzo del versículo. Al darle la pelota, el próximo estudiante dirá la segunda palabra, y así sucesivamente. Si la pelota cae al piso, tendrán que volver a empezar. La repetición es una buena práctica.
5. Escriba el versículo para memorizar en papel grueso (necesita marcadores o pinturas); que los niños recorten cada una de las letras (deje que trabajen pintando y decorando el letrero) hasta formar el versículo completo. Cuando lo hayan terminado, busque un buen lugar para colocarlo y quítelo hasta que los alumnos se hayan familiarizado con él.
6. Otras actividades: Planifique un tiempo de alabanza con sus alumnos durante la lección 38, cuando los niños hayan aprendido sobre el regalo de Salomón para Dios. Pueden hacerlo durante el culto, la clase o durante el tiempo de la iglesia infantil. Invite a los alumnos para que mencionen de qué modo pueden usar sus talentos para participar en este proyecto. Pueden hacer dibujos sobre banderines, presentar música especial, solos o en coro. Aquellos que lo hacen bien, pueden leer algunos versículos de Proverbios que nos enseñen cómo servir a Dios.

LECCIÓN 35

DAVID, UN REY VENCEDOR

I. ASPECTOS GENERALES

Base bíblica: 2 Samuel15:1-25.

Texto para memorizar: *A Jehová, vuestro Dios, seguiréis y a él temeréis, guardaréis sus mandamientos y escucharéis su voz, a él serviréis y a él le seréis fieles* (Deuteronomio 13:4).

Verdad bíblica central: que Dios guía a los que lo obedecen.

Objetivo de la lección: ayudar al alumno a que entienda que Dios guía a aquellos que piden su dirección y están dispuestos a obedecerlo.

II. PREPARACIÓN PARA EL MAESTRO

David y Saúl estuvieron en conflicto durante muchos años, y aun después de la muerte del segundo sus seguidores permanecieron con esta diferencia; y cuando por fin terminó la lucha, a David lo nombraron como el nuevo rey de Israel. Los filisteos (enemigos de Israel) quisieron tomar ventaja antes de que David consolidara su poder (2 Samuel 5:1-25).

Cuando David se enteró de los planes que ellos tenían, antes de hacer cualquier movimiento pidió a Dios su dirección y los filisteos fueron derrotados. Un año después, ellos volvieron a hacer nuevos planes de ataque. Pero David repitió su estrategia, pidió la dirección de Dios y él le dio un nuevo plan, el cual obedeció y salió otra vez victorioso.

David nunca tuvo miedo ni actuó precipitadamente, siempre buscó primero la dirección de Dios. Cuando nosotros nos enfrentemos con problemas en nuestra vida, recordemos a David, y hagamos lo mismo: pedirle a Dios su dirección y obedecer todo lo que él nos mande.

A esta edad, los alumnos primarios empiezan a buscar su independencia, y no siempre aceptan lo que sus padres les dicen. Desean manejarse de acuerdo con sus propias convicciones y pensamientos. Quieren hacer lo que ellos deciden, y a menudo experimentan los fracasos de sus propias decisiones.

Este es el momento indicado para que los niños conozcan el amor incondicional de Dios y cuál es su perfecta voluntad para sus vidas. Considerando que en este período están aprendiendo a leer, anímelos a que lean por sí mismos las historias bíblicas correspondientes; de esta forma desarrollarán su fe como cristianos.

III. DESARROLLO DE LA LECCIÓN

Introducción

Dibuje en la pizarra un plano de la propiedad de la iglesia, así como del templo. Deje que los alumnos le añadan árboles, aceras, caminos, plantas, estacionamiento, etc. Cuando esté terminado dé instrucciones a cada niño, por turno, para que las sigan, por ejemplo: "Sal por la puerta de enfrente; ve por la acera hasta el primer árbol; da vuelta a la izquierda, ahora dime, ¿en qué lugar estás?".

Esta actividad enfatiza la importancia de seguir bien las instrucciones que nos dan cuando necesitemos encontrar un lugar o algo en especial.

El siguiente ejercicio lo puede hacer dentro del salón de clases o fuera de este, al aire libre. (Necesitará un pañuelo por cada pareja, para vendar los ojos).

Ya dividida la clase en parejas, uno deberá vendarse los ojos y el otro dará instrucciones a sus espaldas y, sin tocarlo, lo guiará hacia el lugar que usted le indique. Ejemplo: "*Camina cinco pasos hacia adelante, gira a la izquierda, sigue caminando, etc.*". Cambie los roles de las parejas para que ambos puedan participar y, una vez terminado, cuenten las experiencias que tuvieron durante el juego. Anímelos a que expliquen cómo se sintieron cuando otro lo guiaba (con temor, inseguridad o confianza en su compañero).

Explique que muchas veces pasamos por estas experiencias cuando obedecemos las instrucciones de Dios, pero con la diferencia de que podemos tener la plena confianza en la dirección divina.

Desarrollo de la historia bíblica

—¡El rey Saúl ha muerto! —gritaba la gente de Judá.

Entonces, el general del ejército de Saúl puso por rey sobre Israel al hijo de este, llamado "Isboset". Cuando el hijo de Saúl falleció, los líderes de Israel vinieron hacia David y lo nombraron rey. El pueblo tenía un nuevo rey; pero no todos estuvieron contentos con la noticia.

—Ahora es el tiempo de atacar a Israel —le dijo un general filisteo a su rey—. Israel es débil, pero David cada día se hace más poderoso. ¡Debemos atacar ahora!

Cuando los filisteos oyeron que David era el nuevo rey de Israel, subieron todos para capturarlo. Al enterarse, él descendió a la fortaleza en busca de un lugar seguro y tranquilo; necesitaba tiempo para meditar y orar. Sabía que debía tomar una decisión. La pregunta era: ¿qué debo hacer?

Entonces, David consultó a Jehová: ¿Iré contra los filisteos? ¿Los entregarás en mis manos?

Dios le dijo: *Ve, porque ciertamente entregaré a los filisteos en tus manos.* La victoria fue tan rápida que estos huyeron sin detenerse siquiera para tomar sus ídolos. No obstante, no se dieron por vencidos y se reunieron en el valle de Refaim para hacer nuevos planes de ataque.

Pero David vino de nuevo a la presencia de Dios para preguntarle qué debía hacer. Entonces, el Señor le dio un plan secreto para la guerra: *no subas, sino rodéalos y atácalos frente a las balsameras. Y cuando oigas ruido como la marcha de las copas de las balsameras, entonces atacarás, porque Jehová saldrá delante de ti para derrotar el campamento de los filisteos.*

David hizo exactamente lo que Dios le ordenó. Él y sus soldados esperaron tranquilamente cerca de las balsameras. Y cuando escucharon el ruido de las copas de estas, atacaron. (Las palabras en cursiva se encuentran en 2 Samuel 5).

Pídales a los alumnos que busquen 2 Samuel5:19, indíquele a alguien que lea en voz alta. Pregunte: *¿Qué nos dice este pasaje de la estrategia secreta que usó David?* (Repasen la historia y busquen las instrucciones que Dios le dio).

David sabía lo importante que era seguir la dirección de Dios. Por esa razón primero lo consultó.

¿En qué clase de problemas o situaciones necesitan los niños que se les guíe? (cuando tienen tentaciones; problemas con sus amistades o en la escuela).

Diga: *¿Por qué piensan que es importante para un cristiano buscar cuál es la voluntad de Dios?* (Algunas respuestas: porque él nos ayudará a tomar decisiones correctas; creemos que él es Dios y queremos hacer lo que nos ordena; él sabe más que nosotros, etc.).

Lean Proverbios 3:5-6, mencione que a veces es difícil saber lo que Dios quiere que hagamos, porque no siempre nos habla claramente (como le habló a David). Pregunte: *¿De qué forma Dios nos guía hoy?* (A través de la lectura de la Biblia, de los mensajes de líderes cristianos, escuchando un himno, etc.).

Dígales a los niños que expresen las áreas de su vida en las que necesitan reforzar la dirección de Dios (entre amigos, con los padres, en la escuela, con los hermanos, etc.). Escríbalas en la pizarra y permita que oren unos por otros. Termine rogando a Dios que guíe a cada alumno y que los ayude a reconocerlo y obedecerlo en todo tiempo.

Aplicación para la vida

Actividad 1: Estrategia secreta de David

Exprese: *La Biblia nos menciona la estrategia secreta de David para poder ser un buen rey y ganar las batallas. Descifren el mensaje secreto.*

Respuestas:
Aceptar a Dios como líder.
Pedirle su dirección.
Seguir su dirección.

Recuérdeles a los alumnos que servimos al mismo Dios que guió a David. Nosotros enfrentamos diferentes desafíos con los que él se enfrentó. Pero, igualmente, podemos buscar la voluntad de él y seguir sus instrucciones. Deles tiempo para que contesten a la pregunta que se encuentra al final de la actividad.

Diga: *Cuando tengan que hacer una decisión difícil, ¿qué decidirán que deben hacer?* (Dígales que estén preparados para que la próxima semana testifiquen de los hechos o acciones en los cuales pidieron la dirección de Dios y cómo él los guió. Recuérdeles que buscar la voluntad de Dios no siempre resulta fácil, como le sucedió a David. Pero que él guiará a aquellos que lo sigan).

Actividad 2: Receta para un gran líder

Pida que mencionen algunas personas que han sido grandes líderes. (El presidente del país, deportistas, maestros, etc). Pregunte: *¿Qué hicieron ellos para ser reconocidos*? (Escriba las respuestas en la pizarra).

Explíqueles que en el tiempo del Antiguo Testamento el pueblo de Israel decidió tener un rey. Dios quería que confiaran en él porque sabía lo que era mejor para ellos. Pero ellos querían un rey que lo pudieran ver al igual que los demás pueblos. Y Dios se los permitió.

Llame la atención de los niños a sus cuadernos y pregunte: *¿Qué características hacen a un gran líder? ¿Cómo les gustaría que fuera su líder? Hagan una receta para el líder que quisieran tener.* (Honestidad, sabiduría, bondad). Deje que la escriban con lápiz en la "tarjeta de recetas", por si cambian de opinión. Luego, el que quiera puede mostrarla.

Diga que la historia de hoy es sobre David, el segundo rey de Israel. Trate de captar la atención de los niños para que puedan aprender qué hizo él para llegar a ser un gran líder.

Texto para memorizar

Escriba el versículo de este mes en la pizarra; luego separe a los alumnos de la siguiente manera: que formen un grupo todos lo que tienen ropa color azul; otro los que tienen zapatos negros; otro los que tienen calcetines blancos, etc. Diga usted primero el texto en voz alta, y luego que lo repitan cada uno de los grupos; de esta manera será fácil memorizarlo.

LECCIÓN 36

CUANDO DIOS DICE "NO"

I. ASPECTOS GENERALES

Base bíblica: 2 Samuel 7:1-29.

Texto para memorizar: *A Jehová, vuestro Dios, seguiréis y a él temeréis, guardaréis sus mandamientos y escucharéis su voz, a él serviréis y a él le seréis fieles* (Deuteronomio 13:4).

Verdad bíblica central: Dios no siempre hace lo que le pedimos.

Objetivo de la lección: ayudar al alumno a aceptar la autoridad de Dios, aun cuando él nos dice "NO".

II. PREPARACIÓN PARA EL MAESTRO

Dios le dio a David la victoria sobre sus enemigos, y ahora el reino disfrutaba de tiempos de paz. Después de años de conflictos, los israelitas se sentían seguros (2 Samuel 7:1-29).

David vivía en un hermoso palacio revestido de madera de cedro. Pero se mostró avergonzado porque mientras él vivía en un lugar así, el arca del pacto se hallaba entre cortinas.

Natán, un profeta de Dios, estuvo de acuerdo con David en su plan de construir un templo. La petición de David era buena, pero Dios dijo que no. Esto no quiere decir que rechazó a David, sino que él estaba planeando algo aún mayor en la vida de David, que permitirle el prestigio de construirle un templo.

Dios le reveló al profeta Natán que ese no era su plan y fue a comunicárselo a David. Dios le dijo a David que su trabajo era unificar y guiar a Israel, y destruir a sus enemigos. David aceptó su papel en el plan de Dios y no trató de ir más allá.

¿Por qué Dios le dijo "no" a David? No se sabe, tal vez él quería que reconociera que no se le puede limitar a estar en un solo lugar. Para los israelitas, el Arca del Pacto significaba la presencia de Dios en medio de ella.

Esta lección nos enseña que en nuestro caminar con Dios, muchas veces recibimos un "no" como respuesta a lo que le pedimos. ¿Confiamos en él cuando su contestación va en contra de nuestros deseos? ¿Estamos dispuestos a esperar el tiempo de Dios, como lo hizo David? ¿Confiamos que él hará lo mejor para nosotros?

Es natural que los niños de esta edad se vean altamente frustrados cuando no obtienen lo que ellos desean. Así muchas veces sucede también con los adultos. Tenemos que aprender a aceptar la respuesta del Señor en todo tiempo, aun cuando nos diga "NO"; y continuar confiando en su bondad, aunque no entendamos el porqué de su negativa.

III. DESARROLLO DE LA LECCIÓN

Introducción

Actividad 1: El gran "NO"

¿Quién es tu autoridad?

Pídales a los alumnos que localicen esta actividad en sus cuadernos. En la pizarra dibuje un NO grande, haga las siguientes preguntas y escriba las diferentes respuestas que le den los niños.

¿Hay ocasiones en las que sus padres dicen "no" a algo que quieren hacer? (Ver ciertos programas de televisión, comprar cierta clase de ropa, tener ciertas amistades, etc.).

¿Por qué dirán ellos que NO? (Hablen sobre esto). Hay veces que los maestros decimos NO cuando ustedes quieren hacer algo.

¿Recuerdan algo por lo cual decimos NO? (Masticar chicle en clase, conversar mientras se da la lección, correr por los pasillos, etc. Discuta estas razones).

Hay veces en que los oficiales de la policía dicen NO a la gente, por ejemplo:

Cruzar la calle sin mirar.

Pasar semáforos en rojo.

No usar cinturón de seguridad, etc. (Discutan estas razones).

¿Dios dice alguna vez NO a los cristianos? (Sí) *¿Cuándo y por qué piensan que Dios nos dice NO algunas veces?* Cuando somos egoístas, cuando deseamos algo que no nos beneficia, cuando lo que hacemos o deseamos puede dañar a otra persona, etc.). (Explique que siempre que Dios dice NO, lo hace para nuestro bien).

Desarrollo de la historia bíblica

Aquel que le dijo "NO" al rey

Dígales a sus alumnos que esta historia les enseñará que cuando Dios dice "NO", aún los reyes tienen que aceptarlo.

Al fin hay paz en mi reino —pensó el rey David—. El ejército de Israel ha derrotado a los filisteos y estos no volverán a molestamos por un tiempo, ahora puedo gozar de mi hermoso palacio.

Un día, el profeta Natán visitó al rey David y este le dijo:

—Mira, yo habito en casa de cedro, mientras que el Arca de Dios está entre cortinas. No me parece correcto. Creo que construiré un hermoso lugar para Dios.

—Haz todo lo que esté en tu corazón, porque Jehová está contigo —le respondió Natán.

—Tendré que hacer planes al respecto —proclamó David.

Pero en aquella noche vino palabra de Jehová a Natán, y este, inmediatamente, fue a hablar con David para comunicarle el mensaje de Dios.

—Dios me ha dado un mensaje para ti, David —le dijo Natán.

Así ha dicho Jehová: *¿Tú me has de edificar una casa en donde yo more? Ciertamente, no he habitado en casa desde el día en que saqué a los hijos de Israel de Egipto hasta hoy, sino que he andado en tienda y en tabernáculo. ¿Te pedí alguna vez que me construyeras casa?*

Dios te favorece, David —continuó Natán—. *Pero él quiere que sea uno de tus hijos y no tú quien le construya una casa.*

Luego de que el profeta Natán se fue, David oró:

—Tú te has engrandecido, Jehová Dios, por cuanto no hay como tú, ni hay Dios fuera de ti. Yo quise construir esta casa para ti, pero tú has dicho que no seré yo quién la haga. Oh soberano Señor, tú eres Dios.

Aplicación para la vida

Desafíe a los estudiantes para que continúen buscando la voluntad de Dios al hacer sus decisiones durante la semana. Dígales que estén preparados para contar en qué situación Dios les dijo que NO y contestar a las preguntas: *¿Cómo sabían que Dios les dijo NO?, ¿lo que querían hacer era bueno tal como lo que quiso hacer David? ¿Por qué piensan que Dios les dijo NO? ¿Cómo saben lo que Dios quiere que hagan?* (Leyendo la Biblia, orando, preguntándole al pastor o a los líderes de la iglesia, etc.).

IV. ANEXOS

Actividad 2: ¿Por qué Dios dice "NO"?

Dirija la atención de sus alumnos a esta actividad y pida ayuda a tres voluntarios que deseen participar.

Escena 1

Personajes: Matías, Sergio y Leonel.

Estos tres amigos se encuentran en el tiempo de almuerzo de la escuela.

Matías: ¿Qué piensan ustedes de la escuela dominical?

Sergio: ¡Fenomenal! Me encanta lo que aprendemos de la Biblia en cada clase.

Matías: ¡Oigan! Yo no sabía que Dios dice **NO** a gente importante como David. Pensaba que solamente les decía **NO** a niños como nosotros.

Leonel: Sí, pero ¿qué tenía de malo querer construir un templo para Dios?

Matías: Ese no es el punto, Leonel.

Sergio: Dios muchas veces dice sí. Pero cuando dice NO es por alguna razón.

Matías: Por supuesto, aunque no conozcamos la razón, Dios es soberano. Esto significa que no tiene por qué aclararnos la razón por la cual dice SÍ o NO.

Leonel: Yo pensaba que Dios nos dice NO para evitar que nos metamos en problemas, como los Mandamientos, que nos libran de hacer el mal.

Al final de la escena, pregunte: *¿Por qué piensan que Dios a veces nos dice NO a lo que pedimos?* (Acepte toda respuesta razonable).

Escena 2

Personajes: Diana, Elizabet y Liliana

Las tres chicas se reúnen en una casa para realizar sus tareas escolares. Mientras Elizabet y Liliana estudian, Diana suspira profundamente y luce muy triste.

Elizabet: Diana, ¿te pasa algo?

Diana: Hoy tuve un día terrible, saqué una pésima nota en mi examen y no entiendo por qué.

Liliana: Quizá te equivocaste en alguna de las respuestas.

Diana: ¡Muy graciosa!, ya sé que mis respuestas estuvieron incorrectas, pero pensé que Dios podría ayudarme.

Liliana: ¿Qué me quieres decir?

Diana: Yo sabía que íbamos a tener un examen. Inclusive, me llevé los libros a mi casa para estudiar. El problema fue que me quedé mirando un programa de televisión.

Elizabet: Entonces, ¿no pudiste estudiar lo suficiente?

Diana: Pues... no. ¡Pero cuando fui a clases me puse a orar antes de empezar el examen!

Al final de la escena, pregunte: *¿Por qué creen que Dios no le dio a Diana las respuestas correctas?* (Porque ella no hizo su parte preparándose para el examen).

Actividad 3: Ataque de palabras

Lea el versículo para memorizar. Trabaje junto con los alumnos la siguiente lista con objeto de definir las palabras claves en el versículo.

Jehová, vuestro Dios, seguiréis y a él temeréis, guarda-

réis sus mandamientos y escucharéis su voz, a él serviréis y a él le seréis fieles" (Deuteronomio 13:4).

1. **Seguir** significa *ir detrás de*, e *imitar.*
2. **Temer** significa *mirar a Dios con amor y respeto.*
3. **Mandamientos** son *directivas que uno debe seguir.*
4. **Guardar** significa *cumplir cada día las directivas que* se *nos dieron.*
5. **Servir** significa *trabajar para alguien.*
6. **Fiel** significa *mantenerse firme y no cambiar.*

Texto para memorizar

Prepare con anticipación una hojita para entregar a cada alumno que desee participar en el concurso de memorización de texto. Dígales que lo escriban de memoria. (Deles tiempo para que lo hagan. Cuando hayan terminado, verifique y mencione a la clase a aquellos que escribieron correctamente y por lo tanto son los ganadores. (Si desea, puede premiarlos).

Notas

LECCIÓN 37

EN BUSCA DE LA SABIDURÍA DE DIOS

I. ASPECTOS GENERALES

Base bíblica: 1 Reyes 3:4-28; 4:29-34.
Texto para memorizar: *A Jehová, vuestro Dios, seguiréis y a él temeréis, guardaréis sus mandamientos y escucharéis su voz, a él serviréis y a él le seréis fieles* (Deuteronomio 13:4).
Verdad bíblica central: la verdadera sabiduría proviene solamente de Dios.
Objetivo de la lección: ayudar al alumno a descubrir que la verdadera sabiduría solamente proviene de Dios.

II. PREPARACIÓN PARA EL MAESTRO

Salomón y sus líderes fueron a Gabaón para ofrecer sacrificios a Jehová (esto proclamaba su dependencia de Dios y su devoción a él). Ya en ese lugar, Salomón ofreció mil sacrificios a Dios; de esta forma, le demostraba su gran agradecimiento por todas las bendiciones recibidas.

Fue en ese mismo lugar donde Dios le dio la oportunidad de obtener lo que más deseara en el mundo. Salomón pensaba en cómo dirigiría a su pueblo, así que le pidió a Dios un corazón entendido para guiarlo bien y tomar las decisiones correctas. A Dios le agradó mucho que pidiera esto y prometió darle sabiduría, riquezas, gloria y larga vida, si le hacía caso.

El incidente con las dos mujeres que alegaban ser la madre del bebé que estaba vivo nos da el ejemplo de la sabiduría que Salomón poseía. Dios le otorgó un conocimiento especial de la naturaleza humana que le ayudó a resolver este difícil problema.

Salomón era un joven de veinte años cuando se convirtió en rey de Israel. Reconoció que no tenía la madurez ni experiencia necesarias para tomar las decisiones correctas. Cuando Dios le ofreció darle lo que le pidiera, este únicamente pidió sabiduría para gobernar al pueblo.

Nosotros también podemos pedirle a Dios esta misma sabiduría (Santiago 1:5), la cual se encuentra disponible si se la solicitamos en oración y sana motivación. Al igual que Salomón, debemos ponerla en acción y aplicarla en todas las áreas de nuestra vida.

Observe que Salomón pidió sabiduría para llevar a cabo su trabajo, y no requirió que Dios lo hiciera por él. Debemos pedirle al Señor la sabiduría del cielo para saber qué hacer y tener el valor para continuar con ello. Tenemos que ser lo suficientemente valientes para poder realizar lo que Dios quiere a través de nosotros.

Tal vez, nuestros alumnos nunca se encuentren dirigiendo una nación, pero habrá momentos en sus vidas en los cuales se enfrentarán a situaciones que les exigirán tomar decisiones muy importantes. Asegúrese de despertar en ellos el ferviente anhelo de alcanzar esta misma sabiduría.

III. DESARROLLO DE LA LECCIÓN

Introducción

Actividad 1: Lo que más quiero en el mundo

Pida que busquen esta actividad en sus cuadernos y usted empiece a leer:

"*La profesora Amalia había terminado un proyecto de investigación, y acomodó cada una de sus notas en orden: empezó por las respuestas más populares, luego las menos usuales. Pero su perro las tiró de sus manos y quedaron todas revueltas. ¿Quieren ayudar a la profesora a ponerlas nuevamente en orden? Lo pueden hacer de la siguiente manera: acomoden en número del 1 al 11, primero las respuestas que da la mayoría de la gente, después las menos populares, y así hasta terminarlas todas*".

(Anime a sus alumnos a que lean a los demás sus respuestas de las dos listas).

Desarrollo de la historia bíblica

Una sabia decisión

Para desarrollar mejor esta lección, use lo siguiente: un muñeco con forma de bebé, una corona de rey y algunas vestimentas para soldado.

Solicite a cinco voluntarios que pasen al frente para participar de la siguiente lectura, asignándoles previamente los personajes: Narrador, Salomón, soldado, 1ª mujer y 2ª mujer.

Narrador: Salomón, el hijo de David, se convirtió en rey de Israel a la edad de veinte años. Una noche se le apareció Dios en un sueño y le dijo: *pide lo quieres que yo te dé.*

Salomón: *Como soy muy joven y no sé cómo resolver los problemas, concede pues a tu siervo un corazón entendido, para juzgar a tu pueblo y discernir entre lo bueno y lo malo.*

Narrador: La gente pronto se dio cuenta de la sabiduría de Salomón. Muchos venían a él para que los ayudara a resolver sus problemas.

Soldado: ¡Saluden al rey Salomón! ¡Salve, oh rey Salomón, el hombre más sabio de toda la tierra!

Salomón: ¿Quién ha venido hoy a verme?

Soldado: Dos mujeres, mi señor.

Salomón: ¡Hágalas pasar!

1ª mujer: *¡Ah, Señor mío! Esta mujer y yo habitamos en una misma casa, y yo di a luz estando con ella en la casa. Aconteció que al tercer día de dar yo a luz, esta dio a luz también. Una noche, el hijo de esta mujer murió porque se acostó sobre él. Ella se levantó a medianoche y quitó a mi hijo de mi lado mientras yo, tu sierva, estaba durmiendo, y lo puso a su lado y colocó al lado mío a su hijo muerto.*

2ª mujer: ¡No! ¡Eso no es verdad, mi hijo es el que vive y su hijo es el que ha muerto!

1ª mujer: ¡No, tu hijo es el muerto y mi hijo es el que vive!

Salomón: Soldado, traedme una espada.

Narrador: De pronto, se hizo un gran silencio. ¿Cómo decidiría el rey Salomón quién estaba diciendo la verdad?

Salomón: *Partid en dos al niño vivo, y dad la mitad a una y la otra mitad a la otra.*

1ª mujer: *¡No, Señor mío! Dad a esta el niño vivo y no lo matéis.*

2ª mujer: *¡Ni a mí ni a ti, partidlo!*

Salomón: *Entregad a la primera mujer el niño vivo, y no lo matéis; ella es su madre.*

Narrador: Todo Israel oyó aquel juicio que había pronunciado el rey y le tuvieron miedo, pues vieron que Dios le había dado sabiduría para juzgar.

(Las palabras en cursiva pertenecen a 1 Reyes 3).

Aplicación para la vida

Discuta con los alumnos lo que aprendieron en esta lección. Pregunte: *¿Dé dónde proviene la sabiduría?* (Que expresen sus pensamientos. Guíe la discusión para ayudarlos a comprender que la verdadera sabiduría proviene de Dios).

Que Dios los ama y desea ayudarlos en sus problemas.

Actividad 3: Sabiduría, ¿de dónde proviene?

Que busquen en el dibujo de esta actividad las citas bíblicas del libro de Proverbios que están escondidas entre todo lo que allí se ve. Hablen de cada versículo a medida que lo vayan encontrando:

2:6: Porque Jehová da la sabiduría y de su boca proceden el conocimiento y la inteligencia (está en el libro de la parte superior del librero).

9:10: El temor de Jehová es el principio de la sabiduría; el conocimiento del Santísimo es la inteligencia (está en el libro que se encuentra en el suelo, junto a la caja).

10:23: Cometer maldad es una diversión para el insensato, mas la sabiduría recrea al hombre inteligente (está en el cajón del escritorio, entre las hojas de la planta).

15:33: El temor de Jehová es enseñanza de sabiduría, y a la honra precede la humildad (está en el reloj que se encuentra en la pared).

Dígales a los niños que si la verdadera sabiduría viene de Dios, ¿cómo podemos ser sabios? (Dios nos da muchos recursos. Podemos adquirirla de la Biblia, a través de la oración, de los líderes de la iglesia, de nuestros padres y también aprendiendo de nuestros errores).

Pregunte: *¿Qué le pedirías a Dios? ¿Por qué Salomón pidió sabiduría?* (Discuta la diferencia entre las dos listas de la actividad 1).

Aconséjelos a que le pidan a Dios sabiduría para hacer decisiones sabias durante esta semana, y que se preparen para contar sus experiencias la próxima clase.

Ore por las necesidades expresadas por sus alumnos. Pídale a Dios que les dé sabiduría a sus niños para que puedan hacer las decisiones correctas.

IV. ANEXOS

Actividad 2: Situaciones difíciles

Tal vez alguno de los niños esté pasando por una situación difícil en su casa o con sus amigos. Dígales a sus alumnos que busquen las citas bíblicas de Proverbios que aquí se mencionan y que realicen esta actividad como se indica.

Texto para memorizar

Escriba el texto completo en la pizarra, y luego de repetirlo algunas veces, vaya borrando algunas palabras clave.

A medida que avanzan en la repetición y el aprendizaje, vaya borrando las demás palabras, hasta que todo el grupo lo aprenda.

LECCIÓN 38

SALOMÓN DA LO MEJOR A DIOS

I. ASPECTOS GENERALES

Base bíblica: 1 Reyes 5:1.

Texto para memorizar: *A Jehová, vuestro Dios, seguiréis y a él temeréis, guardaréis sus mandamientos y escucharéis su voz, a él serviréis ya él le seréis fieles* (Deuteronomio 13:4).

Verdad bíblica central: Dios merece lo mejor que podamos darle.

Objetivo de la lección: ayudar al alumno a comprender la necesidad que tiene de darle lo mejor a Dios.

II. PREPARACIÓN PARA EL MAESTRO

Cuando Dios le dijo a David que uno de sus hijos iba a construir el templo en su lugar, comenzó a reunir los materiales para la obra (1 Reyes 5:1-6; 8:1-30).

David hizo un pacto comercial con el rey Hirán de Tiro para recibir madera de cedro y personas artesanas. La sabiduría de Salomón fue reconocida cuando arregló todo para que se reunieran 30,000 trabajadores, 70,000 carreteros, 80,000 albañiles y 3,300 supervisores para trabajar en la gran obra.

El templo se terminó después de siete años. Pero Salomón esperó once meses, hasta la fiesta de los tabernáculos para dedicarlo a Dios. El arca del pacto ya se encontraba adentro, colocada en su lugar de honor. Según los sacerdotes que la cargaron, una nube que simbolizaba la presencia de Dios llenó todo el lugar. No pudieron terminar la ceremonia porque la gloria de Dios llenaba el templo.

Salomón reconoció que la terminación del templo fue el cumplimiento de una promesa que Dios le había hecho a David.

Los alumnos están rodeados por maestros, padres, abuelos y líderes que les dicen cómo llevar su vida. La habilidad de ellos se enriquece y se desarrolla rápidamente. Cuando hacen algo que no les sale muy bien, lo practican hasta perfeccionarlo.

Disfrutan de hacer uso de sus nuevas habilidades y se sienten orgullosos cuando hacen algo bien y reciben reconocimiento por ello.

A través de esta lección, los alumnos primarios aprenderán a darle lo mejor al Señor usando sus habilidades, talentos y destrezas. Necesitan entender que Dios nos dio lo mejor de él cuando envió a Jesucristo al mundo.

III. DESARROLLO DE LA LECCIÓN

Introducción

Actividad 1: ¿Quién no hizo lo mejor?

Que los alumnos identifiquen qué acciones están mal hechas o incorrectas y quién es el responsable del error (el que compró el cuaderno para colorear estando roto, el que cocinó la comida, el peluquero, la costurera). Pregunte: *¿Hicieron estas personas lo mejor posible?* (No).

Algunas veces, cometemos errores, pero esto probablemente fue un acto de descuido. *¿Cómo se sienten cuando pagan algo que les hicieron mal o compraron algo y no funciona?* (Defraudados y enojados). *¿Qué significa dar lo mejor? ¿Quién se merece lo mejor de nosotros?*

Desarrollo de la historia bíblica

El gran proyecto

—*David ha coronado a su hijo Salomón para que sea el rey de Israel* —dijo el rey Hirán de Tiro—. *Él y yo somos buenos amigos, le enviaré un mensaje dándole la bienvenida a Salomón.*

Cuando Salomón recibió el mensaje de este rey, se sintió muy feliz al saber que él quería ser amigo del pueblo: "Podemos ayudarnos el uno al otro", pensó.

Salomón también le envió un mensaje a Hirán: *tú sabes que mi padre David no pudo edificar una casa a nombre de Jehová, su Dios, a causa de las guerras en que se vio envuelto, hasta que Jehová puso a sus enemigos bajo las plantas de sus pies. Ahora Jehová, mi Dios, me ha dado paz por todas partes. Yo, por tanto, he determinado edificar casa a nombre de Jehová, mi Dios, según lo que Jehová dijo a mi padre David: "Tu hijo, a quien yo pondré en el trono en tu lugar, él edificará una casa a mi nombre".*

Deseo usar madera de cedro del Líbano para el templo — continuó Salomón.

Por favor, haz que tus hombres corten los árboles. Yo pagaré, cualquiera que sean los salarios que tú digas. Mis hombres ayudarán, pero como tú sabes, nosotros no tenemos quiénes conozcan cómo cortar la madera como tus hombres.

Entonces, el rey de Tiro contestó el mensaje de Salomón.

Mis hombres cortarán todo el cedro y el ciprés que nece-

sites —dijo Hirán—. *Ellos acarrearán la madera hasta el mar, lo atarán para formar balsas, y así lo llevarán navegando hasta el lugar donde tú indiques. Allí los separarás y así tú podrás llevarlos hasta su lugar. En pago, tú me darás alimento para mi casa.*

De esta manera, Hirán mantuvo a Salomón con madera de cedro y ciprés para la construcción. Como pago, él le dio al rey de Tiro miles de barriles de trigo y de galones de aceite de oliva para alimento. Así lo hicieron Salomón e Hirán por muchos años.

Salomón también necesitó piedras para los fundamentos del templo. Así fue como envió a las montañas a 70,000 acarreadores, 80,000 cortadores de cantera y 3,300 jefes. Estos hombres cortaron y removieron grandes rocas para hacer las bases; trabajaron la madera y prepararon las rocas para la construcción. Otros obreros hicieron las terminaciones interiores del templo.

Por siete años, esta gente trabajó para construirle una casa a Dios. Cuando al fin terminaron, Salomón reunió a todos los líderes de Israel. *Ahora* es *el tiempo de traer el arca de Jehová* —les dijo.

Los sacerdotes fueron los que cargaron el arca del pacto de Jehová hasta un sitio especial del templo, el lugar santísimo. Los querubines, con sus alas extendidas, cubrían el arca. Allí estaban las dos tablas de la ley, las cuales Moisés había colocado dentro de ellas en Horeb, donde Dios hizo un pacto con los israelitas luego de que marcharon de Egipto.

Cuando los sacerdotes salieron del lugar santo, la nube llenó el templo del Señor. No pudieron terminar el servicio porque la nube lo impidió; la gloria el Señor lo llenó todo con su presencia. Esta nube era el símbolo de la presencia del Señor en su templo.

Salomón dijo: *Jehová ha dicho que habitaría en la oscuridad, pero yo te he edificado una casa por morada, un sitio en el que tú habites por siempre.*

Luego, se volvió hacia la gente y dijo: *Bendito sea Jehová, Dios de Israel, que prometió a David mi padre lo que con su mano ha cumplido.*

(Las palabras en cursiva son de 1 reyes 5 y 8).

Aplicación para la vida

Mucho tiempo después, el templo construido por Salomón quedó destruido, y al segundo se lo construyó con la dirección de Zorobabel. A este, Herodes le hizo mejorías, aun le añadió, pero los romanos lo destruyeron.

Lea 1 Corintios 6.19. Enfatice que los cristianos que forman la iglesia son el templo de Dios, ya que él vive dentro de ellos.

Los hijos de Dios son la iglesia, y estos se reúnen en templos o edificios. Haga una lista de algunas actividades de su congregación local. Pregúnteles: *¿Qué creen ustedes que sucederá si la gente que hace estas labores se descuida y no hace bien su trabajo?* (Guíe la conversación hasta concluir en qué debemos dar lo mejor para Dios).

IV. ANEXOS

Actividad 1: Mi regalo para Dios

Recuérdeles a los alumnos la lista de labores que hicieron en la sección anterior. Pregunte: *¿La única manera en la que podemos dar lo mejor a Dios es haciendo estas labores en la iglesia?* (¡No!, le traemos honra a él cuando hacemos lo mejor en cualquier hecho y lugar).

Pregunte: *¿Por qué Salomón quería darle lo mejor a Dios?* (Para darle honra). *¿Cómo pueden ustedes honrar a Dios con lo mejor?* Dígales a los niños que en las cajas que se ven en las páginas de esta hoja, escriban una lista de los regalos que le pueden dar a Dios. Desafíelos para que durante la semana hagan lo mejor que puedan. Recuérdeles que así ellos honran a Dios.

La manera más hermosa de demostrarle a Dios cuánto lo amamos, es haciendo lo mejor que podemos en todas las circunstancias de nuestra vida. Motive a los estudiantes para que digan que ellos quieren darle lo mejor a Dios. Reconozca sus capacidades y talentos, y anímelos a usarlos siempre de la mejor manera para honrar a Dios. Asimismo, desafíelos a perfeccionarlos.

Texto para memorizar

Escriba el texto, palabra por palabra, en cartulinas separadas. Usando estas, colóquelo correctamente en la pizarra. Memorícelo y repáselo junto con la clase. Una vez aprendido, saque las cartulinas de la pizarra y mézclelas en una bolsa, para que luego los alumnos, trabajando en equipo, puedan reconstruirla nuevamente en la pizarra en manera correcta. Invítelos a que todos pertenezcan al Club versículo del mes.

LECCIÓN 39

SALOMÓN SE APARTA DE DIOS

I. ASPECTOS GENERALES

Base bíblica: 1 Reyes 11 y 12.

Texto para memorizar: *A Jehová, vuestro Dios, seguiréis y a él temeréis, guardaréis sus mandamientos y escucharéis su voz, a él serviréis y a él le seréis fieles* (Deuteronomio 13:4).

Verdad bíblica central: la desobediencia es la causa de separación en nuestra relación con Dios.

Objetivo de la lección: ayudar al alumno a comprender que aún las personas inteligentes pueden equivocarse si olvidan lo que Dios les advierte acerca de las malas influencias.

II. PREPARACIÓN PARA EL MAESTRO

A Salomón le iba muy bien. Dios lo había escogido de antemano para gobernar Israel. Lo bendijo con sabiduría, riquezas, un reino pacífico, la admiración de los reyes vecinos y éxito en todos sus negocios.

Pero Salomón no permaneció fiel a Dios. Él creía que le resultaba de mucho beneficio, políticamente hablando, casarse con mujeres extranjeras. Ellas trajeron consigo sus creencias paganas, costumbres e ídolos. Y Salomón, para satisfacer sus deseos, les construyó lugares para que adoraran a sus dioses, y su adoración al verdadero Dios se convirtió en un simple ritual. La vida de Salomón permanece como una advertencia contra las malas relaciones con paganos, que pueden destruir la vida espiritual de creyentes. Dios permitió su caída por su desobediencia.

Entonces surgió Jeroboam como ayudante; se hizo favorito del rey y muy pronto le dieron grandes responsabilidades. Jeroboam tuvo un encuentro con el profeta Ahías, que rompió su capa en doce pedazos y le entregó diez a él; estos pedazos representaban las diez tribus que un día gobernaría. Las otras dos tribus se las daría a un hijo de Salomón, solo para mantener la promesa de Dios a David.

Jeroboam fue como David, Dios lo escogió para sustituir a un rey desobediente. Inmediatamente, trató de provocar un alboroto para comenzar a reinar; cuando esto sucedió, Salomón trató de matarlo, pero Jeroboam escapó a Egipto y no regresó hasta que este murió.

¿Qué motivos causan la separación entre una persona y Dios?

El hombre se aleja de Dios poco a poco, casi sin notarlo. Debemos esforzarnos para vivir como dice Deuteronomio *13:4: A Jehová, vuestro Dios, seguiréis...; y* tomar en serio la advertencia de Proverbios 28:20: *El hombre fiel recibirá muchas bendiciones, pero el que quiere enriquecerse de prisa no estará libre de culpa.*

Para un cristiano es bonito recordar el momento en el que aceptó a Cristo como su Señor y Salvador. Algunos lo hicieron cuando eran niños, otros en la adolescencia y otros ya de adultos. Pero qué triste es escuchar a alguien decir: "Yo acepté al Señor Jesús cuando era joven, pero me aparté de él y hasta llegué a pensar que Dios nunca más me aceptaría nuevamente".

Los alumnos primarios están en una etapa de desarrollo espiritual, y hay que enseñarles la necesidad de aceptar a Cristo como su Salvador personal. Deben aprender que la desobediencia los separa de Dios, pero que este no es el fin, ellos pueden restaurar esa relación si se arrepienten de lo malo que han hecho. También necesitan aprender cómo tomar decisiones sabias con Dios para evitar los peligros de aquello que puede separarlo de él.

III. DESARROLLO DE LA LECCIÓN

Introducción

Actividad 1: ¡Peligro a la vista!

Pregunte: *¿Qué aparece en el dibujo que pueden representar un peligro para el barco?* (Deles tiempo para que puedan identificarlas y discutan acerca de los daños que estas causarían). Invítelos a pensar qué podría alejarnos de Dios. (Permita que escriban las respuestas en las rocas y en las olas). Algunos de los peligros serían: dejar de leer la Biblia, no asistir al templo, permitir que las amistades nos lleven a hacer acciones malas, la desobediencia, etc.

Desarrollo de la historia bíblica

Problemas en el Palacio

Veamos lo que sucedió en la vida de Salomón:

—¿Es verdad lo que hemos escuchado de Salomón? —se preguntaba mucha gente—. ¿Es tan sabio y rico como dicen?

De todas partes del mundo venían a visitar al rey Salomón: reyes, reinas, gente importante... todos buscaban su consejo, y él respondía a preguntas que nadie más podía hacerlo.

Pero, al volverse muy famoso, empezó a olvidarse

de los mandatos de Dios, se casó con mujeres extranjeras sin tener en cuenta que su corazón se inclinaba tras sus dioses.

Salomón no fue obediente a Dios, hizo tratos con los reyes extranjeros, aceptaba casarse con las hijas de estos, y terminó haciéndolo con setecientas esposas y trescientas concubinas (eran las que no pertenecían a la realeza ni tenían grandes títulos).

Cuando Salomón fue anciano, sus mujeres lo convencieron para que adorara dioses paganos; y él, por complacerlas, mandó a construir lugares para que se ofrecieran sacrificios a esos dioses. Salomón hizo lo malo ante los ojos de Jehová. A diferencia de su padre David, este no fue obediente a Dios. Jehová se enojó porque su corazón se había apartado de él.

En dos ocasiones, el Señor se le había aparecido para decirle que no adorara a otros dioses, pero él fue desobediente y no hizo caso a su advertencia.

Entonces, Dios le dijo a Salomón: *Por cuanto has obrado así y no has guardado mi pacto y los estatutos que yo te mandé, te quitaré todo el reino y lo entregaré a tu siervo. Sin embargo, no lo haré en tus días, por amor a David, tu padre, lo quitaré de mano de tu hijo.*

La paz que antes reinaba entre el pueblo, ya no existía. Otras naciones empezaron a oponerse contra Salomón, hasta sus propios hombres se volvieron en su contra, y uno de ellos fue Jeroboam.

Salomón lo había puesto a cargo de los obreros que trabajaban en el proyecto de reparar los muros alrededor de la ciudad. Un día, al salir Jeroboam de Jerusalén, el profeta Ahías lo encontró en el camino, este iba cubierto con una capa nueva y los dos estaban solos en el campo. El profeta tomó la capa, la rompió en doce pedazos y le dijo a Jeroboam: *Toma para ti diez pedazos, porque así dice Jehová, Dios de Israel. Voy a arrancar el reino de las manos de Salomón y te daré a ti diez tribus. Él se quedará con una tribu por amor a David, mi siervo, y por amor a Jerusalén, por cuanto me ha dejado y ha adorado a otros dioses, y no ha andado en mis caminos para hacer lo recto delante de mis ojos y mis estatutos. Serás rey de Israel si prestas oído a todas las cosas que yo te mande, andando en mis caminos y haciendo lo recto delante de mis ojos, guardando mis estatutos, como lo hizo mi siervo David. Yo estaré contigo.*

Cuando Salomón escuchó lo que había sucedido, intentó matar a Jeroboam, pero este huyó a Egipto y permaneció allí hasta la muerte de Salomón; luego regresó a Israel.

Cuando los israelitas escucharon que Jeroboam había regresado, lo proclamaron su rey. Solo la tribu de Judá permaneció fiel a Roboam, el hijo de Salomón, que reunió a un gran ejército de Judá para pelear contra Jeroboam, pues quería recuperar el territorio que pertenecía a su padre y que ahora este gobernaba.

Pero Jehová habló a Semaías, hombre de Dios, diciendo: *Habla a Roboam y dile, así ha dicho Jehová, no vayas ni pelees contra vuestros hermanos, los hijos de Israel. Volveos cada uno a su casa, porque esto es obra mía. Al oír ellos las palabras de Dios, regresaron cada uno a su casa conforme a lo que Jehová les había dicho.*

El reinado de Salomón concluyó luego de cuarenta años. Su reino estaba dividido y no disfrutaban de la paz, ahora su hijo Roboam no tenía un gran reino qué dirigir. ¡Si Salomón hubiera recordado el proverbio que escribió!: *El hombre fiel recibirá muchas bendiciones* (Proverbios 28:20). (Las palabras en cursiva pertenecen a 1 Reyes 11 y 12).

Aplicación para la vida

Pregunte: *¿Te causa dolor tener amistades que no son cristianas?* (Que los niños hagan sus comentarios). Diga: *La Biblia nos habla de la amistad con los incrédulos.* Busquen en 2 Corintios 6:14; Proverbios 1:10-16 y Proverbios 4:14-16. (Invite a un niño para que lea). Diga: *La Biblia nos advierte sobre lo que nos sucede al tener amistad con los que no son cristianos.*

Pregunte: *¿Cómo podemos permanecer cerca de Dios?* (Leyendo la Biblia; asistiendo al templo; pidiéndole a Dios sabiduría; tener amistades que sean cristianas). Que alguien lea Deuteronomio 13:4 al unísono. Explique: *Si hacemos como nos dice este versículo, permaneceremos cerca de Dios. No nos alejaremos de él así como lo hizo Salomón.*

IV. ANEXOS

Actividad 2: No ignores las advertencias de Dios

Margarita recibió a Jesús como su Salvador cuando estaba en tercer grado en la escuela. Leía su Biblia, oraba, iba al templo y sus talentos los usaba para Dios.

Cuando llegó a sexto grado, junto a su casa se mudó Miguel, su nuevo vecino. Ella pensó que si buscaba hacerse su amiga le podría hablar de la Biblia, de las actividades de la iglesia y de Jesús. Pero Margarita empezó a escuchar las ideas de Miguel, que le decía que la iglesia era solo para personas adultas, y ella empezó a creer esto. Dejó de orar, su Biblia la leía solo cuando iba al templo. Y empezó a hacer todo lo malo que Miguel le aconsejaba.

¿Qué pasó con Margarita y por qué?
¿Qué piensas de lo que hizo?

Para ella, Miguel se convirtió en algo más importante que Dios. Aun cuando asistía a la iglesia los domingos, no adoraba ni amaba al Señor.

Cuando llegó el tiempo de asistir a la preparatoria, Margarita y Miguel se separaron, fueron a diferentes escuelas.

En la clase de inglés, Margarita se encontró con algunos compañeros que había conocido en el campamento de la iglesia cuando era niña, ellos eran cristianos.

Una tarde, la invitaron a pasear y ella aceptó ir con ellos. Notó cómo se trataban entre ellos mismos, y también sintió cómo la trataban a ella. Ellos no se divertían de la misma forma, y pensó en lo diferente que resultaban ser.

¿Cómo la hicieron sentir sus nuevos amigos? ¿Por qué ellos eran diferentes de Margarita?

Texto para memorizar

Repase con sus alumnos varias veces el texto. Organice un juego para el aprendizaje formando una ronda, el primero dirá la primera palabra del texto, el segundo dirá la primera y segunda palabras, y así seguirán añadiendo una palabra por participante, pero repitiendo todo desde el principio.

Esta es la última lección del mes. El alumno que haya memorizado el versículo, que ponga una estrella en su certificado del Club versículo del mes que se halla en la lección 35.

Notas

GUÍA PARA LA UNIDAD X

ACTITUDES QUE ENSEÑÓ JESÚS

VERDAD BÍBLICA: nuestras actitudes y conductas deben reflejar lo que Jesús nos enseñó.

PROPÓSITOS DE LA UNIDAD:

- El alumno aprenderá a hacer del amor y servicio a Dios, su prioridad.
- Conocerá que las actitudes y conducta que Jesús nos enseñó son totalmente diferentes de aquellas que tienen las personas que no son cristianas.
- Deberá poner en práctica las enseñanzas de Jesús.

LECCIONES DE LA UNIDAD:

» Lección 40- Ante un desafío.
» Lección 41- Amemos a los que no nos aman.
» Lección 42- La misericordia de Jesús.
» Lección 43- Sigamos los pasos de Jesús.

VERSÍCULO DE LA UNIDAD: *Amad a vuestros enemigos, haced bien a los que os odian; bendecid a los que os maldicen y orad por los que os calumnian* (Lucas 6:27-28).

Las enseñanzas de Jesús en el Sermón del monte son un reto para cada cristiano. El mensaje es radical y muy diferente de lo que los niños han oído en un mundo no cristiano. Ideas presentadas en las caricaturas, en la escuela, por los amigos y aun por adultos, frecuentemente están en contra de nuestras creencias cristianas.

Los alumnos primarios necesitan tener una idea clara de lo que Cristo espera de cada cristiano. El Sermón del monte exalta las actitudes y acciones que el cristiano debería vivir. Los niños necesitan aprender que la confianza en Dios no es compatible con la preocupación.

El Sermón del monte también nos enseñará que los seguidores de Jesucristo debemos amar a nuestros enemigos. Cristo nos dio un ejemplo de amor, por la forma en que él trató a aquellos que se le opusieron. Esto es ya un gran reto, porque sabemos que es difícil amar a aquellos que no nos aman.

Jesucristo nos advierte del peligro de juzgar a los demás. Aprenderemos que en la misma medida que juzguemos a los otros, así seremos juzgados. Necesitamos construir nuestra vida sobre la base de lo que Jesús nos enseñó.

Estas lecciones permitirán practicar las enseñanzas de Jesús en un ambiente seguro. Aunque veremos que seguir a Jesucristo no siempre será fácil. Hay veces que los cristianos sufren por lo que creen; pero en el proceso sus vidas se fortalecerán y honrarán a Dios.

Él nos ama y dio su vida por nosotros. Los cristianos obedecemos a Dios porque lo amamos.

Sugerencias:

Club versículo del mes

1. Todos pueden ser miembros exitosos en este club. Una lámina que se encuentra en el cuaderno del alumno resalta dichos versículos. Ellos pueden desprenderla y llevarla a sus hogares, al comienzo de esta unidad. Sugiérales que la coloquen en un lugar visible, para que les recuerde aprender estos versículos.
2. Las lecciones en la presente unidad sugieren actividades que ayudarán a los alumnos a aprender los versículos. Por ejemplo, para la lección 40, lleve una pelota blanda a la clase, para utilizarla en la memorización del texto.
3. Cuando puedan decir los textos de memoria, añádales una estrella en su certificado del Club versículo del mes. Puede ofrecer regalitos como incentivos. Mantenga un registro de los logros alcanzados. Ocasionalmente, repase los otros versículos que se han memorizado. Mientras más los utilicen, mejor los recordarán.
4. Para la lección 41 prepare una caja de tamaño mediano, fórrela con papel de un solo color y dibuje en uno de los lados una bomba o dinamita.

LECCIÓN 40

ANTE UN DESAFÍO

I. ASPECTOS GENERALES

Base bíblica: Mateo 6: 25-34; Filipenses 4:12-19.

Texto para memorizar: *Amad a vuestros enemigos, haced bien a los que os odian; bendecid a los que os maldicen y orad por los que os calumnian* (Lucas 6:27-28).

Verdad bíblica central: los que confían en Jehová no tienen de qué preocuparse.

Objetivo de la lección: ayudar al alumno a que comprenda que, al confiar en Dios, él lo ayudará con sus preocupaciones.

II. PREPARACIÓN PARA EL MAESTRO

Cuando nos dicen frases como "no te preocupes", "no estés ansioso", no las queremos aceptar. Tal vez pensamos que esta persona no sabe por lo que pasamos. Pero en Mateo 6:25-34 Jesús mencionó estas frases en cinco ocasiones.

Él nos señala la tendencia que tiene el hombre a preocuparse ante ciertas situaciones. Nosotros queremos controlar nuestras propias vidas; nos inquietamos cuando nos enfrentamos ante circunstancias que no podemos resolver. Esto nos quita energía, no nos deja lograr nada.

Confiar en el mundo que nos rodea y en nuestras propias habilidades, nos causa ansiedad. En vez de preocuparnos, Jesús nos dice que debemos concentrarnos en servir a Dios y ser semejantes a él, esto nos permitirá disfrutar de sus bendiciones. Él nos anima a no preocuparnos por nuestras necesidades básicas. Para la gente que estaba con Jesús, ello resultaba muy difícil, porque mucha gente era muy pobre.

Buscar primero a Dios significa reflejar nuestro amor por él, en el trabajo y en nuestros planes; solamente así alcanzaremos lo que en verdad permanecerá. Las preguntas son: ¿cuáles son nuestras prioridades?, ¿confiaremos o no plenamente en Dios? ¿Nos preocuparemos o no por la comida, el vestido y lo que poseemos?

Pablo pudo hacer real las enseñanzas de Jesús en su vida. Escribió su carta a los Filipenses mientras esperaba un veredicto en la cárcel; pero aún se regocijaba en estas circunstancias, porque su confianza estaba fundada en Dios. Los filipenses fueron parte de la contestación de Dios a la oración de Pablo (Filipenses 4:12-19).

Muchos adultos piensan que la etapa de la niñez está libre de problemas y preocupaciones, comparada con la de los adultos. Pero no es así, hay niños que sí los tienen, se sienten sin fuerzas y hasta los hacen dudar del amor de Dios.

La preocupación se interpone en la relación del hombre con Dios. Surge cuando la atención se enfoca únicamente en el problema, sin tener en cuenta la dirección del Señor. Al preocuparnos, estamos negando que él nos pueda ayudar.

Los niños necesitan sentir seguridad y aprender que al poner a Dios en el primer lugar de sus vidas, él controlará todo lo que les suceda.

Las enseñanzas de Jesús en el Sermón del monte son un desafío para cada cristiano. Una de ellas, nos enseña que debemos amar a nuestros enemigos. Cristo nos enseñó con su ejemplo al amar a aquellos que se le opusieron. Esto, en verdad, es un gran desafío, ya que resulta difícil amar a aquellos que no nos aman.

Los alumnos necesitan tener en claro que la confianza en Dios no es compatible con la preocupación. También Jesucristo nos advierte del peligro de juzgar a los demás, para no ser juzgados nosotros. Necesitamos construir nuestra vida sobre la base de lo que Jesús nos enseñó.

Estas lecciones nos brindarán la oportunidad de practicar las enseñanzas de Cristo en un ambiente seguro. Aunque veremos que seguir a Jesús no siempre resulta fácil, hay veces que el cristiano sufre a causa de su fe. Pero, en el proceso, su vida se fortalecerá y honrará a Dios. No olvidemos de que Dios nos ama y dio su vida por nosotros.

III. DESARROLLO DE LA LECCIÓN

Introducción

Actividad 1: Los preocupados

La gente se preocupa mucho por lo propio, ya sea pequeño o grande. Indíqueles a los niños que vean esta actividad en sus cuadernos y que escriban sus preocupaciones en la camiseta de cada uno de los dibujos.

Desarrollo de la historia bíblica

¡No te angusties!

Lea la historia y que sus alumnos la sigan en sus cuadernos. *Por tanto os digo; no os angustiéis por vues-*

tra vida, qué habéis de comer o *qué habéis de beber; ni por vuestro cuerpo, qué habéis de vestir*, dijo Jesús.

Los discípulos se miraron unos a otros: "¿Que no nos preocupemos?", pensarían. Tenemos mucha razón para preocuparnos. ¡Renunciamos al trabajo para seguirlo! Nuestras familias necesitan alimento, vestido y un lugar donde vivir. ¿Quién cuidará de ellos mientras estemos siguiendo a Jesús?

El Señor conocía claramente lo que les preocupaba a sus discípulos cuando les habló. Pero quería que supieran que podían confiar en que él cuidaría de ellos y de sus familias.

Jesús continuó con su sermón: *¿No es la vida más que el alimento y el cuerpo más que el vestido? Mirad las aves del cielo, que no siembran ni siegan ni recogen en graneros; y, sin embargo, vuestro Padre celestial las alimenta. ¿No valéis vosotros más que ellas? ¿Y quién de vosotros podrá, por mucho que se angustie, añadir a su estatura un codo? ¿Y por el vestido, por qué os angustiáis? Considerad los lirios del campo, como crecen, no trabajan ni hilan; pero os digo que ni aun Salomón con toda su gloria, se vistió como uno de ellos. Y si la hierba del campo que hoy es, y mañana se echa en el horno, Dios la viste así, ¿no hará mucho más a vosotros, hombres de poca fe? No os afanéis, pues, diciendo: ¿Qué comeremos,* o *qué beberemos,* o *qué vestiremos? Porque los gentiles buscan todas estas cosas; pero vuestro Padre celestial sabe que tenéis necesidad de todas estas cosas. Mas buscad primeramente el reino de Dios y su justicia, y todas estas cosas os serán añadidas.*

Así que, no os afanéis por el día de mañana, porque el día de mañana traerá su afán. Basta a cada día su propio mal.

Años después, Pablo se convirtió en seguidor de las enseñanzas de Jesús. Mientras estaba en prisión, escribió una carta a sus amigos de Filipos, él no sabía si saldría con vida de ese lugar, pero quería que sus amigos confiaran en Dios sin importar lo que sucediera.

Sé vivir humildemente y sé tener abundancia, escribió Pablo en su carta. *En todo y por todo estoy enseñado, así para estar saciado, como para tener hambre, así para tener abundancia como para padecer necesidad. Mi Dios, pues, suplirá todo lo que os falte conforme a sus riquezas en gloria en Cristo Jesús.*

(Las palabras en cursiva se encuentran en Mateo 6 y Filipenses 4).

Aplicación para la vida

Actividad 2: Preguntas de repaso

Diga a la clase que piensen en lo que les preocupa, Pregunte: *¿Quieren entregárselas a Dios?*

Anímelos a que durante esta semana confíen en Dios, en vez de preocuparse, y que se preparen a contar sus experiencias en este sentido.

Haga las siguientes preguntas de repaso, ayúdelos a que las contesten en sus cuadernos.

1. *¿Qué le dijo Jesús a la gente que no deberían de hacer?* (Preocuparse, afanarse).
2. *¿Qué les preocupaba a los discípulos?* (El alimento y el vestido).
3. Jesús dijo que los discípulos tenían poca (fe).
4. *¿Que les dijo Jesús a los discípulos que buscaran?* (El reino de Dios).
5. *¿Dónde estaba Pablo cuando le escribió una carta a sus amigos de Filipos?* (En una cárcel).
6. *¿Qué quería Pablo que sus amigos supieran?* (Que él confiaba en Dios, sin importar lo que sucediera).

IV. ANEXOS

Actividad 3: El cofre del tesoro de Dios

Dígales a los niños que piensen en objetos y formas que no encontraremos en el cielo, y que las escriban en el "cofre del tesoro del mundo"; y en objetos y formas que sí encontraremos, y que las escriban en el "cofre del tesoro de Dios".

Lea Mateo 6:25 y 33. Ayúdelos a comparar cuáles son eternas, y que podemos guardar en el cofre del tesoro de Dios; y cuáles resultan pasajeras, y las podemos guardar en el cofre del tesoro del mundo (ofrendar o gastarlo todo en uno mismo; ir al templo o quedarse en casa viendo televisión, etc.).

Recuérdeles las diferentes decisiones que hicieron David y Salomón, y las consecuencias del que buscó primero a Dios y el que actuó sin su consulta. Que anoten en la ropa de "los Preocupados" (portada de la lección) las inquietudes que ellos tengan. Y que le pidan a Dios que los ayude a ser unos ganadores.

Texto para memorizar

Prepare de antemano una pelota de contextura blanda.

Repase varias veces, junto con los alumnos, el texto para memorizar. Luego, tire la pelota a alguno de ellos para que lo repita, y una vez que lo haya dicho, este se la tirará a un compañero para que también lo haga, y así sucesivamente. Puede tomar un tiempo determinado o bien finalizar cuando todos hayan participado.

LECCIÓN 41

AMEMOS A LOS QUE NO NOS AMAN

I. ASPECTOS GENERALES

Base bíblica: Mateo 5:38-48; 6:47-56; Lucas 22:51-53.
Texto para memorizar: *Amad a vuestros enemigos, haced bien a los que os odian; bendecid a los que os maldicen y orad por los que os calumnian* (Lucas 6:27-28).
Verdad bíblica central: Jesús nos enseña a amar a todo el mundo, aun a nuestros enemigos.
Objetivo de la lección: ayudar al alumno a comprender que Jesús nos enseña a amar a nuestros enemigos.

II. PREPARACIÓN PARA EL MAESTRO

Amar a nuestros enemigos significa perdonar, sin desear querer desquitarse o vengarse. Es sentir paz en lugar de tener un espíritu de venganza.

Solamente podemos perdonar si dejamos que Dios tenga el primer lugar en nuestra vida y en nuestro corazón; a través de él, el amor que podemos experimentar es puro. Dios entregó todo cuando envió a su Hijo Jesucristo; al aceptar este regalo inmerecido, debemos aceptar también amar a nuestro prójimo.

Este amor no es únicamente sentirse bien con alguien. El perfecto amor que Jesús nos manda a tener, no solo es un sentimiento, sino una disposición del corazón de amar y ser bondadoso, rehusando alimentar nuestro dolor, aflicción o resentimiento.

Con la ayuda de Dios podemos superar el resentimiento, el enojo, la venganza; o lo que interfiera en nuestro amor hacia el prójimo. Todo eso afecta nuestra vida. La estrategia de Jesús al pedirnos amar a nuestro prójimo, es que mostremos misericordia y perdón. No es una respuesta pasiva hacia el mal; al escoger responder con amor, misericordia y perdón demostramos tener libertad del pecado y libertad de escoger hacer el bien.

Jesús nos dio un ejemplo de cómo tratar a los enemigos cuando lo arrestaron a él mismo, Judas lo traicionó con un beso, y aunque esta era la forma de darle la bienvenida a un amigo, también fue la señal que identificó a Jesús para que lo arrestaran.

Aunque Judas se había unido a las fuerzas del enemigo, Jesús lo siguió llamando "amigo". Darle la bienvenida a un traidor con palabras amistosas quería decir: "Judas, yo no he cambiado, el que ha cambiado eres tú, pero la puerta de la gracia aún permanece abierta" (Mateo 26:47-56).

La reacción inmediata de Pedro ante el arresto de Jesús fue la de atacar a sus enemigos. Le cortó la oreja al siervo del sumo sacerdote; pero Jesús se la restauró, no quería actos de violencia, y sanó a aquel que quería darle muerte. ¿Qué clase de amor es este?

Durante esta etapa de su vida, los niños esperan que la vida sea justa con ellos. Si son amistosos con alguien, ansían recibir su amistad en compensación; pero al contrario, si alguien los lastima, desean vengarse.

El alumno necesita entender lo que Jesús quiso decir al expresar: "Ama a tus enemigos". El amor del Señor no solo es un sentimiento, sino que demanda una acción de parte nuestra.

Resulta muy difícil perdonar a otros cuando no se lo merecen.

También necesitan conocer que el negarse a amar o perdonar, interfiere en su relación con Dios. No pueden amar a Dios si no aman a su prójimo.

Las enseñanzas de Jesús de "poner la otra mejilla" o "caminar la segunda milla", no significa que otros saquen ventaja. Los niños necesitan valorar sus derechos, pero deben aprender a perdonar y no vengarse por el daño que otros le hayan hecho.

III. DESARROLLO DE LA LECCIÓN

Introducción

Actividad 1: ¿Amarías a alguien así?

Pregunte: *¿Por qué creen que se busca esta gente?* Que escriban sus respuestas en las líneas que se encuentran bajo los dibujos. Cada ilustración representa a alguien que podría ser su enemigo. La 1ª es la de un hombre peligroso; la 2ª, de un vecino que se molesta cuando los niños entran a su patio o hacen mucho ruido; la 3ª, unos amigos enojados el uno con el otro.

Que escriban por qué cada caso podría representar un enemigo. Y en el cuadro que está en blanco, que dibujen a los que consideran son sus enemigos. Tome la precaución que no se mencionen nombres reales de personas.

Pídales que escriban sobre alguna ocasión en que alguien los hirió. Pueden referirse a la misma persona que dibujaron. Pregunte: *¿Cómo reaccionaron ustedes?*

¿Qué sucede entre nosotros y Dios cuando odiamos a alguien? (Ayúdelos a comprender que si odiamos a alguien y nos resistimos a perdonar, esto afecta nuestra relación con Dios. Amarlo significa amar a nuestro prójimo, aun a nuestros enemigos).

Desarrollo de la historia bíblica

Una respuesta contraria

Mientras Jesús iba predicando y sanando a la gente, algunos líderes religiosos no estaban de acuerdo con lo que hablaba o hacía. Se convirtieron en sus enemigos y tramaron un plan para matarlo.

Una noche, Jesús fue al huerto del Getsemaní a orar; cuando regresó, encontró a sus discípulos durmiendo.

¡Levantaos, vamos, mis enemigos se *acercan!*, dijo Jesús.

Repentinamente, apareció mucha gente con espadas y palos. Judas se acercó a Jesús y dijo: *Salve Maestro.*

Luego, le dio un beso en la mejilla, del mismo modo que se saludaban los amigos en esos días. Esta era la señal que él dijo que haría para señalar quién era Jesús. ¡Qué terrible!, aun uno de sus discípulos se convirtió en su enemigo. Pero Jesús le dijo: *Amigo, ¿a qué vienes?*

Entonces, los hombres se acercaron y arrestaron a Jesús; sus otros discípulos no podían creer lo que sucedía y quisieron defenderlo; Pedro tomó su espada y le cortó la oreja al siervo del sumo sacerdote.

Esto no era lo que Jesús deseaba que sucediera, él conocía bien su misión, sabía que lo iban a arrestar para luego crucificar, pero a su vez deseaba proteger a sus discípulos. *Vuelve tu espada a su lugar*, dijo Jesús, *porque todos los que tomen espada, a espada perecerán. ¿Acaso piensas que no puedo ahora orar a mi Padre, y que él no me daría más de doce legiones de ángeles? ¿Pero cómo entonces se cumplirán las Escrituras, de que es necesario que así se haga?*

Después de esto, Jesús hizo algo sorprendente: al tocar la oreja del siervo del sumo sacerdote, la sanó. Enseguida, les dijo a sus enemigos, *¿como contra un ladrón habéis salido con espadas y palos para prenderme? Cada día* me *sentaba con vosotros, enseñando en el templo y no* me *prendisteis. Pero todo esto sucede para que se cumplan las Escrituras de los profetas.*

Todos los discípulos, dejándolo solo por temor de sus vidas, huyeron. Más tarde, comprendieron lo que Jesús les quiso decir esa noche cuando les expresó: *Amad a vuestros enemigos.*

(Las palabras en cursiva pertenecen a Mateo 5, 26 y Lucas 22).

Aplicación para la vida

Actividad 2: ¿Qué significa esto?

Que un voluntario lea Mateo 5:44. Explique el significado de las palabras "enemigo" y "misericordia".

Enemigo: una persona, grupo o país que tiene malos deseos y actitudes hacia el otro, y que quiere y busca continuamente su mal.

Misericordia: compasión que impulsa a ayudar a perdonar. Hacer el bien a un enemigo, lo cual es mayor de lo que se puede esperar.

Pregunte: *¿Quiénes eran los enemigos de Jesús?* (Mencione cómo reaccionaron los discípulos ante los enemigos de él).

¿Cómo reaccionó Jesús ante sus enemigos? (Llamó amigo a Judas y sanó la oreja de quien quería matarlo),

En Mateo 5:38-48 Jesús nos enseña a amar a nuestros enemigos. Solamente si amamos a Dios y comprendemos su amor hacia nosotros, podremos experimentar este tipo de afecto.

¿De qué amor nos habla Dios? No solamente es un sentimiento, sino una acción. No quiere decir que nuestros enemigos nos vayan a agradar, sino que podamos perdonar al que nos haya lastimado.

Para poder amar de esta forma resulta necesario obtener el poder de Dios. Podemos sufrir cuando amamos así, pero nuestro amor hacia ellos no debería cambiar, este es el tipo de amor que a Dios le agrada. Posiblemente, nuestros enemigos no cambien, y tal vez no recibamos amor a cambio de nuestra actitud amorosa, pero de esta forma estaremos obedeciendo lo que Dios nos pide.

Dígales a sus alumnos que en los tiempos de Jesús la gente practicaba la regla que decía: "Ojo por ojo". Escriba estas palabras en la pizarra y pregunte: *¿Qué significa esto?* (Compare la actitud que a veces los niños muestran en el juego, o cuando desean vengarse de alguien que los lastimó).

Exprese : *Jesús nos enseñó a amar a nuestro prójimo, dijo que debemos perdonar a nuestros enemigos. Piensen en alguien a quien les ha resultado difícil perdonar y pídanle a Dios que los ayude a amarlo y perdonarlo.*

¿Cómo podemos mostrar esta clase de amor por esta persona?

IV. ANEXOS

Texto para memorizar

Prepare de antemano una caja de tamaño mediano forrada con el dibujo de una bomba o dinamita afuera. Repase el versículo junto con los alumnos. Organícelos en una ronda y mientras usted aplaude dándoles a ellos la espalda, deberán pasar a su compañero la caja.

Cuando usted deje de aplaudir, voltee para verlos y ellos tendrán que dejar de pasarse la caja. El alumno que se quede con esta en la mano deberá repetir el texto de memoria.

Si observa que el alumno todavía no lo ha aprendido, ayúdelo mediante algunas palabras del mismo texto que completen la frase y lo impulsen a decirlo correctamente.

Al concluir la lección, que un voluntario haga una oración para dar gracias a Dios por haberles permitido estar en la clase, y que les permita regresar a la siguiente..

LECCIÓN 42

LA MISERICORDIA DE JESÚS

I. ASPECTOS GENERALES

Base bíblica: Mateo 5-7.
Texto para memorizar: *Amad a vuestros enemigos, haced bien a los que os odian; bendecid a los que os maldicen y orad por los que os calumnian* (Lucas 6:27-28).
Verdad bíblica central: Jesús nos enseña a tener misericordia con nuestro prójimo; y a no criticarlos injustamente por alguna falta cometida.
Objetivo de la lección: ayudar al alumno a aprender a mostrar misericordia y a no señalar las faltas que otras personas hayan cometido.

II. PREPARACIÓN PARA EL MAESTRO

El pasaje del Sermón del monte nos enseña sobre tres áreas de nuestras relaciones. Primero, nuestra relación con Dios. Mientras nosotros vemos el exterior de las personas, Dios ve lo interno, el corazón del hombre. El problema de juzgar a otros es que nos colocamos como jueces sobre ellos, y esto solamente le pertenece a Dios.

En segundo lugar, afecta la relación con nuestro prójimo. Al buscar las faltas en los demás dejamos ver en nosotros una actitud poco amorosa y no perdonadora. Jesús nos enseña a amar y a perdonar, así como él nos amó y nos perdonó.

En tercer lugar, afecta la relación con nosotros mismos. No podemos ayudar a otros si los criticamos y hablamos mal de ellos; esta actitud surge del propio egoísmo, ya que queremos sentirnos superiores. Jesús preguntó: *¿Cómo podemos condenar a otros y estar ciegos a nuestras propias faltas?*

En Mateo 7:2 Jesús nos declara: *Porque con el juicio con que juzgáis, seréis juzgados, y con la medida con que medís, os será medido.* Él no nos enseña a pasar por alto el pecado; lo que condena es la actitud despreciable y la falta de amor con la cual se condena a los demás; porque él ama al pecador pero aborrece el pecado.

¿Cómo evitar juzgar a nuestro prójimo? Dios nos ha provisto del perdón, nuestro deber es ver el bien en los demás y responder con un amor perdonador ante todas las faltas cometidas.

Los niños forman conceptos e ideas de otras personas, así como del mundo que los rodea. A esta edad, desarrollan la capacidad para pensar por ellos mismos, ven en el mundo únicamente lo que es bueno o malo, y para ellos lo malo demanda un castigo.

Necesitan aprender a establecer una diferencia entre juzgar y condenar; y conocer todos los factores para tomar una decisión.

En esta lección aprenderán a mostrar misericordia, en lugar de condenar a los demás. Dios quiere que perdonemos con amor a nuestro prójimo así como él nos perdonó a nosotros.

III. DESARROLLO DE LA LECCIÓN

Introducción

Pida a dos voluntarios que lean Mateo 26:75 y 27:1-5. Analice los pasajes junto con ellos, y observen de qué diferentes maneras Pedro y Judas traicionaron a Jesús.

Resalte a los niños que aunque estos hombres eran sus discípulos, en un momento determinado ambos actuaron como sus enemigos. En los dos casos, estos personajes tuvieron la oportunidad de reconocer lo que habían hecho, y ahora debían escoger lo que iban a hacer frente a los pecados cometidos. (Deles oportunidad para que ellos mismos analicen quién fue el que hizo la mejor decisión).

Deje que cuenten alguna experiencia donde a ellos se los perdonó o tal vez, perdonaron a otros.

Actividad 1: ¿Quién es quién?

Pídales que busquen esta actividad en sus cuadernos y que tracen una línea entre la persona y el premio que ellos piensen que le corresponde. Hable acerca de los premios que le atañe a cada personaje.

Seguramente el primer juicio que harán se basará en las apariencias de las figuras. Por ejemplo: la niña en el sillón de ruedas puede ser la admirable artista; el joven fuerte puede ser el gran atleta, o el niño con anteojos, el genio de las computadoras.

Narre las siguientes historias para que los alumnos se den cuenta que hacer juicios por las apariencias puede ser incorrecto.

El gran atleta

"Carlos nació con una limitación mental. Aunque nunca ha podido caminar, le encantan los deportes. Su padre lo lleva a muchos diferentes partidos de diversas prácticas; y un día se enteró de una carrera en sillas de ruedas que se iba a celebrar en las olimpíadas juveniles. ¿Se imaginan quién ganó?".

El genio de las computadoras

"Luis es un joven fuerte y atractivo; su padre, entrenador de fútbol en la escuela superior. Sus amigos pensaron que él se uniría a la liga juvenil de fútbol, pero a Luis no le gustan los juegos rudos. Prefiere los de la computadora. Así que se unió a la asociación de computadoras de su escuela. Un día, esta celebró un concurso para ver quién podía crear el mejor juego de computación. ¿Saben quién ganó?".

El gran artista

"Mario usa anteojos de lentes gruesos porque tiene dificultad para ver. Le gusta andar con un lápiz puesto detrás de la oreja, porque lo hace verse como un intelectual. Pero le desagrada leer: solo lo hace si el libro tiene muchos dibujos. Él se divierte haciendo dibujos en su cuaderno. Un día, el profesor de arte le dijo que en la Biblioteca Municipal estarían celebrando un concurso de dibujo. Le sugirió a Mario hacer uno para participar. ¿Quién creen que ganó?".

Ahora, que los niños tracen una línea de cada premio hacia su ganador y pregunte: *¿Qué sucedería si juzgáramos a la gente sin conocer todos los detalles?* (Se hacen conclusiones incorrectas, se pueden herir los sentimientos de otras personas, se daña su reputación, etc.).

Pregunte: *¿Todo es como aparenta ser?* Discuta con los alumnos lo fácil que resulta juzgar incorrectamente. Pídales que mencionen algún ejemplo de situaciones en sus vidas en las que hayan juzgado mal a alguien.

Cualquiera de las ideas acerca de otras personas podría ser correcta o incorrecta si no tenemos todos los detalles, y de esta forma seríamos injustos. Recuerde las palabras de Jesucristo: *"No juzguéis para que no seáis juzgados"* (Mateo 7:1-2a).

Desarrollo de la historia bíblica

Los discípulos tuvieron hambre

Un día sábado Jesús caminaba por los campos con sus discípulos, ellos tuvieron hambre y comenzaron a arrancar espigas para comer.

Al mismo tiempo, los fariseos seguían a Jesús para espiarlo con la idea de perturbarlo, y este día no sería diferente de los demás.

—¡Miren, allí está Jesús con sus discípulos en el campo! —dijo uno de los fariseos.

—¿Qué hacen? —preguntó otro.

Los fariseos se acercaron.

—¡Ajá!, los discípulos están recogiendo y comiendo espigas de trigo en día sábado. ¡Ya lo atrapamos!

Los fariseos se acercaron rápido donde estaba Jesús y uno de ellos le dijo: *Tus discípulos hacen lo que no está permitido hacer el sábado.*

Jesús sabía que a los fariseos no les importaba si los discípulos tenían hambre. No sentían amor y les interesaba muy poco conocer las circunstancias; lo que solamente le afectaba era cumplir la ley y la autoridad que esta le daba.

Jesús les recordó el caso de David, cuando huía de la presencia del rey Saúl: *¿No has leído lo que hizo David cuando él y sus acompañantes sintieron hambre? ¿Cómo entró en la casa de Dios y comió los panes de la proposición que no le estaba permitido comer ni a él ni a nadie, sino solo a los sacerdotes? ¿O no habéis leído en la ley cómo los sacerdotes profanan el templo en sábado y no hay quien los culpe? Si supieran lo que significa, misericordia quiero y no sacrificio, no condenarían a los inocentes, porque el Hijo del Hombre es Señor del sábado.*

Los fariseos dejaron de discutir con Jesús, pero él sabía que ellos no habían cambiado su forma de pensar; que seguirían tratando de encontrarle fallas para criticarlo y buscar el modo de destruirlo.

(Las palabras en cursiva pertenecen a Mateo 7 y 12).

Aplicación para la vida

Ayude a los alumnos a entender que Dios quiere perdonarlos por el mal que hicieron, pero que necesitan arrepentirse y pedirle perdón. Explique que cada día tomamos decisiones en nuestras vidas. Si fallamos, podemos pedirle perdón a Dios y él mostrará su amor y misericordia con cada uno de nosotros.

IV. ANEXOS

Actividad 2: ¿Qué significa?

Que dos voluntarios lean el significado de las palabras "condenar" y "juzgar".

Condenar:

Decir que una persona o algo está equivocado o incorrecto. // Acusar, declarar culpa. // Dar un castigo o sentencia.

Juzgar:

Persona que tiene suficiente conocimiento para dar una opinión de algo. // Culpar o criticar. // Pensar o suponer algo.

Use esto como base para hablar de los diferentes modos con que la gente juzga. Lea Mateo 7:1-2 y pregúnteles a los alumnos qué piensan que nos quiere decir Jesús sobre el "juzgar".

Lea Mateo 7:5, dígales que se imaginen lo que Jesús quiso enseñar al decir: "Saca la viga de tu propio ojo y entonces verás bien para sacar la paja del ojo de tu hermano". Pregunte: *¿Han visto el sentido de humor de Jesús?* Pídales hacer un dibujo de este versículo y anímelos a practicar el amor y el perdón durante esta semana.

Actividad 3: Comentario bíblico para alumnos primarios

Pídale a un alumno que lea en voz alta lo que dice en esta actividad. Luego, dígales a todos que le escriban un telegrama a Dios para darle las gracias por haber enviado a su Hijo Jesucristo para salvarnos.

Texto para memorizar

Si alguno de los niños (o varios) toca algún instrumento, anímelo para que acompañe al grupo poniéndole ritmo al texto para memorizar y si lo acompañan con ademanes será mejor, así pasarán un momento agradable.

Notas

LECCIÓN 43

SIGAMOS LOS PASOS DE JESÚS

I. ASPECTOS GENERALES

Base bíblica: Mateo 7:24.
Texto para memorizar: *Amad a vuestros enemigos, haced bien a los que os odian; bendecid a los que os maldicen y orad por los que os calumnian* (Lucas 6:27-28).
Verdad bíblica central: la gente sabia obedece las enseñanzas de Jesús.
Objetivo de la lección: ayudar al alumno a comprender que si seguimos las enseñanzas de Jesús seremos sabios.

II. PREPARACIÓN PARA EL MAESTRO

En el Sermón del monte Jesús dio guías para la vida del cristiano y terminó con una historia que ilustra la importancia de practicar sus enseñanzas, así como las consecuencias de no practicarlas. Para el que no cree, puede ser muy tarde el comprender las consecuencias de desafiar a Dios, su vida será una ruina.

Jesús ilustró esta historia hablando de dos hombres que edificaban su casa: uno sabio y el otro insensato. Él fue carpintero y sabía lo que significaba hacer una casa con un buen fundamento que pudiera soportar las condiciones climatológicas de Palestina. La mayor parte del año los ríos estaban secos. Pero al llegar la época de las lluvias, estos se llenaban de torrentes de aguas que destruían todo lo que no estuviera firme.

La clave de esta historia es que el hombre sabio edifica su vida en Cristo, que es el fundamento. El hombre insensato la edifica en valores de este mundo. Ambos enfrentarán tormentas en la vida. Pero, al final, la casa (su vida) del hombre sabio permanecerá; y la casa del hombre insensato perecerá.

Los alumnos primarios que asisten a una clase de educación cristiana regularmente deberán tener ya un buen fundamento espiritual en el cual basarán la decisión de obedecer a Dios. Los problemas surgen cuando la gente no actúa de acuerdo con lo que ha escuchado. Muchos han escuchado, pero pocos son los que obedecen.

Seguir a Cristo significa cumplir sus enseñanzas. Esto no quiere decir que tendrá éxito en todo lo que haga ni que no pasará por situaciones difíciles. Deben comprender que obedecer a Dios no garantiza una vida libre de problemas. Tendrán que enfrentar retos en sus creencias. Necesitan descubrir que la verdadera seguridad proviene de Dios, que todo en este mundo es pasajero, pero el amor de Dios permanece para siempre.

III. DESARROLLO DE LA LECCIÓN

Introducción

Recuérdeles a los alumnos que a veces nos equivocamos al juzgar a alguien si no lo conocemos bien. Pida que miren sus zapatos y los de sus compañeros. Diga: "*Hay un refrán que dice que no debemos criticar a otros hasta que hayamos caminado una milla en sus zapatos*". *¿Qué relación puede tener esta frase con el juzgar a los demás?* (Que si no hemos pasado por la situación que ellos pasaron, no tenemos derecho de criticarlos ni de juzgarlos. Dios quiere que amemos y perdonemos las faltas de los demás).

Actividad 1: Señales del tiempo

Pida que lean la página en su cuaderno. Pregunte: *¿Les gusta que siempre haya alguien diciéndoles lo que tienen que hacer? ¿Conocen a alguien que haya violado las reglas y pasó desapercibido? Vean las señales. ¿Qué sucedería si la gente las ignora?* (Permita que discutan las consecuencias de ignorar cada señal). Luego de la discusión, diga: *¿Cuáles son algunas reglas que los padres les dan a los hijos? ¿Cuántas tienen en la escuela? ¿Qué sucede cuando no se obedecen? ¿Por qué les molesta a algunos seguirlas? ¿Por qué creen que existen tantas reglas?* (Para que estemos seguros y fuera de peligro, para ayudarnos a llevarnos bien con los demás, cuidar nuestro ambiente, etc.).

Diga: "*Existen muchas reglas, pero ¿cómo podemos saber cuáles son las importantes?*" (Permita que respondan. Señale que alguna gente lo aprende al violar una de ellas. Pero si la creyera importante, tal vez no vuelvan a tener la oportunidad de volverlo a hacer). Continúe: "*En la historia de hoy veremos qué le sucede a la gente que no presta atención a las reglas importantes. Y también lo que le sucede a aquellos que obedecen a Jesús*".

Desarrollo de la historia bíblica

Bloques de construcción

Divida la clase en dos grupos. El primero construirá una casa sobre una base firme, el segundo una casa similar, pero sobre una toalla. Permita que discutan qué le sucedería a las casas cuando haya "mal tiempo". Diga que traten de mover la toalla sin tumbar la casa. Tal vez no lo podrán hacer porque se sacudiría. Hable de lo que sucedió y por qué.

¿Está todo seguro?

Pídales a sus alumnos que sigan la lectura de la historia mientras usted la lee, o permita que ellos lean por turnos.

Jesús había dedicado varias horas enseñando a sus discípulos y a la multitud que se detenía a escucharlo. Les decía que no se afanaran por la comida o el vestido. Les recordó que Dios les amaba y habría de suplir sus necesidades. También les dijo que amaran a sus enemigos; que si ellos amaban únicamente a los que les amaban, no eran mejores que aquellos quienes no amaban a Dios. Les dijo que no juzgaran injustamente. Les recordó que vieran sus propias faltas antes de decirles a otros sobre las suyas.

Jesús sabía que a la gente fácilmente se le olvidaría estas enseñanzas. Así que les contó la siguiente historia:

A cualquiera, pues, que me oye estas palabras y las pone en práctica, le compararé a un hombre prudente que edificó su casa sobre la roca. Descendió lluvia, y vinieron ríos, y soplaron vientos, y golpearon contra aquella casa y no cayó, porque estaba fundada sobre la roca. Pero cualquiera que me oye estas palabras y no las hace, le compararé a un hombre insensato, que edificó su casa sobre la arena; y descendió lluvia, y vinieron ríos, y soplaron vientos, y dieron con ímpetu contra aquella casa y cayó, y fue grande su ruina.

Si Jesús estuviera hoy contando la historia, diría algo así como... dos amigos se encontraron y este fue el diálogo:

—Hola, Hugo ¿cómo te va? —preguntó Juan.

—Hola, Juan, ¿qué has hecho? —respondió Hugo.

—¿Recuerdas la casa que estaba planeando construir? Finalmente encontré un buen fundamento, una roca sólida donde edificar. He trabajado mucho tiempo en construir allí y pronto la terminaré para mudarme —dijo Juan.

—¡Eso es emocionante! —respondió Hugo—. Yo también he estado construyendo mi casa. Encontré un terreno arenoso donde es fácil construir. Ya pronto la terminaré y podré mudarme. Aunque no tomé tiempo para planearlo, pero creo que se ve muy bien.

—Probablemente, así sea —dijo Juan—. Espero que tu casa pueda resistir los fuertes vientos y lluvias.

—Juan, hay una diferencia entre tú y yo —continuó Hugo—..Yo quiero todo sencillo y rápido. La casa casi ya está edificada y segura. Te veré pronto, amigo —y se fue.

Ambos terminaron de construir sus casas y se mudaron. Pronto vinieron las lluvias, soplaron los vientos fuertes y las aguas golpearon con ímpetu. La casa de Juan soportó la fuerza de los vientos, las lluvias y las inundaciones, porque estaba fundada sobre la roca. Pero la casa de Hugo se derrumbó.

En su historia, Jesús advirtió a quienes lo escuchaban que era importante amar a Dios y edificar su vida en sus enseñanzas. Si no lo hacían, no sentirían seguridad cuando surgieran los momentos difíciles, se derrumbarían, al igual que la casa del hombre insensato.

Cuando terminó Jesús estas palabras, la gente se admiraba de su doctrina, porque les enseñaba como quien tenía autoridad y no como los escribas.

(Las palabras en cursiva pertenecen a Mateo 7).

Pregunte: *¿Qué piensan que Jesús quería enseñarles a sus seguidores?* (Que los niños respondan y usted señale que él no les estaba mostrando cómo construir una vivienda sino una vida).

Aplicación para la vida

Pida que busquen Santiago 1:22 en sus Biblias y que lo lean todos juntos. Pregunte: *¿Qué parecido hay entre este versículo con la historia que Jesús contó del hombre sabio y el hombre insensato?* (Ambos hablan sobre la importancia de no solo oír la palabra de Dios, sino obedecerla).

¿Qué quiso decir Santiago al expresar que los que son solamente oidores de la Palabra se engañan a ellos mismos? El hombre necio que construyó su casa en la arena se engañó a sí mismo pensando que era seguro construir su hogar ahí. Alguna gente se autoengaña al creer que no deben hacer lo que Dios desea. (Durante la discusión, señale que hay gente que se engaña a sí misma cuando no obedecen a la verdad).

Texto para memorizar

Desafíe a sus alumnos a decir de memoria el versículo bíblico de esta unidad. Añádales una estrella al certificado de cada alumno que lo haga.

Señale que es más fácil escuchar las enseñanzas de Jesús, a vivirlas. Él nos enseña cómo debemos vivir. Explíqueles que si ellos no han obedecido a Dios, este es un buen momento para pedirle perdón.

Diríjalos en una oración de confesión. Permita que ellos tengan su momento privado para hablar con Dios confesando lo que no le agrada a él. Pídale al Señor que los ayude a vivir de acuerdo como Jesús enseñó; y a no ser solamente oidores de su Palabra.

IV. ANEXOS

Señales de tiempo

Dígales a los niños que vean las señales que aparecen en esta página. Pregunte: *¿Qué pasaría si las personas las ignoraran?*

Actividad 2: Comentario bíblico para alumnos primarios

Que un voluntario lea Mateo 7:24-29 y otro lo que dice en esta actividad, y que dibujen en el espacio en blanco dos casas, una que se construyó sobre la Roca que es Cristo, y la otra que no se construyó sobre esta Roca.

GUÍA PARA LA UNIDAD XI

ELISEO, UN HOMBRE COMPASIVO

VERDAD BÍBLICA: Dios trabaja por medio de sus seguidores para mostrar compasión a todos aquellos que la necesiten, sin importar su clase social, su credo, nacionalidad ni sexo.

PROPÓSITOS DE LA UNIDAD:

- El alumno aprenderá que el profeta Eliseo fue un instrumento en las manos de Dios al tener compasión por otras personas.
- Conocerá que Dios espera que nosotros mostremos compasión por los necesitados, por los creyentes, por los que nos quieren hacer daño y por quienes tienen muchos elementos materiales, pero les falta algo.

LECCIONES DE LA UNIDAD:

» Lección 44- Compasión por los necesitados.
» Lección 45- Compasión por los creyentes.
» Lección 46- Compasión por la autoridad.
» Lección 47- Compasión por nuestros enemigos.

VERSÍCULO DE LA UNIDAD: *Así que, según tengamos oportunidad, hagamos bien a todos, y especialmente a los de la familia de la fe* (Gálatas 6:10).

En nuestros días, casi nadie demuestra compasión por los demás; por eso los niños tienden a mostrar indiferencia al respecto.

El profeta Eliseo es un buen modelo para los niños, pues Dios lo usó para realizar actos de misericordia y compasión. Por eso, algunas veces se lo llama "el profeta de la compasión". Él trató con personas de todos los ámbitos sociales, y sin embargo, siempre mostró la misma compasión; así a la viuda, como al poderoso comandante militar.

Mientras que los alumnos estudian los actos de compasión de este profeta hacia los necesitados, podrían aprender que Dios espera que ellos también demuestren compasión a otras personas. A través de este estudio, buscarán y tratarán de practicar maneras en las que pueden ser compasivos.

Sin embargo, se deberá hacer énfasis en diferenciar entre los actos de compasión que los cristianos pueden hacer y aquellos que son realizados por individuos u organizaciones de beneficencia, que se quedan en la pura filantropía.

Los cristianos no responderían por lástima, sino porque tienen un amor sincero por otros. Su compasión muestra su amor a Dios, y el de Dios hacia ellos.

Haciendo obras de compasión y misericordia, los cristianos ayudan a otros a descubrir el amor de Dios.

Sugerencias:

1. Un principio pedagógico dice: "Lo que oigo, lo olvido; lo que veo, lo recuerdo; pero lo que hago, lo aprendo". Por eso se busca, a través de cada una de las lecciones, que los niños, desde su propia iniciativa, planteen acciones con las que puedan practicar la compasión en las necesidades de personas que ellos conozcan.
2. De la misma forma, cabe la posibilidad que como clase lleven a cabo un proyecto en el que todos juntos muestren compasión hacia alguien. Recuerde que esta unidad consta de cuatro lecciones, lo que quiere decir que tienen un mes para planear y ejecutar el proyecto.
3. Una sugerencia es la recolección de víveres (no perecederos) en una canasta, para luego obsequiarlos a una familia necesitada. Motive a los niños en este proyecto; póngale un nombre que atraiga la atención de los alumnos, que les ocasione ganas de llevarlo a cabo. Esto es importante para que se identifiquen con lo que harán. No obstante, no haga únicamente esto, dialogue con los alumnos, tal vez alguno de ellos tenga otra idea similar que puedan realizar.
4. Tenga muy presente que la vida cristiana, con la compasión incluida es un estilo de vida, una cuestión más práctica que teórica.
5. Club versículo del mes:

Es muy importante que los alumnos aprendan el versículo de esta unidad. Tómese tiempo para planear diferentes actividades cada clase, con el fin de que el estudiante no batalle para aprenderlo. Recuerde colocar una estrella en la sección del cuaderno del alumno, cuando este haya memorizado el texto.

LECCIÓN 44

COMPASIÓN POR LOS NECESITADOS

I. ASPECTOS GENERALES

Base bíblica: 2 Reyes 4:1-7.
Texto para memorizar: *Así que, según tengamos oportunidad, hagamos bien a todos, y especialmente a los de la familia de la fe* (Gálatas 6:10).
Verdad bíblica central: Dios usa a sus seguidores para mostrar compasión por los que se encuentran en necesidad.
Objetivo de la lección: ayudar al alumno a reconocer que Dios puede compadecerse de los que tienen necesidades, a través de personas dispuestas a servirle.

II. PREPARACIÓN PARA EL MAESTRO

Eliseo fue el sucesor de Elías, profeta de Jehová. Este lo llamó cuando estaba arando en su tierra (1 Reyes 19). Quizá fue una persona con mucho dinero. En su ministerio, tomó parte activa en los asuntos públicos de Israel. Predicó e hizo milagros. Él solo, entre todos los profetas, anticipó algunos de los milagros de Cristo, a quien también nos lo hace recordar por su bondad de carácter.

Eliseo era el profeta de Dios pues él se manifestaba en su vida. Personas de toda clase buscaban su ayuda. Muchos lo reconocieron como alguien importante, pero Eliseo no permitió que esto desviara su atención de su ministerio y de la gente que lo necesitaba.

El esposo de la viuda quizás había adquirido una deuda que no pudo pagar antes de su muerte. En ese tiempo, una viuda no tenía una fuente de ingresos permanente porque no le permitían trabajar fuera de su casa, así que no podía pagar la deuda.

Según la ley (Levítico 25:38-42), un acreedor podía tomar a la familia del deudor como esclavos por un período hasta de cincuenta años, y así pagar la deuda. Por eso la viuda quería salvar a sus hijos de semejante destino.

"Compasión" es un concepto extraño en nuestros días, más aún para los niños, que lejos de practicarla, tienen la tendencia a pensar solo en sí mismos y a ridiculizar y molestar a los que son diferentes de ellos. Es un rasgo sicológico, característico de las personas durante la niñez.

En el tiempo bíblico del pasaje, la compasión también se veía reducida y limitada debido a leyes y prejuicios sociales que regían a las personas. Sin embargo, Eliseo tenía claro quién lo había llamado y para qué: era siervo del Dios Viviente, debía pregonar su mensaje y mostrar un estilo de vida conforme a la voluntad divina.

Muchos de los contemporáneos de Eliseo olvidaron la palabra de Jehová, pero él la predicaba. Muchos no vivían de acuerdo a lo pedido por Dios, Eliseo sí lo hacía; y el pueblo, con sus costumbres, no mostraba compasión. En cambio, él decidió mostrar compasión a quienes lo necesitaran o pidieran.

"¿Qué puedo hacer yo por ti?". Con esa pregunta, Eliseo manifiesta su disposición a hacerla. Debemos imitar esa disposición en nuestras vidas, aun cuando el mundo en que nos toca vivir es poco compasivo y más bien es egoísta, cruel y desalmado. Dios nos llama a ser distintos y a cumplir su voluntad.

III. DESARROLLO DE LA LECCIÓN

Introducción

Para nosotros, el combustible (gasolina, diesel, etc.) es un producto muy apreciado, pues con él se mueven los vehículos y parte de la industria. Se trata de un líquido muy necesario y cada vez más costoso. De la misma forma, el aceite era muy preciado por los judíos, porque con este se alumbraban y se calentaban durante la noche. También servía para ungir; lo usaban los médicos y es alimento, por eso tenía un importante valor económico.

Lea con sus alumnos el pasaje en 2 Reyes 4:1-7 e interactúe con ellos por medio de preguntas, en aspectos como: el argumento del pasaje, qué ocurre, los personajes, etc. Además, la actitud de la viuda, la actitud de Eliseo, su disposición para ayudar —pero no haciéndolo todo él, sino que dejó a la viuda hacer su parte—; su actitud de escuchar.

Divida a sus alumnos en grupos iguales o parecidos y que contesten la siguiente pregunta: *¿Qué fue lo que motivó a Eliseo a ayudar a la viuda?* Luego, que cada grupo trabaje por separado y al final comenten sus respuestas con los demás.

Pida a los niños que, individualmente o en parejas, hagan una lista de diferentes necesidades que ellos detectan en su comunidad, y a la vez propongan posibles medios por los cuales ellos pueden ayudar en estas. Solicite a cada alumno o pareja que lea su listado a los demás.

Recuerde los aspectos que propusieron en la lista anterior y recapaciten en el hecho que Dios, así como utilizó a Eliseo, usa a personas dispuestas a servirle y serle agradables, para así bendecir a aquellos que se encuentran necesitadas.

Ore con ellos para que Dios, en cada uno de los contextos propios de cada niño, pueda usarlos para tener compasión por los necesitados.

Actividad 1: ¿Por qué nadie hace algo?

¿Qué es *compasión*?

Ayude a los niños a realizar esta actividad. Que usen el código para que llenen los espacios en blanco que están por encima de los números, y así encontrarán el significado de la palabra "compasión": Amar lo suficiente para ayudar a alguien.

Desarrollo de la historia bíblica

¿Qué puedo hacer por ti?

¡Toc! ¡Toc! Eliseo se apresuró para ver quién tocaba a la puerta. Reconoció a la mujer inmediatamente, era la viuda de uno de sus alumnos.

—*¿Qué pasa?* —preguntó Eliseo.

—*Tu siervo, mi marido, ha muerto, y tú sabes que tu siervo era temeroso de Jehová. Pero el acreedor ha venido para llevarse a dos hijos míos como siervos* —dijo ella.

Su esposo debía mucho dinero cuando murió. La ley decía que las personas a las que se les debía dinero, podían llevarse a la familia del deudor como esclavos, a menos que pagaran la deuda. Eliseo sabía que la mujer no tenía dinero.

—*¿Qué puedo hacer yo por ti? Dime qué tienes en tu casa* —le preguntó.

—*Tu sierva no tiene nada en la casa — dijo ella—, sino una vasija de aceite.*

Eliseo le dijo:

—*Ve y pídeles vasijas prestadas a todos tus vecinos, vasijas vacías, todas las que puedas conseguir. Luego, entra y enciérrate junto a tus hijos. Ve llenando todas las vasijas y poniendo aparte las que estén llenas.*

La mujer se apresuró a entrar en su casa. "¿Cómo va a ser que tan poco aceite me pueda ayudar ahora?", se preguntó.

—*¡Hijos! Dijo Eliseo que pidiéramos a nuestros vecinos todas sus vasijas vacías. Y dijo que consiguiéramos tantas vasijas como pudiéramos encontrar.*

Ellos se fueron por las calles, tocando en las puertas y pidiendo vasijas vacías a sus vecinos.

—¿Podrían prestarnos recipientes vacíos? —solicitaron por todo el vecindario los hijos.

Después de que la mujer y sus hijos juntaron todo lo que pudieron, se metieron a la casa y cerraron la puerta.

—*Uno de ustedes tráigame una vasija* —dijo a sus hijos—. *Cuando se llene, muévanla para que no estorbe.*

Los hijos vieron la casa llena de vasijas vacías.

—¿Cómo es posible que con un poco de aceite se vayan a llenar todas? —se preguntaron. Pero obedecieron las instrucciones de su madre.

Uno de sus hijos le pasó una vasija a su madre, y observó con atención cómo ella tomó el poco aceite que tenía y comenzó a llenar la vasija vacía. Cuando esta se llenó de aceite, el otro hijo la puso aparte, donde no estorbara. Su hermano trajo otra vasija vacía.

Ellos llenaron una vasija tras otra. La madre seguía vertiendo el aceite en cada recipiente vacío.

—*Tráeme otras vasijas* —le dijo la madre a uno de sus hijos—. Los muchachos buscaron y todas estaban llenas.

—*No hay más vasijas* —respondió él—. Entonces cesó el aceite.

La mujer se apresuró y fue donde estaba Eliseo:

—*Las vasijas están llenas* —le dijo—. *¿Ahora qué debo hacer?*

—*Ve, vende el aceite y paga a tus acreedores; tú y tus hijos vivid de lo que quede.*

Ella tomó las vasijas de aceite y las vendió. Cuando el hombre vino a llevarse a sus hijos como esclavos, la mujer le pagó todo el dinero que le debía. Y todavía le quedó suficiente para vivir ella y sus hijos.

Aplicación para la vida

Proyecto Esperanza

Planee con los alumnos un proyecto, que lo puede denominar Esperanza, para ayudar a otros en este mes. Pídales que traigan comida enlatada a cada clase por el resto del mes, u otro tipo de alimento no perecedero. Si la iglesia recoge canastas de amor durante este tiempo, la clase puede dar la mitad para este propósito. Sino, pueden ofrecer la comida a una familia que ellos elijan.

IV. ANEXOS

Actividad 1: Mostrar compasión a los necesitados

Que los niños busquen esta actividad en sus cuadernos. Divida la clase en tres grupos y entréguele el principio de una historia a cada uno. Póngalos a leer y pídales que piensen y discutan las siguientes preguntas antes de que escriban el final. *¿Quién tiene una necesidad en esta historia? ¿Cuál es la necesidad? ¿Qué puede hacer alguien para mostrar compasión?*

Dígales a los niños que ellos deben terminar las historias, diciendo cómo pueden trabajar junto a Dios para mostrar compasión a otros.

Historia #1

"Hay un niño en la clase que usa audífonos ya que le ayudan a escuchar; y también luce unos lentes bastante gruesos. Algunos niños se burlan de él. Dicen que su manera de hablar es extraña". (Este niño obviamente está en necesidad, ya que enfrenta impedimentos físicos. Dios lo ama, pero también necesita amiguitos que lo aceptan por lo que él es).

Los niños pueden mostrarle compasión tras invitarlo a unirse a su grupo de amigos; también pedirles a los que se burlan de él que no lo hagan más. Enfatice que nosotros no debemos cargar a nadie que tenga impedimentos físicos.

Historia #2

"Una mujer vive sola en la vecindad. Ella no sale mucho a la calle. Una enfermera viene a su casa una vez a la semana a ver cómo está. En ocasiones, se sienta fuera de su casa y ve a la gente pasar. A veces les grita a los niños que se meten a su jardín". (Esta mujer tiene una necesidad. No puede salir mucho a la calle y debe sentirse sola). Los alumnos pueden mostrarle compasión visitándola cuando se siente enfrente de su casa. Pueden recogerle el correo, traerle flores o regalos).

Historia #3

"El papá de la niña vecina perdió su trabajo. Y la niña tiene una nueva hermanita". (Todos están en necesidad. El padre perdió su trabajo y la madre acaba de tener un bebé. Es más difícil para los alumnos pensar qué pueden hacer en esta situación. Pero si la niña es más pequeña, pueden ofrecer llevarla y traerla a la escuela, o a la parada del autobús escolar. También pueden jugar con ella mientras la mamá descansa o cuida del bebé). Permita que los alumnos cuenten el final de sus historias.

Texto para memorizar

En esta unidad los niños estarán aprendiendo un nuevo versículo, el cual es muy corto. Desafíelos para que todos lo sepan rápido. Puede realizar diferentes actividades para el fácil aprendizaje.

Notas

LECCIÓN 45

COMPASIÓN POR LOS CREYENTES

I. ASPECTOS GENERALES

Base bíblica: 2 Reyes 4:8-37; 8:1-6.
Texto para memorizar: *Así que, según tengamos oportunidad, hagamos bien a todos, y especialmente a los de la familia de la fe* (Gálatas 6:10).
Verdad bíblica central: Dios usa a sus seguidores para mostrar compasión por aquellos que también le siguen a él, y a su vez se encuentran necesitados.
Objetivo de la lección: ayudar al alumno a comprender la necesidad de mostrar compasión por los demás creyentes en Cristo.

II. PREPARACIÓN PARA EL MAESTRO

En la lección anterior aprendimos que Eliseo fue el sucesor de Elías, profeta de Jehová (1 Reyes 19). Por otra parte, Sunem estaba ubicada en una ladera frente al valle de Jezreel. Eliseo le cayó muy bien a una mujer de aquella ciudad.

En el v. 13 la expresión: *Yo habito en medio de mi pueblo*, pudiera significar: "Mi pueblo se encargará de mí si necesito algo".

Probablemente, el esposo de la sunamita era un religioso muy conservador, por lo que trata de aclararle a ella que "no podía ver una razón para establecer contacto con un hombre de Dios, cuando no había una observancia religiosa establecida (v. 23). Pero la madre tenía fe en que recibiría ayuda en el momento de necesidad y salió en busca de consejo".

Hay varios datos que nos indican que la mujer de Sunem y su familia tenían mucho dinero; la definen como una mujer importante (v. 8). Tuvo la posibilidad dc hacer en su casa un "cuarto para los invitados" (v. 9). Tenían segadores y criados que trabajaban para ellos (vv. 18, 19, 22 y 24); además, una vida religiosa, puesto que reconocieron a Eliseo como "varón santo de Dios". Y sabían de las tradiciones religiosas (como se indicó antes). No obstante, eso no evitó que también vivieran momentos de necesidad y problemas, instantes en los cuales necesitarían un apoyo y una voz de aliento.

Hoy también existen hermanos en la iglesia que están expuestos a pasar dificultades y pruebas muy difíciles, a pesar de su fe en Dios; necesitando también personas que los apoyen, que les den aliento, que oren por ellos y, de ser necesario, hasta que les suplan de alimento y abrigo. Esta es una verdad que debemos comprender y, sobre todo, poner en práctica.

III. DESARROLLO DE LA LECCIÓN

Introducción

Escriba en el pizarrón o en alguna hoja de papel, junto con sus alumnos, una lista de las necesidades o problemas que ellos saben que están atravesando en su congregación; sea de forma particular (una persona, una familia) o a nivel de grupo (alguna familia; o a nivel congregación, etc.).

Puede iniciar la actividad como una "lluvia de ideas" (véase en qué consiste esta en la sección IV. Anexos), motivada con la pregunta: "*¿Qué necesidades hay entre las personas de nuestra iglesia?*". Es importante que usted, como maestro, sea sabio y sepa guiar esta actividad, para no caer en chismes o meterse en asuntos privados.

Lea con sus alumnos el pasaje en 2 Reyes 4:8-37. Puede usarse la técnica: "De un saltito a..." (véase en Anexos).

Interactúe con los niños para saber si han entendido la historia. Pida que propongan acciones por medio de las cuales puedan ayudar en las necesidades que se mencionaron. Ayúdelos a coordinarlas para que las puedan llevar a cabo y ellos puedan colaborar.

Una idea para esta actividad es que provea materiales (papel, cartón, cartulina, revistas o periódicos para recortar, lápices, crayones, tijeras, pegamento, etc.) para que ellos hagan tarjetas y se las regalen al pastor de la iglesia, manifestándole el apoyo en su ministerio.

Desarrollo de la historia bíblica

—¡Eliseo! ¡Bienvenido nuevamente! ¡Ven, tengo una sorpresa para ti! —dijo una mujer en Sunem—. Llevó al profeta a un cuarto preparado para él. Eliseo ya se había quedado con esta familia varias veces.

Un día, la mujer le dijo a su marido: *Mira, yo sé que este que siempre pasa por nuestra casa* es *un santo hombre de Dios. Te ruego que hagamos un pequeño aposento de paredes, pongamos allí una cama, una mesa, una silla y un candelabro, para que cuando él venga a visitarnos,* se *quede en él.*

El esposo contrató personas para construir el cuarto.

—*En cualquier momento que visites Sunem eres bienvenido a quedarte aquí* —dijo ella.

Eliseo pensó en la mujer y en su amabilidad hacia él, y quiso darle algo a cambio. Llamó a su siervo Giezi.

—*Pregúntale a la mujer qué puedo hacer por ella* —le dijo.

—*Tengo morada entre mi parentela. No necesito nada* —fue su respuesta.

—*Ella no tiene hijos, y su marido* es *anciano* —acotó Giezi.

—*Llámala* —dijo Eliseo.

Giezi llamó a la mujer y ella se paró a la puerta de Eliseo.

—*Tu siervo Giezi me dijo que me llamabas.*

—*El año que viene, por este tiempo, sostendrás un hijo en tus brazos.*

La mujer había esperado por un hijo, pensaba que ya no era posible tener uno. Pero *al año siguiente, la mujer concibió y dio a luz un hijo, en el tiempo que Eliseo le había dicho.* ¡Qué feliz estaba ella de ser madre!

Y el niño creció. Pero un día en que vino a ver a su padre, que estaba con los segadores. Después de estar bajo el sol por un tiempo, el niño se *enfermó.*

—*¡Ay, mi cabeza, mi cabeza!*

—Llévalo a su madre —pidió el padre a un criado.

Este lo tomó y lo llevó a su madre, la cual lo tuvo sentado sobre sus rodillas hasta el mediodía, cuando murió.

La madre estaba desconsolada, quería encontrar a Eliseo. Se fue tan rápidamente como pudo donde él estaba. Eliseo la vio de lejos. Envió a Giezi a preguntarle si todo estaba bien. Pero no le dijo que la interrogara por su hijo. Ella quería decírselo a Eliseo directamente, pero este le dio a Giezi su bastón, el símbolo de su autoridad como profeta, y le dijo: *Toma mi bastón en tu mano y ve, luego pondrás mi bastón sobre el rostro del niño.*

Cuando llegaron a la casa, Giezi les dijo que había hecho lo que Eliseo le había ordenado, pero también agregó: "El niño no despierta".

Cuando Eliseo vio al niño tendido en la cama entró, cerró la puerta detrás de ambos y oró a Jehová. Después subió y se tendió sobre el niño, poniendo su boca sobre la boca de él, sus ojos sobre sus ojos, y sus manos sobre las manos suyas. Se tendió así sobre él y el cuerpo del niño entró en calor. Luego, se levantó y se *paseó por la casa de una a otra parte. Después, subió y se tendió sobre el niño nuevamente. Entonces, el niño estornudó siete veces y abrió sus ojos. Eliseo llamó a Giezi y le dijo: "Llama a la sunamita". Cuando ella entró, él le dijo: "Toma tu hijo".*

Tiempo después, Dios le dijo a Eliseo que iba a traer una sequía. No habría nada para comer. Eliseo recordó la compasión de la mujer sunamita y fue a verlos para prevenirlos.

—*Levántate, vete tú y toda tu casa a vivir donde puedas, porque Jehová ha llamado al hambre, la cual vendrá sobre la tierra por siete años* —le dijo Eliseo—. Así que ella y su familia se fueron. Después de siete años, ellos regresaron. Pero alguien había tomado posesión de sus propiedades.

La mujer fue a *implorar al rey por su casa y por sus tierras.*

Giezi, el siervo de Eliseo, estaba con el rey cuando ella llegó. Al entrar, Giezi le dijo al rey quién era la mujer, le contó su historia. Entonces, el rey ordenó:

—*Devuelvan todas las cosas que eran suyas.*

(Las palabras en cursiva son de 2 Reyes 4 y 8).

Aplicación para la vida

Actividad 1: ¿Quién necesita compasión?

Dígales a los niños que en este dibujo encuentren a las personas que necesitan de compasión y que las circulen.

Actividad 2: Mostrando compasión a la gente de mi iglesia

Que ellos vean los dibujos en esta página, y usted pregunte: *¿Cómo puede la gente mostrar compasión por cada una de estas personas?* (Cuadro 1, explique que los pastores a veces se sienten solos. Escuchan los problemas de otras personas y en ocasiones sienten que no están capacitados para ayudarlos. La gente los critica injustamente. Una forma de mostrarle compasión es decirle que lo aman y que están orando por él).

El cuadro 2, alguien puede mantener la puerta abierta para que la señora pueda entrar.

El cuadro 3, la iglesia puede proveer lo necesario para que la familia comience de nuevo su vida. *¿Qué necesidades tiene la gente en nuestra iglesia local?* (Escriba estas respuestas en el pizarrón o en papel).

En el cuadro 4, escriban o dibujen cómo pueden mostrar compasión por alguien en la iglesia.

Cuando hayan terminado, que muestren sus dibujos y que digan cómo poder mostrar compasión a alguien en la iglesia. Invítelos a poner sus planes en práctica durante la semana.

IV. ANEXOS

"Lluvia de ideas". Escriba una pregunta en el pizarrón (referente al tema de la "compasión") y deje que los niños pasen y anoten las respuestas, o usted puede ayudarlos a escribirlas. Incítelos a que ellos anoten alguna pregunta que deseen.

"De un saltito a..." consiste en que alguien comienza a leer el pasaje bíblico, y en el momento que desee que otra persona siga la lectura dice: "De un saltito a... Ana", entonces Ana, según el ejemplo anterior, continuará la lectura en el punto donde la dejó la persona anterior. Se hará lo mismo cuando se quiera que otro lea. De esta forma, se involucra a todos los niños en la lectura y se mantiene la atención.

Si a un niño le hablan y no sabe dónde va la lectura, que se le asigne algo especial que debe realizar (a manera de "castigo").

Termine la clase con una oración, pidiéndole al Señor que los ayude a realizar las acciones que se han propuesto. Recuerden a su pastor y su ministerio en esta iglesia.

Texto para memorizar

Para saber si los niños están memorizando el texto, haga las siguientes preguntas: *¿Cuándo debemos hacer el bien a todos?* (Cuando tengamos oportunidad). *¿Especialmente a quiénes?* (A los de la familia de la fe).

Notas

LECCIÓN 46

COMPASIÓN POR LA AUTORIDAD

I. ASPECTOS GENERALES

Base bíblica: 2 Reyes 5:1-15.
Texto para memorizar: *Así que, según tengamos oportunidad, hagamos bien a todos, y especialmente a los de la familia de la fe* (Gálatas 6:10).
Verdad bíblica central: Dios utiliza a sus seguidores para demostrarles a los que tienen algún puesto poderoso, que él es el único Dios verdadero.
Objetivo de la lección: ayudar al alumno a reconocer que también es necesario compadecerse de las personas que tienen algún puesto poderoso.

II. PREPARACIÓN PARA EL MAESTRO

Naamán era un distinguido comandante de las fuerzas armadas de Siria, y tenía lepra. Una esclava hebrea sintió mucha compasión de él, por lo que le contó a su esposa que había un profeta en Israel que lo podía curar.

Como la seguridad nacional dependía de Naamán, era necesario que él estuviera sano. Así que el rey de Siria lo envió al rey de Israel con una carta, para que él lo sanara de su enfermedad. Este rey no tenía poder para sanarlo, y se asustó al recibir a Naamán. Estaba seguro de que el rey de Siria trataba de tener una excusa para entrar en guerra contra Israel.

En ese momento, Eliseo entra en escena. La seguridad de sus palabras: "*Haced venir a ese hombre a mí*" es un fuerte contraste con las palabras temerosas del rey: "*¿Soy acaso yo Dios?*". Este rey no tenía una relación cercana a Dios, pero el profeta sí.

Naamán fue rápidamente a la casa de Eliseo, esperando que el profeta lo saludara con todo el respeto que su rango militar merecía y que, además, lo sanara mágicamente. Pero no fue así, Eliseo mandó a su sirviente con un mensaje para él: *Ve, lávate siete veces en el Jordán y tu carne* se *restaurará y serás limpio* (v. 10).

Naamán se enojó mucho. ¿No se daba cuenta este profeta de que el líder de las fuerzas armadas de Siria estaba a su puerta? ¿Que se lavara en el lodoso río Jordán? ¿Por qué no en uno de los ríos de Siria que eran más limpios que cualquier otro de Israel? (Al parecer, Naamán había olvidado que ya había probado todos los recursos que Siria le podía ofrecer).

Sus sirvientes le recordaron que habría estado dispuesto a realizar lo que fuera para ser sano. ¿Por qué no probar a hacer este simple acto? Entonces, decidió que no tenía nada que perder. Y al hacerlo fue sano, y su piel se *limpió como la piel de un niño.* Nadie dudó que este había sido un acto sobrenatural.

Eliseo rechazó los regalos que Naamán le ofreció. Sabía que al aceptarlos relegaría el milagro de Dios a su persona, y quería enseñarle a Naamán que la gracia del Señor no es algo que se gana, se compra o que se merece.

Dios nos llama a tener compasión por todos, de igual forma. Es más fácil ver las necesidades de los enfermos, de los que han sufrido accidentes o desgracias, de los incapacitados físicamente o de los pobres. Pese a ello, detrás de los adinerados y de aquellas personas que ocupan puestos importantes, pueden esconderse también otras realidades, vidas vacías, necesidades que se tratan de llenar con objetos materiales, grandes casas, autos, apariencias que solo son una máscara de lo que hay más allá.

Por otra parte, a veces pensamos que los poderosos son solo los que tienen mucho dinero, posesiones en el gobierno o dueños de grandes negocios. No obstante, hay otras personas que también tienen autoridad, como los profesores, los padres de familia y los pastores.

La condición que nos pone a todos en un mismo nivel (pobres y ricos, personas con o sin estudios, enfermos o sanos, etc.), es la necesidad ineludible de Cristo en la vida del ser humano (Romanos 3:23).

Como cristianos, debemos mostrar compasión siempre, aun por los ricos, adinerados o quienes ocupan puestos importantes; porque, aunque tengan mucho, les falta algo, la presencia de Cristo en su corazón.

III. DESARROLLO DE LA LECCIÓN

Introducción

Desarrollo de la historia bíblica

¿Estás bromeando?

—¡Oh, no! —lloró la joven sirvienta—, ¡lepra no! (Naamán su amo tenía una enfermedad terrible y nadie podía curarlo).

Esta dijo a su señora: Si rogara mi señor al profeta que está en Samaria, él lo sanaría de su lepra. La esposa de Naamán le comentó a su esposo lo que la sierva le había dicho.

"*¿Podrá realmente ayudarme?*", se preguntó este. Por lo que le pidió permiso al rey para ir a Israel a buscar a este profeta Eliseo. Y el rey de Siria le respondió:

—Está bien, ve y yo enviaré una carta al rey de Israel.

Salió, pues, Naamán hacia Israel con sus sirvientes, caballos y carruajes. Le llevó al rey de aquel lugar un mensaje que decía: "Cuando recibas esta carta, sabrás por ella que yo te envío a mi siervo Naamán para que lo sanes de su lepra".

Luego de que el rey de Israel leyó la carta, rasgó sus vestidos y dijo: "¿Acaso soy yo Dios, que da vida y la quita, para que este me envíe a un hombre a que lo sane de su lepra? Considerad ahora y ved cómo busca ocasión contra mí".

Cuando Eliseo oyó que el rey de Israel había rasgado sus vestidos, envió a decirle, ¿por qué has rasgado tus vestidos? Que venga a mí y sabrá que hay un profeta en Israel.

Llegó Naamán con sus caballos y su carro y se paró a las puertas de la casa de Eliseo. Estaba ansioso por conocer al profeta. Pero este ni siquiera salió para hablar con él. En cambio, envió un mensajero a decirle: "Ve y lávate siete veces en el río Jordán; tu carne se restaurará y serás limpio".

Naamán se puso muy enojado. Ya que pensaba, "de seguro saldrá enseguida, y puesto en pie invocará el nombre de Jehová, su Dios, alzará su mano, tocará la parte enferma y sanará la lepra". Los ríos de mi país son mejores que los de aquí. Si me lavo en ellos, ¿no quedaré limpio también?

Los siervos de Naamán querían mucho a su amo y deseaban que se curara. Sabían que ya había probado todo y nada lo había sanado, por eso le dijeron:

Padre mío, si el profeta te mandara hacer algo difícil, ¿no lo harías?—-le dijo su siervo—. Entonces, ¿por qué no hacer este acto tan simple? Naamán sabía que sus siervos estaban en lo correcto. Descendió entonces al río y se zambulló siete veces, conforme a la palabra del varón de Dios; su carne se volvió como la de un niño y quedó limpio. Él y sus siervos se apresuraron a regresar a la casa de Eliseo. Este salió a verlos y Naamán le dijo: Ahora conozco que no hay Dios en toda la tierra, sino en Israel.

Naamán estaba tan contento porque Eliseo le tuvo compasión, que trató de darle muchos regalos, pero el profeta los rechazó, porque quería que entendiera que no fue él, sino Dios, el que lo había sanado. Y que nadie puede comprar el favor del Señor.

Aplicación para la vida

Dé a los alumnos pliegos de papel o cartulina, goma, marcadores y periódicos o revistas que puedan recortar. Divida la clase en varios grupos, de acuerdo con el número de alumnos.

Dígales que piensen en las personas a las que admiran mucho, ya sea porque tengan alguna autoridad sobre ellos, o porque son famosos (un deportista, algún maestro, un artista cristiano. También pudieran ser sus padres, el pastor de la iglesia, etc.), y que los dibujen en los papeles que les entregó.

Cuando terminen, que elaboren entre todos una especie de mural (las pueden pegar en el pizarrón o en la pared). Después de hacer esto, que cada uno de ellos diga por qué admira a esa persona que dibujaron.

IV. ANEXOS

Actividad 1: ¿Qué hubiera pasado?

Pregunte a los alumnos qué creen que hubiera pasado si las personas mencionadas en la historia bíblica no habrían mostrado compasión. Lea cada pregunta y permita que los niños expresen sus ideas y sentimientos:

¿Qué hubiera pasado...

- si la sierva no habría querido decirle a la esposa de Naamán acerca de Eliseo?
- si la esposa de Naamán no le habría dicho nada de lo que la sierva le dijo?
- si Eliseo no le habría dicho a Naamán qué hacer?
- si el rey de Siria no le habría dado permiso a Naamán para ir a Israel?
- si los siervos de Naamán habrían dejado que su amo se fuera cuando no se quiso lavar en el río Jordán?

Actividad 2: Compasión por los que tienen poder o autoridad

Que los alumnos abran sus cuadernos en esta página y que escriban sus respuestas debajo de cada pregunta.

1. *¿Quiénes son las personas con poder o autoridad?* (Reinas, reyes, presidentes, profesores, pastores, padres. Pueden agregar otros que no estén en el cuadro).
2. *¿Por qué las personas con poder o autoridad necesitan compasión?* (Porque a veces se sienten solas. Ellos tienen problemas como otras personas. Algunos poseen mucho dinero, pero,el dinero no compra todo: por ejemplo, ni la sa-

lud ni la felicidad. Todos necesitamos compasión cristiana).

3. *¿Cómo podemos ser compasivos?* (Pueden escribir una carta de aprecio a la persona que ellos crean que necesita compasión).

Proyecto esperanza

Recoja los alimentos que los estudiantes trajeron. Felicítelos por traer comida para ayudar a otros. Recuérdeles que Dios los está utilizando para mostrar compasión.

Texto para memorizar

Prepare tiras de papel de regular tamaño y escriba en cada una de ellas una palabra del versículo; dóblelas en varias partes; invite a voluntarios que deseen participar, para que escojan una parte del versículo y lo vayan colocando en la pizarra, hasta que lo acomoden en el orden correcto. (Ponga pegamento o cinta adhesiva detrás del papel).

Ore para terminar la clase, pídale al Señor que les permita poner en práctica las formas de mostrar compasión.

Notas

LECCIÓN 47

COMPASIÓN POR NUESTROS ENEMIGOS

I. ASPECTOS GENERALES

Base bíblica: 2 Reyes 6:8-23; Mateo 5:44.
Texto para memorizar: *Así que, según tengamos oportunidad, hagamos bien a todos, y especialmente a los de la familia de la fe* (Gálatas 6:10).
Verdad bíblica central: Dios quiere que sus seguidores muestren compasión por todas las personas; aunque algunas deseen hacernos daño.
Objetivo de la lección: ayudar al alumno a comprender la necesidad de compadecerse de los demás, incluso de las que buscan dañarnos.

II. PREPARACIÓN PARA EL MAESTRO

El rey de Siria estaba en guerra con Israel. Esto indica que los sirios eran los agresores. Israel se encontraba conforme con la paz que tenía con Siria, pero ellos continuamente los hostigaban con guerrillas. Llegaban a la frontera de Israel para robar, matar y llevar personas cautivas a su propio territorio.

De pronto, todo empezó a ir mal para los sirios. Israel contaba con un sistema de inteligencia divino. Dios le decía a Eliseo en qué lugar los sirios realizarían su próximo ataque, y él le informaba de ello al rey de Israel. Esto pasó tan seguido, que el rey de Siria llegó a creer que uno de sus propios oficiales era un espía de Israel. Pero estos lo negaron, le dijeron que se trataba del profeta Eliseo, que se enteraba de todo lo que ellos planeaban y se lo informaba al rey de Israel.

El rey de Siria envió espías a buscar a Eliseo, y cuando estos regresaron, le dijeron: "*Está en Dotán*". Dotán estaba al norte de Samaria, no muy lejos de los territorios ocupados por los sirios. Por la mañana siguiente, los sirios ya habían rodeando la ciudad. Lo único que necesitaban hacer era capturar a Eliseo. Con muchos caballos y carruajes no sería difícil atrapar al profeta. El plan era bastante fácil, pero aparentemente los sirios se olvidaron del Dios de Israel.

Cuando el siervo de Eliseo vio al ejército sirio rodeando la ciudad, se apresuró a decírselo. Pero este siempre estuvo seguro de que Dios tenía control de la situación. Su respuesta: "*Más son los que están con nosotros que los que están con ellos*", nos asegura que Dios siempre cuida de su pueblo en cualquier tipo de peligro e inseguridad.

Luego, el siervo tuvo una visión en la que vio cómo un ejército celestial rodeaba a los sirios. En comparación con el ejército de Dios, ellos eran insignificantes.

Cuando el ejército enemigo empezó a avanzar, Eliseo pidió a Dios que les cegara la vista. Después, él los guió hasta Samaria, donde el rey (probablemente Jeroam) y el ejército de Israel esperaban.

Luego de que Eliseo oró para que los ojos de ellos fueran abiertos, los sirios se dieron cuenta de que estaban en el centro del campamento israelí en Samaria. El rey de Israel se hallaba ansioso por cobrar venganza, pero siguió el consejo de Eliseo. (Debió haber sido muy duro para este preparar un gran banquete en honor al enemigo que había estado hostigándolos durante tanto tiempo).

Pero Eliseo sabía algo que el rey de Israel no conocía. Que hostilidad solo trae más hostilidad, y guerra provoca más guerra. El consejo que le dio probó ser el más sabio. Los ataques contra Israel terminaron. El acto de compasión que mostró Eliseo trajo paz al pueblo.

Uno de los aspectos más radicales que predicó Jesús y que pidió a sus seguidores que lo practicaran, es el amor (la compasión por los enemigos). El significado de la palabra "enemigo" es muy amplio, no se limita al odio que representan los personajes de ciencia ficción, resultado del odio prácticamente es la muerte, se puede ampliar a todas aquellas personas que han buscado dañarnos de forma voluntaria, con razón o sin ella.

El mandato de Jesús fue claro y no da lugar a dudas: debemos amar. Los niños se encuentran con compañeros, en la escuela o en el barrio, que los molestan, se ríen de ellos, de sus deficiencias, los golpean e incluso los hacen a un lado. Esos son los "enemigos" que ellos tienen y que, a través de esta lección, comprenderán que es agradable delante de los ojos de Dios, que los amen y tengan compasión de ellos.

III. DESARROLLO DE LA LECCIÓN

Introducción

Desarrollo de la historia bíblica

Pero ¡ellos son el enemigo!

Que los alumnos abran sus libros en la historia de hoy, esta es un drama. Asigne los personajes a los niños y que lean en voz alta.

Personajes: Rey sirio, guardias, soldados sirios, primer oficial; segundo oficial; Eliseo; siervo de Eliseo; otros soldados (opcional).

Acto I

(Campamento del ejército sirio. Entra un soldado con miedo, se nota en su mirada, y se inclina ante el rey).

Soldado sirio: ¡Su majestad! ¡La emboscada en contra del ejército israelí ha fracasado otra vez!

Rey sirio (enojado): ¿Otra vez? Tiene que haber un espía entre nosotros que le está comunicando nuestros planes al rey de Israel. ¡Manda a llamar a todos los oficiales inmediatamente! Vamos a descubrir quién es este espía.

Soldado sirio: ¡Sí, su majestad! ¡Ahora mismo! (Sale y luego regresa con los oficiales).

Rey sirio: *¿No me descubriréis vosotros quién de los nuestros está de parte del rey de Israel?*

Primer oficial: *No, rey y señor mío; el profeta Eliseo, que está en Israel, es el que hace saber al rey de Israel las palabras que tú hablas en tu habitación más secreta.*

Segundo oficial: ¡Sí, su majestad! Este profeta conoce exactamente dónde vamos a atacar. Su Dios le revela todos los planes. Después se los pasa al rey de Israel.

Rey sirio: *Id y ved dónde está, para que yo envíe a apresarlo.*

(Los oficiales salen y el rey escribe en un pergamino. El primer oficial entra y se inclina delante del rey).

Rey sirio: ¿Han encontrado dónde está el profeta Eliseo?

Primer oficial: *¡Sí! Está en Dotán.*

Rey sirio: *¿Dotán? ¡Rodeen la ciudad ahora mismo!*

Primer oficial: ¡Sí, su majestad! (Sale).

Rey sirio: (frotándose las manos y sonriendo): *Eliseo, muy pronto serás mi prisionero.*

Acto II

Temprano por la mañana, en Dotán, el siervo de Eliseo se dirige al pozo a traer agua. Se da cuenta de que la ciudad está rodeada de jinetes, carruajes y soldados del ejército sirio. Se apresura para notificar a Eliseo.

Siervo de Eliseo: ¡Amo, la ciudad está rodeada por el ejército sirio! ¡Nos van a matar! *¡Ah, señor mío! ¿Qué haremos?*

Eliseo: *No tengas miedo, porque más son los que están con nosotros que los que están con ellos.* (Eliseo inclina la cabeza y se pone a orar). *Te ruego, Jehová, que abras sus ojos para que vea.*

Siervo de Eliseo: (Mira a su alrededor, se frota los ojos). ¡No puedo creer lo que veo! Hay otros caballos y carruajes en las colinas que nos rodean. ¡Son tan brillantes como el fuego!

Eliseo: (mira al cielo y ora): *Te ruego que hieras con ceguera a esta gente.* (Los soldados sirios empezaron a tropezar en el camino, no tenían la menor idea hacia dónde se dirigían).

Eliseo: (se acerca al primer oficial): *No es este el camino ni esta la ciudad; seguidme y yo os guiaré al hombre que buscáis.*

Primer oficial: *Seguidme* (ordena a sus hombres).

(Eliseo los guía hacia el rey de Israel y ora otra vez).

Eliseo: *Jehová, abre los ojos de estos para que vean.*

Primer oficial: (mira a su alrededor y dice): ¿Dónde estamos?

Segundo oficial: Parece Samaria, pero ¡no puede ser!

Rey de Israel: *¿Los mataré, padre mío?*

Eliseo: *No los mates. ¿Matarías tú a los que tomaste cautivos con tu espada y con tu arco? Sírveles pan y agua; que coman y beban, y que vuelvan a sus señores.*

Primer oficial: ¿Escuchaste? ¡Nos van a dar de comer y luego nos van a dejar libres para regresar a casa!

Segundo oficial: ¿Qué tipo de gente es esta?

(Las palabras en cursiva son de 2 Reyes 6).

Aplicación para la vida

Ayude a los alumnos a pensar en algunas formas concretas en las que pueden poner en práctica cada lección de esta unidad. Pida que escriban sus ideas. Hable de cómo mostrar compasión a los que necesitan ayuda; y también tener compasión y perdonar a los que nos hacen daño.

Organice al grupo en un círculo en el que estén cómodos y puedan hablar. Guíe una conversación por medio de la cual los niños cuenten algunas experiencias que hayan tenido en el pasado; esta puede ser motivada o iniciada a partir de preguntas como:

¿Qué te han hecho que ha significado una situación dolorosa para ti?

¿Qué no te gusta que te hagan?

¿Qué nunca le harías a tu mejor amigo, tus hermanos o tus padres?

¿Qué no perdonarías que te hicieran?

Es muy importante tomar en cuenta:

1. Se está tratando que los niños abran partes sensibles del corazón, lo que puede costar un poco de trabajo. Sea creativo y sabio para hacerlo de una forma correcta, no forzada.
2. Como se mencionó, se trata de trabajar con puntos sensibles de los niños, como son sus emociones; por eso, tal vez ellos dejen ver hechos delicados y muy significativos de su vida personal, familiar y espiritual. Sea sabio y pro-

fesional al dirigir la conversación, como para asimilar y manejar la información que pueda surgir.

IV. ANEXOS

Actividad 1: ¿Quién no merece compasión?

Pida a los alumnos que vean los dibujos en esta página. Pregunte: *¿Qué personas creen que no merece compasión?* (Los alumnos podrían mencionar a las que están en las fotos de "los más buscados", la que roba la cartera o la que le grita al empleado del correo). Pregunte: *¿Por qué esta gente no merece compasión?* (Permita que los alumnos respondan). *¿Cómo creen que deberíamos tratar a las personas que no merecen compasión?* (Hable de cómo Dios trata a las personas mucho mejor de lo que ellos se lo merecen. Esto es la gracia de Dios). Como somos hijos de Dios, él quiere que nosotros tratemos a la gente mucho mejor de lo que se merecen.

Actividad 2: Placa oficial

Es importante que los niños sientan compasión por las personas necesitadas. Anímelos a que piensen en un plan que los ayudará a mostrar compasión a otros, y que lo escriban según se indica en esta actividad. Invítelos a ser un "mensajero de Misericordia".

Texto para memorizar

Que los alumnos que estén listos repitan Gálatas 6:10. Haga una señal con objeto de que la clase repita el texto al unísono. Pida voluntarios que quieran explicar su significado.

Proyecto Esperanza

Es tiempo para que los niños depositen los alimentos que trajeron en la caja del Proyecto Esperanza. Si es posible, invite a un representante de la iglesia (pastor, superintendente de la escuela dominical o miembro del concilio) a que visite la clase.

Notas

GUÍA PARA LA UNIDAD XII

LA NAVIDAD SEGÚN...

VERDAD BÍBLICA: Dios cumplió la promesa de enviar un Salvador para la humanidad: Jesucristo.

PROPÓSITOS DE LA UNIDAD

- Los alumnos aprenderán las señales y mensajes que Dios mostró a través de la historia de su pueblo, con el propósito de permitirle saber que él enviaría un Salvador.
- Comprenderán cómo Dios preparó a su pueblo para recibir al Mesías prometido.
- Entenderán el significado de por qué Jesús se hizo un ser humano como nosotros para salvarnos.
- Reconocerán la misericordia de Dios al revelarnos su amor a través de Jesús.
- Ayudar a los alumnos a entregarle a Dios todo lo que son y lo que tienen.

LECCIONES DE LA UNIDAD:

» Lección 48- La Navidad según los patriarcas y los profetas.
» Lección 49- La Navidad según Zacarías y Elizabet.
» Lección 50- La Navidad según María y José.
» Lección 51- La Navidad según Simeón y Ana.
» Lección 52- ¡Entrégale todo a Dios!

VERSÍCULO DE LA UNIDAD: *Dará a luz un hijo, y le pondrás por nombre Jesús, porque él salvará a su pueblo de sus pecados* (Mateo 1:21).

Sugerencias:

1. Lleve vestuarios y prepare la escenografía en la lección 50.
2. Para dramatizar la historia bíblica, en la lección 51 necesitará un muñeco que represente al niño Jesús.
3. Prepare tarjetas pequeñas para los niños, para una de las actividades de la lección 52. Y también necesitará una caja (la puede decorar) que diga "Banco del Cielo" para usarla en otra de las actividades de esta clase.

Por ser la época navideña, la decoración del salón de clases contribuirá al aprendizaje de los alumnos. Lo importante es que esta sea sencilla, por los principios cristianos que se enseñarán durante el mes. Pídales a los niños que participen activamente en esta decoración.

Si el grupo no cuenta con un salón propio, los adornos navideños que se hagan pueden servir para el templo o las casas de los estudiantes. Esta actividad se puede realizar en alguna casa de un estudiante con objeto de facilitar el compañerismo.

También pueden elaborar adornos con harina y sal: mezcle cantidades iguales de ambos productos. Agregue agua y bata hasta que la masa quede consistente. Luego, extiéndala y forme los adornos usando moldes para galletas, pero relacionados con la Navidad. Deje que la masa se seque para que sus alumnos la puedan pintar y decorar con goma y escarcha.

Otro adorno fácil de hacer es una estrella de David. Se hace utilizando seis palos de paleta. Realice dos triángulos, péguelos para formar una estrella y luego decórelas también con escarcha.

La Navidad es una época especial para mostrar el amor que profesamos como cristianos tanto a las personas de nuestra iglesia como a las que no conocen a Jesús.

Inicie (si puede) con la fiesta "Celebrando al Salvador"; los niños deberán ir disfrazados de su personaje favorito de la Navidad. Haga esto en su casa o en la de algún alumno.

Después de jugar y haber comido, canten algunos villancicos navideños y lean en la Biblia la historia de la Navidad. Al final, hagan una oración en la que cada estudiante, en forma voluntaria, le dé gracias a Dios por la época que se inicia. La fiesta para celebrar al Salvador puede seguir desarrollándose en las siguientes semanas, previas a la Nochebuena, cuando los niños, usted y algunos padres de familia decidan, por ejemplo, ir a visitar hogares de ancianos para cantarles algunos villancicos y entregarles tarjetas que los mismos estudiantes hicieron.

Pueden visitar también albergues para niños y llevarles juguetes, libros y galletas. Asuma el reto para esta Navidad, no se necesita mucha inversión, solo buena disposición y creatividad. ¡El Espíritu Santo quiere cambiar la vida de sus estudiantes!

LECCIÓN 48

LA NAVIDAD SEGÚN LOS PATRIARCAS Y LOS PROFETAS

I. ASPECTOS GENERALES

Base bíblica: Génesis 12:1-3; Isaías 7:14, 9:1-7, 40:1-5 y Miqueas 5:2.
Texto para memorizar: *Dará a luz un hijo, y le pondrás por nombre Jesús, porque él salvará a su pueblo de sus pecados* (Mateo 1:21).
Verdad bíblica central: Dios tenía un plan para salvar al mundo, y preparó a su gente a través de la historia para la venida de Jesús.
Objetivo de la lección: conocer las señales y mensajes que Dios mostró a su pueblo a través de la historia, con el propósito de hacerle saber que enviaría un Salvador.

II. PREPARACIÓN PARA EL MAESTRO

Abraham. En este pasaje se inicia el relato de la historia de uno de los hombres más famosos de la humanidad: Abraham, el amigo de Dios (Santiago 2:23); que aparece con su primer nombre, Abram, que significa "el padre es elevado o el padre ama" (La Biblia de Estudio Dios Habla Hoy).

La promesa de Dios a su amigo fue clara: *Haré de ti una nación grande, te bendeciré, engrandeceré tu nombre y serás bendición. Bendeciré a los que te bendigan, y a los que te maldigan maldeciré; y serán benditas en ti todas las familias de la tierra* (Génesis 12:2-3).

Si es cierto que la promesa fue clara, a la vez resultó algo descabellada. ¿Quién iba a pensar que Abraham iniciaría la descendencia de la cual nacería Jesús, el Salvador del mundo?, (ni él mismo). (Véase en Mateo 1 la genealogía de Jesucristo). ¿Quién se lo iba a imaginar, sabiendo que tanto Abram como su esposa Sarai no tenían hijos? Pero Dios siempre cumple sus promesas, Abram le creyó a Dios.

Isaías, llamado "el profeta de la fe", inició su ministerio profético hacia el año 740 a.C. Este dato es importante porque nos revela cómo Dios, casi tres cuartos de siglo antes de hacer realidad el nacimiento de Jesucristo, por medio de este profeta hizo recordar la promesa de salvación que inició con Abraham.

La promesa de Dios a través del profeta Isaías sobre el nacimiento virginal de un niño cuyo nombre sería Emanuel, que significa "Dios con nosotros", revela que él tenía un plan de salvación para su pueblo. A pesar de la desobediencia de Israel, el amor de Dios siempre estaba presente, y la máxima expresión de ese amor sería la presencia de su Hijo entre la humanidad. Las profecías de Isaías se relacionan directamente con el nacimiento de Jesucristo.

En el libro del profeta Miqueas, que lleva su mismo nombre, aparece un mensaje de parte del Señor en el cual recuerda la promesa hecha a su siervo David, en cuanto al establecimiento de su trono para siempre, así como de su misma dinastía (1 Reyes 2:4).

Miqueas no menciona a Emanuel como en el caso de Isaías; pero nos da algunas referencias sobre este Señor en Israel: *Apacentará con poder de Jehová y él mismo será la paz para Israel* (Miqueas 5:4-5).

De la descendencia real de David nacería el Rey de reyes y Señor de señores, Jesucristo (Mateo 1:1).

¿Por qué Dios habrá dado "algunas pistas" a sus siervos como a Isaías y a Miqueas del plan de salvación que él tenía para su pueblo?

Si algo podemos afirmar, es que desde la caída del hombre en el Edén, Dios ya tenía su plan de salvación para la humanidad. Nos había escogido en él antes de la fundación del mundo (Efesios 1:4).

La fidelidad de Dios permanece para siempre, y a pesar de que su tiempo no es como el nuestro (Salmo 90:4), en su tiempo él cumple sus promesas, como en la gran promesa de Jesús: el Mesías Prometido.

III. DESARROLLO DE LA LECCIÓN

Introducción

Compañerismo y repaso

Dé oportunidad a los alumnos que deseen testificar de la manera en que mostraron compasión a alguien durante la semana pasada. Pregunte: *¿Cuántos mostraron compasión por alguien? ¿Cómo se sintieron antes de hacer esto? ¿Cómo se sintieron después? ¿Qué respuesta obtuvieron?*

Desarrollo de la historia bíblica

Entrevistas con pistas para la Navidad

Unas semanas antes, asigne los papeles de las entrevistas a estudiantes voluntarios.

Reportero: Dios ha estado planeando la Navidad por mucho tiempo. Pedro dice que Jesús había sido escogido para venir al mundo antes de que este fuese creado (1 Pedro 1:20). Después de que Jesús vino,

Dios ayudó a los escritores del Nuevo Testamento a ver las pistas en el Antiguo Testamento.

Hablaremos con uno de los grandes patriarcas y con dos profetas, que recibieron estas pistas personalmente.

Abraham: Bueno, ¿quién lo hubiera pensado? Todo lo que sé es que Dios me dijo: *Haré de ti una nación grande, te bendeciré, engrandeceré tu nombre y serás bendición. Bendeciré a los que te bendigan, y a los que te maldigan maldeciré; y serán benditas en ti todas las familias de la tierra* (Génesis 12:2-3).

Ustedes se pueden imaginar lo divertido que esto sonó en un principio. ¡Mi esposa y yo no teníamos hijos! Generaciones más tarde, de mi familia nació Jesús. Él es el Hijo de Dios. Esto es lo más maravilloso que yo hubiera imaginado.

Reportero: ¡Es cierto! Gracias, Abraham. Mi siguiente invitado es Isaías, el profeta. Bienvenido Isaías.

Isaías: Es increíble ver la manera en que Dios actúa, yo sabía de Abraham, soy uno de sus descendientes. Dios permitió que su familia creciera y se convirtiera en varias naciones grandes. Cuando yo estaba ministrando, la gente tenía miedo de que pronto fueran destruidos. El Señor me inspiró para decirles que había esperanza. Así que les dije: *El Señor mismo os dará señal: He aquí que la virgen concebirá, y dará luz un hijo, y llamarás su nombre Emanuel* (Isaías 7:14). Y también les dije: *Porque un niño nos es nacido, hijo nos es dado, y el principado sobre su hombro; y se llamará su nombre Admirable, Consejero, Dios Fuerte, Padre Eterno, Príncipe de paz* (Isaías 9:6).

Reportero: Yo he escuchado esto antes en las historias y en las canciones de Navidad.

Isaías: Y se puede ver porque, ¡describe a Jesús perfectamente! Él no vino sino cientos de años después de mi tiempo. ¡Dios usó mis mensajes para dar esperanza a su pueblo en aquella época! Si nos hubiéramos vuelto hacia Dios, él nos hubiera protegido. Pero ¡hay algo aún más sorprendente! El Señor usó mis palabras para ayudar a otras personas a reconocer que en Jesús se cumplieron las profecías de una manera especial.

¡Oh, algo más! También le dije al pueblo de Israel sobre un hombre que prepararía el camino para el Prometido de Dios. Esta persona diría: *Voz que clama en el desierto: ¡Preparad un camino a Jehová; nivelad una calzada en la estepa a nuestro Dios!* (Isaías 40:3).

Reportero: Muchos años después, Mateo vio cómo estas palabras describían a Juan el Bautista, que preparó a la gente para escuchar el mensaje que Jesús traería. Gracias, Isaías. Mi último invitado es otro profeta, Miqueas.

Miqueas: Gracias. Es un gusto estar aquí. ¿No es maravilloso lo grande que es Dios? Tal como Isaías, yo también viví en tiempos de problemas. Como ven, Israel se había dividido en dos naciones. Yo les advertí que su pecado las destruiría.

Reportero: ¡Qué terrible!

Miqueas: Sí, así fue. Pero Dios no se cansó de nosotros. Nos dio oportunidad de volvernos a él. Como ven, Belén era una ciudad pequeña, pero grandes personas como Noemí, Rut y el mismo David salieron de esa ciudad. Yo dije: *Pero tú, Belén Éfrata, tan pequeña entre las familias de Judá, de ti ha de salir el que será Señor de Israel; sus orígenes se remontan al inicio de los tiempos, a los días de la eternidad* (Miqueas 5:2).

Reportero: ¡Así que usted es el profeta que dio la idea a los hombres de Herodes para encontrar a Jesús!

Miqueas: Todo eso sucedió mucho después de mi tiempo. Pero yo fui el que profeticé sobre dónde nacería Jesús.

Reportero: ¡Increíble! No es de extrañarse por qué Mateo y los otros escritores del Nuevo Testamento se emocionaron sobre lo que encontraron en el Antiguo Testamento. Ellos hallaron las pistas que ayudaron a la gente a ver que Jesús era el Hijo de Dios. Pero su venida a la tierra fue la última pieza que le dio sentido al rompecabezas.

Finalizado el drama, realice una mesa redonda con sus estudiantes; traten sobre la pregunta: *¿Por qué creen que estos pasajes hablan directamente de Jesús?*

Aplicación para la vida

Enfatice a los estudiantes la importancia que tiene el cumplir con alguna promesa que le hayan hecho a alguien o a Dios.

En este momento, ellos pueden comentar sobre alguna promesa que les hizo alguien y que no se las cumplió, para que manifiesten sus emociones con respecto a esta situación. De igual forma, pueden decir si ya han hecho alguna promesa, pero no la han cumplido.

Usted puede recordarles algunas promesas hechas por Jesús y que él ha cumplido, como la venida del Espíritu Santo, su compañía hasta el fin del mundo y otras.

IV. ANEXOS

Actividad 3: Reto del Club versículo del mes

Anime a los alumnos a continuar su membresía en el Club versículo del mes. Recuérdeles que todo lo que tienen que hacer es aprender un versículo mensualmente. Mateo 1:21 en diciembre; Juan 11:27 en enero y 1 Corintios 10:31 en febrero. Ayúdelos a preparar los adornos de Navidad para el salón de clases.

LECCIÓN 49

LA NAVIDAD SEGÚN ZACARÍAS Y ELIZABET

I. ASPECTOS GENERALES

Base bíblica: Isaías 40:1-5; Mateo 3; Marcos 1:1-4; Lucas 1:5-25; 1:39-45 y 5:57-80.

Texto para memorizar: *Dará a luz un hijo, y le pondrás por nombre Jesús, porque él salvará a su pueblo de sus pecados* (Mateo 1:21).

Verdad bíblica central: Dios preparó la venida de Jesucristo a través de personas que le fueron obedientes.

Objetivo de la lección: ayudar a comprender a los alumnos cómo Dios preparó a su pueblo para recibir al Mesías prometido.

IL. PREPARACIÓN PARA EL MAESTRO

Zacarías y Elizabet eran intachables obedeciendo la ley de Dios. Ambos le habían pedido un hijo, a pesar de que vivieron en una época en la que muy pocas personas creían en el poder del Señor.

Llegó el tiempo en que el ángel Gabriel le dijo a Zacarías que Elizabet, su esposa, daría a luz un hijo, al cual llamarían Juan; y el bebé, aún en el vientre de su madre, sería lleno del Espíritu Santo. A pesar de esta promesa tan clara, Zacarías dudó por la edad que tenían él y su esposa.

Por la incredulidad de Zacarías, el ángel Gabriel le dijo que estaría mudo hasta que la promesa de Dios se hiciera realidad.

Cuando nació el niño, los vecinos y familiares lo querían llamar Zacarías, como su padre; pero a pesar de la costumbre del pueblo, Zacarías y Elizabet estaban seguros de que a su hijo lo llamaría Juan, tal como lo había profetizado el ángel Gabriel. Este hecho le mostró a la gente que este niño era muy especial, la mano de Dios estaba sobre él.

Ya en edad adulta, Juan fue un profeta cuyo mensaje apelaba al arrepentimiento, y mucha gente llegaba desde muy lejos para escucharlo.

Juan bautizaba en agua, pero enseñaba que el Mesías bautizaría en el Espíritu Santo y fuego y él fue el primero en reconocer al Mesías prometido, Jesús.

Las promesas de Dios son claras y no cabe ninguna duda de que él recompensa la rectitud y fidelidad de sus hijos (Salmos 5:11b-12; Salmos 92:12-15).

En el ejemplo de Zacarías y Elizabet, Lucas cita dos características primordiales que deben tener los hijos de Dios:

Ser rectos e intachables ante él.

Es interesante pensar en cómo un sacerdote —Zacarías, rodeado por una estructura religiosa difícil y viviendo en una época en la que las personas dudaban del poder de Dios, por la opresión social y política en que vivían— se mantuvo recto e intachable ante su Dios; a pesar del peso social que tenía para él y su familia el hecho de no tener hijos. Zacarías y Elizabet se mantuvieron fieles ante su Dios.

¿Cuántos Zacarías y Elizabet nos hacen falta hoy?

Que a pesar de la dificultad social, de la situación económica y de la presión cultural se mantengan "rectos e intachables delante de Dios, obedeciendo todos los mandamientos y preceptos del Señor" (Lucas 1:6 NVI).

El llamado de Dios es que seamos su pueblo haciendo la diferencia, no siguiendo los moldes del mundo actual (Romanos 12:2).

III. DESARROLLO DE LA LECCIÓN

Introducción

Lea con sus estudiantes la historia bíblica "Preparativos para la venida del Salvador".

—¿Será que algún día tendremos un hijo? —le preguntó

Elizabet a Zacarías.

—¡No sé! Ya somos ancianos y además ya he orado mucho por este tema —respondió Zacarías.

Zacarías era un sacerdote fiel que sirvió mientras Herodes era rey de Judea. Él y su esposa Elizabet eran justos delante de Dios.

Un día en que era el turno de Zacarías para entrar en el santuario a ofrecer el incienso, se le apareció un ángel del Señor de pie a la derecha del altar del incienso. Al verlo, Zacarías se asustó y tuvo miedo, pero el ángel le dijo: *Zacarías no tengas miedo, porque tu oración ha sido contestada y tu esposa Elizabet tendrá un hijo, y lo llamarás Juan. Él hará que muchos de los hijos de Israel se conviertan al Señor, su Dios. Él preparará el camino del Señor.*

Zacarías le preguntó al ángel:

—¿Cómo sucederá esto? Ya soy viejo y mi esposa también.

Respondiendo, el ángel le dijo: *Yo soy Gabriel, que estoy delante de Dios, y he sido enviado para hablar con-*

tigo y darte estas buenas nuevas. Pero como no creíste mis palabras, las cuales se cumplirán a su debido tiempo, quedarás mudo y no podrás hablar hasta el día en que esto suceda.

Mientras tanto, el pueblo estaba esperando a Zacarías, y se extrañaban que estuviera mucho tiempo dentro del santuario. Cuando este salió, no les podía hablar.

—¿Qué le pasa? —se preguntaron algunos.

—¡Está emocionado! Vean la manera en que mueve los brazos de un lado a otro.

—Más bien creo que está tratando de decirnos algo —comentó alguien.

Cuando terminó con sus obligaciones en el templo, Zacarías se fue a su casa con su esposa Elizabet. Un día, ella regresó con buenas noticias.

—¡Zacarías, vamos a tener un hijo! Dios ha respondido a nuestras oraciones.

Seis meses después de esta noticia, María, familiar de Elizabet, llegó a visitarla. Cuando entró en la casa de Zacarías y saludó a Elizabet, el niño de esta saltó dentro de su vientre y Elizabet fue llena del Espíritu Santo.

—*Bendita tú entre las mujeres y bendito el fruto de tu vientre* —le dijo Elizabet a María.

María permaneció en la casa de Elizabet durante tres meses.

Cuando se cumplió el tiempo, Elizabet tuvo su hijo. Fue un niño, como el ángel lo había dicho. Los vecinos y familiares se regocijaron con ella.

—¿Qué nombre le pondrán? —les preguntaron.

—Se supone que lo llamarán Zacarías, como el papá — dijeron los hombres.

—*¡No!* Se *llamará Juan* —dijo Elizabet.

Sus vecinos y familiares le dijeron:

—¿Por qué? No hay nadie en tu familia que se llame con ese nombre.

Entonces preguntaron por señas a su padre cómo lo quería llamar. Él pidió una tablilla y escribió: *Juan* es *su nombre.* Al instante, Zacarías comenzó a hablar y a bendecir a Dios.

Juan vivió en los desiertos de Judea. Sus ropas estaban hechas de pelo de camello, tenía un cinturón de cuero y su comida era langostas y miel.

Cuando fue el tiempo preciso, empezó a predicar, y decía:

Arrepentíos, porque el reino de los cielos se *ha acercado.*

También le dijo a la gente que él era el profeta al cual Isaías se refería cuando dijo: *Voz del que clama en el desierto: ¡Preparad el camino del Señor, enderezad sus sendas!* A Juan acudía toda la gente de Jerusalén, Judea y toda la provincia alrededor del Jordán.

Al terminar la lectura, comente con los niños cómo Dios preparó a su pueblo antes de que Jesús viniera. Pregúnteles de qué forma la gente se dispone, por lo general, para la Navidad.

Aplicación para la vida

Actividad 1: Listos para la Navidad

Que los niños vean esta actividad en sus cuadernos y hablen sobre los preparativos que se hacen para celebrar la Navidad.

Diga: *¿Qué es lo que haces junto con tu familia para estar listos para la Navidad?* (Hornear galletas, limpiar la casa; decorar; ir de compras, etc.).

¿Cómo se preparó Dios para la primera Navidad? (Primero escogió a una familia de la cual nacería su Hijo, y esta fue la familia de Abraham. Cuando nació Jesús, Dios escogió a las personas que le ayudarían).

¿Saben cómo Dios hizo esto? Escuchen las siguientes respuestas y piensen de qué personaje se trata.

Pida que contesten a las preguntas que vienen en su cuaderno de trabajo, anotando las respuestas en los renglones en blanco.

Descubre quién soy

Preparar al mundo para el nacimiento de Jesús no fue todo lo que Dios tuvo que hacer. También lo preparó para la obra de Jesús. ¿Sabes cómo Dios hizo esto? La respuesta se encuentra en este acertijo.

"Mis ropas son de piel de camello".

"Mi cinturón se hizo de piel de animales".

"Mi alimento son langostas y miel silvestre".

"Una de mis tareas es bautizar".

¿Quién soy?

Actividad 2: Juan el Bautista

Para repasar la historia, pida a los alumnos que contesten a las preguntas de esta actividad en sus cuadernos.

1. ¿Quién visitó a Zacarías en el templo y le dijo que iba a tener un hijo? Lucas 1:11. (Un ángel).
2. ¿Qué nombre le dijo el ángel a Zacarías que le pusiera a su hijo? Lucas 1:13. (Juan).
3. ¿Cuál nombre pensó la gente que debían ponerle al niño? Lucas 1:59. (Zacarías).
4. ¿Quién era la madre de Juan? Lucas 1:13. (Elizabet).
5. ¿Qué comía Juan? Mateo 3:4. (Miel y langostas).
6. ¿Qué vino Juan a hacer? Lucas 3:4. (Prepararle el camino a Jesús).
7. ¿Qué le dijo Juan a la gente que hiciera? Mateo 3:2. (Que se arrepintieran).

8. ¿Qué hizo Juan con agua? Lucas 3:16. (Bautizar).
9. ¿Qué reino dijo Juan que estaba cercano? Mateo 3:2. (El reino de los cielos).
10. ¿Con qué dijo Juan que bautizaría aquel que venía después de él? Lucas 3:16. (Con el Espíritu Santo).
11. ¿Dónde vivía Juan? Lucas 1:80. (En lugares desiertos).
12. ¿Qué profeta habló acerca de uno que venía del desierto? Lucas 3:4. (Isaías).
13. ¿Con qué bautizaba Juan? Lucas 3:16. (Con agua).

(Obsequie un pequeño regalo al alumno que haya contestado correctamente la mayor cantidad de preguntas).

IV. ANEXOS

Pasemos el regalo

Practique el versículo del mes (Mateo 1:21). Pídales a los alumnos que se pongan en círculo. Toque música, y mientras tanto los niños se irán pasando el regalo. Cuando la música pare, el que tenga el regalo debe recitar el versículo para poder continuar jugando.

Pregúnteles a quién le hablaron durante la semana pasada sobre las profecías que mencionan la venida de Jesús.

Agradezca a Dios por enviar a Juan el Bautista a preparar a la gente para cuando Jesús viniera. Ore por sus estudiantes para que recuerden el propósito de la Navidad mientras que se preparan para celebrarla.

Notas

LA NAVIDAD SEGÚN MARÍA Y JOSÉ

I. ASPECTOS GENERALES

Base bíblica: Mateo 1:18-25; Lucas 1:26-38; 2:1-20 y Filipenses 2:5-8.
Texto para memorizar: *Dará a luz un hijo, y le pondrás por nombre Jesús, porque él salvará a su pueblo de sus pecados* (Mateo 1:21).
Verdad bíblica central: en la época de Navidad recordamos que Jesús, a pesar de ser Dios, vino al mundo como hombre, con el propósito de salvar a la humanidad.
Objetivo de la lección: ayudar a los alumnos a comprender el significado de que Jesús se haya hecho un ser humano como nosotros para salvarnos e invitarlos a agradecerle a Jesús por haber venido al mundo. Y algo bien importante: ayudarlos a que lo acepten como su Salvador.

II. PREPARACIÓN PARA EL MAESTRO

Para esta edad, es muy posible que los alumnos primarios hayan participado de muchas enseñanzas acerca de la vida y ministerio de Jesús. Pero es poco probable que hayan conocido la increíble verdad de la encarnación. Jesús fue todo hombre y todo Dios.

Siendo Jesús todo Dios, no tenía por qué venir a la tierra a morir por nosotros, los seres humanos, no resultaba ser una obligación. Pero, por amor a nosotros, él se hizo todo un ser humano sufriendo físicamente hasta dar su vida por la nuestra en la cruz.

El Evangelio de Mateo comienza con una lista de los antepasados de Jesús, y se relata los acontecimientos de su infancia.

El origen de Jesucristo

Mateo nos narra que María y José estaban comprometidos para casarse pero todavía no vivían juntos. Este compromiso era más serio que los de palabra de hoy día, se podría decir que era como si estuvieran casados por la ley, y solo les faltaba casarse por la iglesia y convivir.

María esperaba un hijo por el poder del Espíritu Santo, pero a José le resultó difícil creer esto. Él, siendo un hombre justo, no quería denunciarla ante la ley, así que iba a dejarla en secreto. Hasta que el ángel del Señor se le apareció y le explicó lo sucedido, José entendió y cuidó de María y el bebé.

En Mateo 1:22-23 podemos ver que Jesús vino a cumplir las promesas hechas por Dios al pueblo de Israel (Isaías 7:14). Estos versículos nos muestran que él era el Mesías esperado por el pueblo de Israel.

Dios hecho hombre

Esto fue un maravilloso milagro que no posee explicación científica. Jesús, con la excepción de no tener el pecado original por haber sido concebido por el Espíritu Santo, resultó completamente hombre y completamente Dios.

La Biblia nos muestra la humanidad de Jesús, en que él comió, bebió, tuvo hambre, sed, sueño, se enojó, se equivocó, fue tentado, sintió dolor e inclusive, crucificado, muerto sin merecerlo y sepultado, pues el tomó nuestro lugar.

Y nos muestra la deidad de Jesús cuando habla con autoridad divina; reclama para sí el poder de perdonar pecados (Marcos 2:5-12). Acepta la adoración de su nombre (Mateo 14:33). Es el Hijo del Dios viviente (Mateo 16:16-17).

En el Evangelio de Lucas también se nos narra la infancia de Jesús, pero allí se añade un hecho más que prueba su humanidad, y es el testimonio de los pastores. En Lucas 2:8-20, un ángel se le aparece a ellos y les anuncia la llegada de Jesús al mundo, y los pastores, de inmediato, salen en su búsqueda, con la sorpresa de encontrar al bebé en pañales en el pesebre.

Podemos hacer un resumen buscando en Filipenses 2:5-11, en el que Pablo le escribe al pueblo de Filipos recordándoles la humillación y la exaltación de Cristo. Donde él renunció a lo que era suyo tomando naturaleza de siervo y humillándose hasta la muerte de cruz por amor a ti y a mí; para que toda rodilla se doble en el cielo y en la tierra.

¿Qué hubiera pasado si Jesús no habría venido al mundo? Dios sería el mismo, pero ¿cómo estaríamos los seres humanos?

Resultaba necesario para nosotros que Jesús viniera al mundo para así obtener la salvación; es gracias a su sacrificio que hoy tenemos este precioso regalo. Debemos estar profundamente agradecidos a Jesús por haber hecho ese sacrificio por nosotros.

No era su obligación dar su vida, pero lo hizo como muestra de amor. Y gracias a ello ya no tenemos que hacer más sacrificios para que Dios perdone nuestros pecados, ni tenemos que sufrir y morir por nuestros pecados.

¿Cuál es la importancia de que Jesús haya sido todo hombre? Que habiendo sido hombre y haber padecido igual que un ser humano, esto le permite comprendernos; y nos da un modelo por seguir, nos pone una meta: ser como él.

Jesús fue tentado en todo, mas nunca pecó. Como ser humano lloró, se rió, sufrió, estuvo expuesto a las inclemencias del tiempo, tuvo hambre, se alimentó, se cansó y emocional y físicamente estuvo expuesto a la fragilidad, presiones y aspectos humanos de la vida. La diferencia con cualquier otro ser humano es que él se mantuvo fiel a Dios y no pecó.

III. DESARROLLO DE LA LECCIÓN

Introducción

Salude y abrace a sus niños mientras van llegando al salón de clase; dé la bienvenida a los alumnos que hayan venido por primera vez.

Explique que hoy van a dramatizar uno de los sucesos más importantes en la historia del mundo. Necesitará personas voluntarias para hacerlo. Pídales a los niños que abran sus libros en esta lección. Traiga vestuarios y escenografía que usted considere necesarias, y dígales que participen de la obra (pueden ir leyendo los papeles).

Desarrollo de la historia bíblica

En la quietud de la noche

Personajes: Narrador, María, José, ángel, coro de ángeles, mesonero y pastores.

Escena 1

(María y José están hablando, y ella está emocionada). **María:** ¡José! ¡Pasó algo maravilloso!

José: ¿Qué pasó?

María: Un ángel se me apareció y me dijo: *¡Te felicito, favorecida de Dios! ¡El Señor está contigo!*

José: ¿Y no te asustaste?

María: Al principio, sí, pero el ángel me dijo: *María, no tengas miedo, pues tú gozas del favor de Dios. Ahora vas a estar encinta, tendrás un hijo y le pondrás por nombre Jesús.*

José: ¡Espera un momento! Tú no puedes tener un bebé. ¡Todavía no nos hemos casado!

María: Ya lo sé, pero no es un bebé cualquiera. El ángel me dijo: *El Espíritu Santo vendrá sobre ti, y el poder del Dios Altísimo se posará sobre ti. Por eso el niño que va a nacer será llamado Santo e Hijo* de *Dios.*

José: (con tristeza): ¡María! Quisiera creerte pero ¿cómo puede Dios tener un hijo? Necesito tiempo para pensar. (Hablando a sí mismo). Supongo que María y yo tendremos que terminar nuestro compromiso.

Escena 2

(José está en su casa durmiendo. El ángel se le aparece en sus sueños).

Narrador: José se fue a dormir preocupado y confundido. Mientras dormía, un ángel se le apareció en sus sueños.

Ángel: *José, hijo* de *David, no temas recibir a María como esposa. El bebé que va a tener es muy especial, fue concebido por el Espíritu Santo; le pondrás por nombre Jesús, porque él salvará a su pueblo de sus pecados.*

Narrador: *Todo esto aconteció para que se cumpliera lo que dijo el Señor por medio del profeta: "La virgen quedará encinta y tendrá un hijo, al que pondrán por nombre Emanuel", que significa "Dios con nosotros".*

Cuando José despertó del sueño, hizo lo que el ángel le mandó, y recibió a María como su esposa.

Era el tiempo para pagar los impuestos, y el emperador ordenó a todos que regresaran al lugar donde habían nacido, para inscribirse.

José: María, tenemos que ir a Belén. Mi familia es de allá. Tú sabes que David fue mi antepasado.

Escena 3

(María y José viajaron a Belén. El mesonero habla consigo mismo).

Mesonero: Todo Belén está lleno de gente que viene a registrarse. El mesón se encuentra completo. Espero no tener que decirle a nadie más que no tengo lugar. ¡Ah... otra persona toca la puerta!

José: ¿Tiene algún cuarto disponible?

Mesonero: Lo siento, pero el mesón está lleno. Van a tener que ir a buscar otro lugar.

José: Hemos venido desde Nazaret. Mi esposa va a tener un bebé pronto y se siente bastante cansada. ¿No tiene algún lugar donde podamos descansar un rato?

Mesonero: ¡Ya le dije que no! Mi mesón está lleno. Me gustaría ayudarlo, pero... ¡No! Espere un momento, tengo una idea. Si quieren pueden quedarse en el establo, es todo lo que tengo para ofrecerles.

José: ¡El establo! Bueno, está bien, gracias.

Escena 4

(María, José y el bebé están en una esquina del establo. Los pastores se hallan sentados alrededor de la fogata, cuando los ángeles se les aparecen).

Narrador: *Aconteció que estando ellos ahí, María dio a luz a su primogénito, y lo envolvió en pañales y lo acostó en un pesebre. En la misma región había un grupo de pastores que velaban y cuidaban a su rebaño en la noche. Y se les apareció un ángel del Señor.*

Pastores: (con miedo): ¿Qué es eso? ¿Quién eres? ¡Por favor, no nos hagas daño!

Ángel: *No tengan miedo, porque les traigo una buena noticia que les dará una gran alegría. Hoy les ha nacido en la cuidad de David un Salvador. Como señal, encontrarán al niño envuelto en pañales acostado en un pesebre.*

Narrador: *Repentinamente, apareció con el ángel*

una multitud de las huestes celestiales que alababan a Dios y decían:

Ángeles: *¡Gloria a Dios en las alturas y en la tierra paz, buena voluntad para con los hombres!*

Narrador: Luego, los ángeles se fueron.

Pastores: Vamos, pues, a Belén a ver esto que ha sucedido y que el Señor nos ha anunciado.

Narrador: Fueron rápido y encontraron a María, José y al niño acostado en el pesebre.

Haga las siguientes preguntas: Según el ángel: *¿Qué iban a encontrar en el pesebre los pastores?* (Un bebé). *¿Quién era ese niño?* (Jesús). *¿Por qué se llamó Jesús?* (Porque salvaría a su pueblo de sus pecados). *¿Por qué creen que los pastores fueron a adorar a Jesús?* (Porque él era el Mesías esperado y estaban muy agradecidos con lo que iba a realizar).

Aplicación para la vida

Muchas de las celebraciones que los niños disfrutaron pueden seguir a través de todo el año. Ahora que la Navidad terminó, anime a los alumnos a mantener el espíritu navideño activo. Las historias navideñas son apropiadas para leerlas siempre. Contar sobre el nacimiento de Jesús y mostrar buena voluntad con otros, es algo que se debe hacer constantemente.

Diga: *¿Qué podrías hacer para enseñarles a otros el significado de la Navidad? ¿Qué puedes usar para ayudar a tus amigos no creyentes a que aprendan por qué los cristianos celebran la Navidad?* (Acepte todas las respuestas razonables. Recuérdeles a los alumnos que cuando Jesús crecía, él nos mostró cómo hay que vivir nuestra vida para agradar a Dios. Finalmente, murió y resucitó de los muertos para que nosotros también podamos tener vida eterna).

IV. ANEXOS

Actividad 1: Mírate a ti mismo

Dígales a los niños que busquen en su cuaderno la página en la que hay un espejo. Reparta lápices de colores a cada uno y pida que escriban o dibujen palabras de gratitud a Dios, porque Jesús se hizo hombre por amor a nosotros. Y también que piensen en algo que les sucedió esta semana, puede ser alegre o triste (su fiesta de cumpleaños, una salida al parque con sus padres, una tarea difícil que hicieron, algo penoso que les pasó, cierto problema en las escuela, etc.). Dígales que en el espejo se dibujen en esa situación que vivieron. Cuando terminen, pregunte quiénes desean contar a la clase sus experiencias. Permita que hablen todos los que desean; no obligue a nadie a hacerlo.

Lea Hebreos 2:16-18, Jesús, el Hijo de Dios, vino al mundo como ser humano y pasó por todo lo que nosotros pasamos. Haga referencias a las historias contadas por los niños. Jesús, por haber sido hombre, nos entiende cuando nos sentimos felices, tristes, asustados, enojados o heridos, porque él pasó por todo esto y aún más, pues murió en una cruz como si hubiera sido un delincuente por amor a cada uno de nosotros.

¡Jesús es nuestro modelo por seguir!

Pida a algún voluntario que ore agradeciendo a Jesús por haberse hecho hombre y salvarnos. Que le agradezca por entendernos cuando nos sentimos felices, tristes o hasta enojados. Que le pida que nos ayude cuando pasamos por alguna situación difícil.

Actividad 2: Club versículo del mes

Dirija a los alumnos a realizar esta actividad; en el cuaderno de ellos están las instrucciones que deben seguir.

Notas

LECCIÓN 51

LA NAVIDAD SEGÚN SIMEÓN Y ANA

I. ASPECTOS GENERALES

Base bíblica: Lucas 2:21-40.
Texto para memorizar: *Dará a luz un hijo, y le pondrás por nombre Jesús, porque él salvará a su pueblo de sus pecados* (Mateo 1:21).
Verdad bíblica central: Jesús, como el Mesías prometido y por ser también Dios, vino a ayudarnos a conocer al Padre.
Objetivo de la lección: ayudar al alumno a reconocer la misericordia de Dios al revelarnos su amor por medio de Jesús, nuestro Salvador.

II. PREPARACIÓN PARA EL MAESTRO

Algo característico en la vida de José y María fue su obediencia a la ley de Dios; por eso, cuando Jesús tenía ocho días de nacido, lo circuncidaron, y a los cuarenta días lo llevaron al templo para presentarlo al Señor. Cuando fueron allí también trajeron una ofrenda de sacrificio, la que brindaría María, para quedar purificada después del parto de Jesús, tal como lo establecía la ley (Éxodo 3:2-12 y Levítico 12).

Cuando José, María y Jesús llegaron al templo, conocieron a dos personas: Simeón y Ana.

El primero era un hombre justo y piadoso que esperaba el rescate de su pueblo. Simeón había recibido una promesa de parte de Dios, "que no moriría hasta ver en persona al Mesías prometido".

En el templo, Simeón tuvo entre sus brazos al tierno niño que salvaría a su nación. En Jesús, Simeón pudo ver dos promesas cumplidas: (1) la llegada del Mesías prometido, y (2) la hecha por el Espíritu Santo de que Simeón no moriría sin antes ver al Mesías.

Y el Dios de Simeón fue fiel a sus promesas, por eso este elevó la oración conocida como el *"Nunc dimitis"* que en la versión latina significa: "Ahora puedes dejar ir". Simeón ya podía partir, Dios ya había cumplido.

La segunda persona que la familia de Jesús encontró en el templo fue Ana, que a pesar de su edad avanzada, su relación con Dios le permitió reconocer que ese niño de apenas cuarenta días de nacido sería el Salvador; por lo que comenzó a darle gracias a Dios y a hablarles de Jesús a todas las personas que esperaban la promesa de la liberación del pueblo.

Aunque la promesa era clara con respecto a la llegada del Mesías, nadie sabía con exactitud que ese día, en el templo, el niño Jesús fuera ese Salvador tan esperado. Pero Dios en su gran misericordia se los reveló a Simeón y a Ana, sus seguidores y servidores.

En esta temprana etapa de la vida de Jesús aprendemos aspectos importantes para nuestra vida. Por un lado, la obediencia de José y María con respecto a la ley de Dios para su pueblo, a la dedicación de "su primogénito" y al sacrificio para la purificación de María después del parto (Éxodo 3:2-12 y Levítico 12).

La fidelidad de Dios se hace realidad con la experiencia vivida por Simeón y Ana. Recordemos que en las lecciones anteriores Dios les había revelado a diferentes personas que él enviaría al Mesías para rescatar a su pueblo, como fue el caso de Isaías, Miqueas y Zacarías.

Tanto Simeón como Ana conocían bien esta promesa; y Dios en su fidelidad y misericordia les permitió conocer al Mesías prometido, porque Dios siempre cumple lo que promete.

Y uno de los aspectos que hay que resaltar es que cuando una persona tiene un encuentro personal y profundo con Jesucristo, su vida se modifica radicalmente, a tal punto que su espíritu se inquieta y desea contarle a las demás personas que Jesús cambió su vida.

Después de su encuentro con el niño Jesús, Ana les contó a los demás que la promesa era una realidad (Lucas 2:38); tanto Simeón como ella nunca fueron los mismos, el Espíritu Santo los había guiado a encontrarse con Jesús.

III. DESARROLLO DE LA LECCIÓN

Introducción

Inicie la clase preguntando a los estudiantes cómo se sienten al pensar que Jesús, el Hijo de Dios, nació siendo un niño como ellos.

Cuénteles la historia del encuentro de Simeón y Ana con Jesús. Una forma atractiva para narrarla es que usted mismo se puede disfrazar de Simeón o de Ana. Recuerde que ambos eran personas de edad avanzada; un muñeco que represente al niño Jesús y que usted pueda tener entre sus brazos, le puede servir para sus dos papeles. ¡Impacte a los alumnos!

Cuando termine la historia, recuerde a los niños

que la Navidad no es solo para los cristianos, que Jesús vino para salvar a todo el mundo (Juan 3:16-17).

Escribe tu opinión

Desafíe a los alumnos sobre cómo harían para enseñarle a una persona cuál es el verdadero significado de la Navidad. Si desea, puede realizar esto de forma más atractiva, que practiquen primero con usted. Asuma el papel de una persona que únicamente sabe que dicha festividad es para dar y recibir regalos, y ellos que traten de decirle que Jesús es el Hijo de Dios, y que en esta fecha celebramos su nacimiento. Complique algunas de sus preguntas y respuestas, las verdaderas convicciones de los estudiantes saldrán a la luz y esto le permitirá reforzar algún trabajo que usted tenga que realizar con respecto al evangelismo personal, creencias de la Navidad y otras.

Celebrando juntos

Para terminar la clase, debata con los niños si ellos creen que la Navidad es una festividad que se puede desarrollar durante todo el año.

Desarrollo de la historia bíblica

Una bienvenida inesperada

Parece que fue ayer cuando iban camino a Belén. El niño Jesús ya tenía cuarenta días de nacido. *José y María lo trajeron a Jerusalén para presentarlo al Señor.* Iban camino al templo.

Había en Jerusalén un hombre justo y piadoso llamado Simeón, que esperaba que Dios cumpliese su palabra con mandar al Mesías tal como lo había prometido. *El Espíritu Santo estaba sobre él.* Dios le había prometido que no moriría hasta que no viera al Mesías y ya había esperado mucho tiempo. Pero hoy era diferente. *Movido por el Espíritu vino al templo.* Cuando María, José y el niño llegaron, él se dirigió a ellos y vio al niño Jesús.

"Este niño no es como cualquier otro —dijo Simeón—. Este niño es muy especial, porque él es el prometido". Lo tomó en sus brazos y bendijo a Dios, diciendo: *Señor, he visto al Mesías tal y como tú lo prometiste. Mis ojos han visto al elegido quien salvará a tu pueblo. Él traerá salvación para todas las personas incluyendo a los gentiles. Ahora ya me puedo morir en paz.*

Los bendijo Simeón y le dijo a María: Este niño les dará valor a los creyentes. Pero causará problemas en aquellos que no creen. Muchos hablarán en contra de él. Y te dolerá como si te hubieran apuñalado. Siempre recuerda lo especial que es él.

La profetisa Ana también estaba en el templo, *era de edad muy avanzada y no se apartaba de ese lugar, sirviendo de noche y de día con ayunos y oraciones.*

Ella vio a María, a José y al niño, se acercó a ellos y también reconoció a Jesús. "Este es el niño que hemos estado esperando que Dios nos mande —dijo—, ¡Gloria a Dios! ¡Porque ha mandado al que nos prometió! ¡Debo de decirles a todos acerca de él!

María y José estaban maravillados de todo lo que se decía de Jesús. Un ángel les había contado que él sería llamado el Hijo de Dios. Cuando nació, llegaron unos pastores y relataron que un coro de ángeles anunció su nacimiento, y estas eran buenas noticias para toda la gente. Y ahora Simeón y Ana lo habían reconocido como el escogido de Dios. *Después de haber cumplido con todo lo prescrito en la ley del Señor, volvieron a Galilea, a su ciudad de Nazaret.*

(Las palabras en itálica son de Lucas 2).

Aplicación para la vida

Agradezca a Dios junto con los alumnos, por su fidelidad al cumplir la promesa de enviar a Jesús para rescatarnos.

Recuérdeles a los niños la experiencia personal que tuvieron Simeón y Ana con Jesús, este será un buen momento para invitar a los presentes a tener un encuentro personal con Jesús, o para reafirmar en ellos el llamado que tenemos de hablarles a otras personas de Cristo. Ana es un buen ejemplo de este llamado que todos los cristianos tenemos de dar las buenas noticias de Jesús.

IV. ANEXOS

Actividad 1: Expresa tu punto de vista

La Navidad no es solo para los cristianos, Jesús vino a salvar a todo el mundo que cree en él y lo acepta como el salvador. Pero todavía hay muchas personas que no tienen la menor idea del verdadero significado. Ayude a los alumnos a buscar las respuestas para las preguntas que les podrían hacer. Deje que ellos las contesten por sí solos. Luego, discutan las respuestas en grupo.

Para hacerlo más atractivo, ponga a los estudiantes a actuar cómo sería este momento, dígales que miren en su cuaderno a estos niños. Lean lo que ellos piensan de la Navidad. ¿Cómo contestarían a sus preguntas? ¿Qué evidencias les darían? Pueden escribir sus respuestas en una hoja de papel.

Niño 1: A mí me gusta mucho dar y recibir regalos, y también tener fiesta en la escuela. Para mí, esa es la verdadera razón de las fiestas en diciembre. ¿Para qué meter a Jesús en esto? (Sin Jesús, la Navidad no existiría, celebramos su cumpleaños).

Niña: Está bien, tal vez la Navidad es el cumpleaños de Jesús. ¿Y qué con esto? (Acepte todas las respuestas razonables, tales como: Jesús no es solo otra persona, es totalmente Dios y totalmente hombre. Solo imagina que siendo el Hijo de Dios tuvo que ser un pequeño e indefenso bebé. Esto demuestra que él realmente nos ama. Vino a la tierra a mostrarnos su gran amor.

Niño 2: Claro, Jesús era una persona excelente. Pero ¿cómo sabemos realmente que él es el Hijo de Dios? (A través de la historia, Dios le dio esperanza a su pueblo de que mandaría a un Salvador. Preparó el camino de Jesús cuando llamó a Juan el Bautista. Ángeles anunciaron su nacimiento a María, José y a los pastores, diciendo que él era el prometido. Su nacimiento cumplía exactamente las profecías. Luego, su ministerio y resurrección mostrarían que él es el Hijo de Dios. Nosotros sabemos que esto es cierto, cuando se tiene una relación personal con él).

Haga saber que, aunque el nacimiento de Jesús fue para traer gozo y alegría a todos, algunos no lo aman. Que discutir no ayuda a nada. Que podemos orar por ellos y mostrarles el amor de Dios por medio de la manera en que los tratamos. Pero Dios ha dado suficiente evidencia de que Jesús es su Hijo. Diga: *Hoy vamos a encontrar más evidencia de que Dios mandó a Jesús para salvación de toda la gente.*

Actividad 2: Celebremos juntos

Ayude a los niños a realizar esta actividad e invítelos a que se preparen para que la próxima clase cuenten a los demás su testimonio de lo que hicieron al decirles a otros el verdadero significado de la Navidad.

Texto para memorizar

Escriba el texto en la pizarra pero elimine la primera y la última palabra, así como la cita bíblica; pida voluntarios para que pasen a completarlo.

Al finalizar la clase, tenga un momento de oración en el cual cada uno le dé gracias a Dios por enviar a Jesús y habérnoslo revelado.

Notas

LECCIÓN 52

¡ENTRÉGALE TODO A DIOS!

I. ASPECTOS GENERALES

Base bíblica: San Marcos 12:41-44.

Texto para memorizar: *Porque si primero está la voluntad dispuesta, será aceptado según lo que uno tiene, no según lo que no tiene* (2 Corintios 8: 12).

Verdad bíblica central: la voluntad de Dios es que nos entreguemos por completo a él, sin condiciones.

Objetivo de la lección: ayudar al alumno a que le entregue a Dios todo lo que es y lo que tiene.

II. PREPARACIÓN PARA EL MAESTRO

Después de debatir con los sacerdotes, los escribas, los fariseos y los saduceos, y de predicar a la multitud que lo seguía, Jesús se sentó a descansar frente a las trece arcas de la ofrenda ubicadas en el templo. Mientras estaba sentado, vio pasar mucha gente que depositaba dinero en las arcas.

Pero de todas las personas que dieron sus ofrendas, Jesús les resaltó a sus discípulos la de una viuda.

Ella depositó en una de las arcas solo dos blancas, que eran dos pequeñas monedas de cobre (como 25 centavos de dólar). Con esta acción de la viuda, Jesús les dio una gran lección a sus discípulos sobre el dar. Ella había ofrendado todo lo que tenía, todo su sustento (v. 44).

Todo lo opuesto a la actitud de esta viuda, en los versículos anteriores Jesús denuncia a los escribas por despojar a las viudas de sus bienes (v. 40).

El dar es una característica en el ser humano que ha perdido su significado en nuestra sociedad egoísta. El mensaje cristiano que dice que Dios quiere que le demos todo, siempre se interpreta mal.

La historia de la viuda y sus monedas de cobre nos enseñan claramente el amor que debemos tener al dar. La decisión de ella al entregar todo lo que tenía es un buen ejemplo para nosotros en medio de una sociedad materialista.

III. DESARROLLO DE LA LECCIÓN

Introducción

Recuérdeles a los alumnos sobre lo aprendido en las lecciones pasadas acerca de la Navidad.

Actividad 1: Lo importante para mí

Después del repaso, que los niños escriban en una tarjeta los diez objetos o valores que son más importantes para ellos, y que las anoten en su cuaderno.

Cuando hayan terminado, deles otra tarjeta para que, de eso que anotaron, ahora escriban lo que luego dirán a sus amigos.

Por último, pregunte: *De la lista, ¿qué le darían a un desconocido?*

Comente con ellos por qué es difícil entregar algo valioso a alguien que no conocen y qué es lo que creen que Dios quiere que le entreguemos a él.

Desarrollo de la historia bíblica

Las poderosas monedas pequeñas

Solicite voluntarios para leer las partes de Mony y Doly, y si puede, prepare algún vestuario para las dos monedas, esto impactará a sus estudiantes.

Inicie el drama contándoles a los alumnos que las dos pequeñas monedas le pertenecen a una pobre viuda que está apresurada en el mercado de Jerusalén. Dicha mujer saca las monedas de su bolsa mientras camina.

Las monedas empiezan a hablar:

Mony: ¡Doly! Qué bueno verte otra vez, ¿dónde has estado?

Doly: ¡Por ahí! Dando vueltas sin parar, la semana pasada estuve en la bolsa de un recolector de impuestos.

Mony: ¡En serio! ¿Estás bromeando? Cuéntame, ¿qué tipo de monedas conociste?

Doly: Conocí algunas monedas de plata y algunos denarios. Esas monedas se burlaron y me dijeron que yo no servía para nada, porque soy de cobre.

Mony: Sí, te entiendo, yo también he pasado por esa situación. Hace pocas semanas mi dueño era un hombre de la nobleza. Tenía un denario de oro en una bolsa de monedas. ¿Y qué crees? ¡Ese denario engreído ni siquiera me quería hablar!

Doly: Bueno, aquí estamos en el mercado de nuevo. Me pregunto a quién le vamos a pertenecer dentro de poco.

Mony: ¡Quién sabe! ¡Pero yo estoy lista para una nueva aventura!

Doly: Pero ¿no crees que esto es interesante? Esta señora a la que pertenecemos ahora, no tiene otras monedas más que nosotras dos.

Mony: ¡Es cierto! Solo somos tú y yo.

Doly: Solo somos dos simples monedas de cobre. Ella no puede comprar mucho con nosotras. ¿Realmente crees que somos las únicas monedas que tiene?

Mony: No creo. Todo el mundo tiene más dinero que dos simples monedas de cobre y además, ¿qué puede comprar con dos monedas de cobre?

Doly: Pero fíjate en su ropa, ¡está rota y desgastada!

Mony: Sí, también nos estamos moviendo mucho, ¡esta mujer tiene mucha prisa! ¿Dónde iremos?

Las monedas se sientan por un momento. Pregunte a los niños: *¿Dónde creen que se dirige la mujer? ¿Qué creen que va a hacer con el dinero?*

Cuente la historia de la viuda que dio todo lo que tenía:

Era ya la tarde, cuando la mujer apresurada pasaba por el mercado. Se detenía de vez en cuando para ver la comida que vendían. Deseaba comer uno de los deliciosos pasteles de uvas y uno de esos quesos frescos. Todo eso le recordaba lo que había comido esa mañana, ¡solo un pedazo de pan! Era lo que tenía en su casa.

Abrió sus manos y observó las únicas dos monedas de cobre que tenía. Las volvió a guardar dentro de su ropa gastada.

Sus pensamientos se concentraban en las dos pequeñas monedas. "Quisiera tener más para darle a Dios", pero era lo único que tenía. Se sintió agradecida con el Señor de que al menos tuviera dos simples monedas para ofrendar.

Cuando llegó al templo, se apresuró a subir los escalones. Se dirigió hacia el patio de las mujeres donde estaban los recipientes más grandes para las ofrendas. Mucha gente llenaba el templo ese día.

Mientras depositaba sus dos monedas de cobre, vio que en el arca había muchas monedas de oro y plata. Sus monedas se miraban pequeñas e inservibles en comparación con las otras. Sus ojos se llenaron de lágrimas, pero su corazón estaba contento de haberle entregado a Dios todo el dinero que tenía.

Después de haber ofrendado, abandonó el templo.

Pero, a pesar de su visita fugaz en el templo, hubo alguien que observó todo lo que ella hizo. Por eso Jesús llamó a sus discípulos y les dijo: "Les aseguro que esta viuda ha dado más que todas las personas que han ofrendado hoy, ella a pesar de su pobreza, dio todo lo que tenía, ofrendó todo su sustento".

Las pequeñas monedas poderosas vuelven a escena.

Mony: ¿Viste dónde estamos?

Doly: ¡Sí!, esta es la tesorería del templo. Es la primera vez que vengo aquí.

Mony: Yo también. Pensé que terminaríamos en el mercado.

Doly: Con el hambre que tenía esa mujer, yo también imaginé que nos quedaríamos allá.

Mony: Entonces, ¿por qué nos trajo aquí?

Doly: (suavemente): No le digas a nadie, pero creo que somos su ofrenda para Dios. Éramos todo el dinero que ella tenía y nos entregó a Dios. ¿No te sientes algo así como importante, Mony?

Mony: ¡Sí! Claro que sí. Pero me siento algo incómoda al estar con todas estas monedas de oro y plata.

Doly: Pero ¿sabes algo Mony? Hay cosas mucho más importantes que el oro y la plata.

Mony: Creo que tienes razón.

Para terminar esta parte de la lección, un estudiante puede leer Marcos 12:41-44.

Al finalizar la lectura, pregunte: *¿Por qué creen que la viuda entregó sus dos únicas monedas a Dios? ¿Por qué dijo Jesús que las dos monedas valían más que las de oro y plata?*

Aplicación para la vida

Al igual que la viuda, Dios quiere que le entreguemos todo a él. Cuando lo invitamos a que reine en nuestra vida, también le estamos diciendo que reine en todo lo que somos y en todo lo que tenemos. Nos estamos entregando todo a él, sin condiciones.

¿Estamos dispuestos a entregarle todo a Dios sin reservas? Nuestra vida entregada totalmente a Dios, sin ninguna condición, es un buen regalo para él; esa es la mejor ofrenda, nada puede pagar eso, ni todo el oro y la plata del mundo juntos.

IV. ANEXOS

Actividad 2: Se aceptan depósitos

Invite a los alumnos a llenar el cheque del "Banco del Cielo"; una vez que lo completen, lo pueden depositar en una caja que usted con anterioridad haya decorado.

Cuando cada uno haya terminado, ore con ellos para que puedan entregarle a Dios todo lo que son y lo que tienen.

Texto para memorizar

Para hacer más ameno el tiempo de aprendizaje del texto, puede hacer lo siguiente: escríbalo en la pizarra y que los niños empiecen a leerlo en voz alta, y a medida que lo estén leyendo vayan bajando el tono hasta que no se escuche nada.

www.ingramcontent.com/pod-product-compliance
Lightning Source LLC
LaVergne TN
LVHW061947220826
846091LV00013B/4088
* 9 7 8 1 5 6 3 4 4 3 8 9 3 *